服务仪式中的品牌福祉

卫海英　毛立静　舒丽芳　著

本书受国家自然科学基金项目“服务仪式对品牌福祉的影响机制研究——以互动仪式链理论为视角”资助
（项目编号：71772077）

科 学 出 版 社
北 京

内 容 简 介

正如增进民生福祉是经济发展的根本目的，增进品牌福祉是企业发展的至高目标。服务仪式不仅具有实用、工具性的一面，更是满足消费者福祉愿望、表达价值与情感的途径。品牌是汇聚、传递、彰显符号的载体，恰当的服务仪式通过服务互动中的仪式行为和情感能量引起消费者的情感印刻和认知更新，进而作用于消费者对品牌的深层次持续性的幸福感知——品牌福祉。本书首次提出并构建中国背景下品牌福祉的内涵与结构维度，并基于价值共创理论的视角，构建服务仪式的结构框架，明晰服务仪式的类型要素和分类标准，深入揭示服务仪式对品牌福祉的影响效应，促进服务管理理论、积极心理学、品牌管理理论三个领域的融合与发展，为企业实施服务仪式提升品牌福祉提供借鉴。

本书可作为高等院校管理学相关专业的本科生、研究生的辅导读物，也可作为营销策划人员和经济管理人员的学习和工作参考书。

图书在版编目（CIP）数据

服务仪式中的品牌福祉/卫海英，毛立静，舒丽芳著. —北京：科学出版社，2023.6

ISBN 978-7-03-075923-8

Ⅰ. ①服… Ⅱ. ①卫… ②毛… ③舒… Ⅲ. ①服务业-企业管理-品牌战略-研究-中国 Ⅳ. ①F726.9

中国版本图书馆 CIP 数据核字（2023）第 119442 号

责任编辑：王丹妮 / 责任校对：张亚丹
责任印制：张 伟 / 封面设计：有道文化

科 学 出 版 社 出版

北京东黄城根北街 16 号
邮政编码：100717
http://www.sciencep.com

北京中科印刷有限公司 印刷

科学出版社发行 各地新华书店经销

*

2023 年 6 月第 一 版 开本：720 × 1000 1/16
2023 年 6 月第一次印刷 印张：15
字数：300 000

定价：160.00 元

（如有印装质量问题，我社负责调换）

前　言

党的十八大以来，以习近平同志为核心的党中央坚持以人民为中心的发展思想和总体国家安全观，顺应人民群众对美好生活的向往，把增进人民福祉、促进人的全面发展作为一切工作的出发点和落脚点[①]。现实中，品牌成为消费的新趋势，消费者不仅期望品牌满足其功能性需求，而且更加注重品牌带来的情感寄托和精神慰藉，寻求消费中的福祉获得。然而，中国品牌建设任重而道远，2021 年全球综合性品牌咨询公司 Interbrand 发布的“全球最佳百强品牌”报告显示，中国品牌仅有华为上榜，且位列第 85 位。可见，中国品牌在数量和价值两方面与发达国家还存在较大差距。就品牌建设问题，习近平曾明确提出了“三个转变”的重要指示，即“推动中国制造向中国创造转变、中国速度向中国质量转变、中国产品向中国品牌转变”[②]。可见，推动品牌建设是中国经济“强”与“久”的发展之道，针对中国企业的品牌研究具有非常重要的现实意义。

然而，2020 年一场疫情给中国品牌发展带来挑战，在线下实体店遭受重创的同时，电商网络零售增长率也明显下滑。在人类文明的历史长河中，像 2021 年这样的“起点之年”也并不算多，这是一个全球性经济周期的结束与新生，中国人的文化自信，正随着经济的崛起、消费的升级而日益增强。那么对于时代变局中的中国品牌来说，想要实现突破，就必须找到自身的着力点，通过创新寻求新的发展境遇。正如菲利普•科特勒所言，“给消费者最大的奖励就是送给他一个品牌”。在后疫情时代中，品牌更应该保持本真，在保证产品功能与价值的同时，为消费者谋取更多的幸福，成为消费者构建理想自我、理想未来、理想社会的重要载体，同时坚守初心，通过品牌文化为消费者乃至社会带来福祉。

纵观现实领域，品牌消费作为追逐幸福的一种重要手段，在消费过程中有着极强的象征意义，是消费者建构自我概念和社会身份的重要工具，因此自然而然地融入日常的仪式化行为当中。例如，农夫果园喝前“摇一摇”、德芙巧克力“下雨天和巧克力更配”的仪式色彩，消费者体验的不只是果汁和巧克力产品，更多的是由品牌注入产品的仪式化动作所带来的幸福感。基于诸多品牌和仪式契合的实例，仪式营销成为新的品牌营销趋势，也就是品牌通过仪式让个体与个体之间

---

① 《十八大以来重要文献选编》（上），中央文献出版社 2014 年版，第 78-79 页。

② 2014 年 5 月，习近平在河南考察时提出：推动中国制造向中国创造转变，中国速度向中国质量转变，中国产品向中国品牌转变。网址来源：http://www.moa.gov.cn/ztzl/nyppzt/zyjs/201508/t20150817_4791745.htm。

产生紧密联系，把消费者个人仪式具象化和统一化，使其产生交托和认同感。

自"仪式"的概念被提出之后，服务仪式对企业和品牌的作用受到实业界与学术界的广泛关注。服务互动过程中的情感与行为常常会在日渐成熟的营销实践中，更具象征性、程序化和仪式色彩，进而演变为品牌所具有的模式化的、可重复的服务仪式。从理论角度，恰当的服务仪式有助于品牌在同质化竞争中脱颖而出，树立与众不同的品牌形象，形成忠诚的品牌态度，凝聚参与者互动的强度，进而提升消费者福祉。如今，仪式品牌营销在囊括的符号和意义等方面，都远比传统品牌营销更猛烈。毫不夸张地说，仪式营销正在成为后互联网时代一个全新的发展模式。

Collins 的互动仪式链理论指出，仪式是囊括多种符号的表达意义性的程序化活动，是一种拥有共同的关注点和共享情绪的参与者面对面的节奏和谐的互动过程，相互关注和情感能量是仪式的核心机制。与此相对应的，品牌本身是汇聚、传递、彰显符号的载体。显然，从互动仪式链理论视角看，恰当的服务仪式设计将可能使品牌伴随着情感能量的链情境向福祉流动，成为幸福的降临过程，进而增强参与者的品牌福祉感知。然而，基于文献梳理发现，现有文献已开始关注服务仪式并展开研究，但尚处于探索阶段，服务仪式和品牌福祉的关系揭示仍属空白。那么，如何设计恰当的服务仪式以提升品牌福祉？服务仪式如何影响品牌福祉？对这些问题的研究尚未见诸文献。因此，基于国内外的文献研究和前期积累，本书旨在探索服务仪式对品牌福祉的影响效应与机理。

全书内容可分为三篇，第一篇为理论与基础篇，囊括第 1 章和第 2 章内容，主要对服务仪式、品牌福祉等相关研究及理论基础进行概述；第二篇为设计与探索篇，囊括第 3 章到第 5 章内容，主要定性探讨了服务仪式影响品牌福祉的机理，借助扎根理论构建服务仪式影响品牌福祉的情感与认知路径模型，同时界定服务仪式与品牌福祉的概念并分别开发其测量量表；第三篇为实证与战略篇，囊括第 6 章到第 8 章内容，采用定性与定量相结合的方法，探讨了服务仪式价值形成模型，验证服务仪式提升品牌福祉的情感与认知路径。

本书融合了卫海英教授团队自 2018 年以来在品牌管理、服务互动等领域的众多相关研究。回顾以往品牌管理研究，本书系首次从互动仪式链理论角度论述服务仪式与品牌福祉关系。本书作者虽然为此付出了很大努力，但由于水平有限，不足之处在所难免，恳请广大同行和读者批评、指正，以鞭策我们进步和提高。

目　　录

理论与基础篇

设计与探索篇

实证与战略篇

理论与基础篇

一个正在崛起的社会和充满希望的人们在渴望一种庄重的仪式感，一种对于生命的敬畏和尊重的感觉。所谓“文化”，并不是抽象玄虚的东西，往往表现在一种具体而微的仪式之中。有了这种仪式，一个社会就有了自己的文化根基，有了自己价值传承的基础。所以这种建立在日常生活之上的仪式，其实对于一个社会不可或缺。

——张颐武[①]

仪式在营销领域的研究，起源于 20 世纪 80 年代，在互动仪式链理论的基础上，从融合仪式的“服务满意”发展到服务仪式的“体验共创”，以解决消费情境中的仪式问题（Arnould，2001；Rook，1985）。仪式作为各种象征符号的聚集体，为品牌发展提供了新机遇。现今，消费者越来越希望品牌能超越自身的符号、图案，在消费过程中拥有更深层的文化内涵和福祉价值，而服务仪式可以通过各种符号价值为消费者与品牌互动提供有效途径。正如战略营销论坛（Strategic Marketing Forum，2015 年）所言“一流企业是尽其所能地运用品牌以及周遭的文化和仪式”。本书试图探析企业如何利用文化和仪式要素科学设计服务仪式，以帮助消费者获得良好的品牌体验和品牌福祉，指导企业从福祉的高度审视品牌的意义与建设，推进企业对品牌管理绩效的认识。

本篇为理论与基础篇，重点归纳有关服务仪式和品牌福祉的现有研究，探析服务仪式影响品牌福祉的路径及影响因素，为后续研究奠定理论基础。由于服务仪式和品牌福祉研究尚处于初期，缺乏可操作性定义和测量工具，阻碍了服务仪式在品牌管理研究中的研究发展。鉴于此，本篇将基于互动仪式链理论和价值共创理论，在已有仪式、服务仪式和品牌福祉等相关研究基础上，构建本书的研究逻辑与研究内容。

---

① 张颐武. 2006. 需要庄重的仪式感. 网易博客，https://zhangyiwu.blog.caixin.com/archives/31072。

第1章　服务仪式与品牌福祉研究趋势

1.1　研究背景

2021年，中国的国内生产总值（gross domestic product，GDP）总量突破110万亿元，按照年平均汇率折算达到17.7万亿美元，稳居世界第二。习近平总书记在党的十九大报告中明确指出“增进民生福祉是发展的根本目的”，“我国社会主要矛盾已经转化为人民日益增长的美好生活需要和不平衡不充分的发展之间的矛盾”[①]。事实上，为贯彻落实习近平总书记重要指示，中央广播电视总台于2019年发布了“品牌强国工程”，倡导“用品牌承载幸福，用创造成就美好”，以期重建品牌书写和传播的方式。因此，如何提升国民福祉水平、满足人民日益增长的美好生活需要成为当前中国社会最为关注的话题之一。

中国经济增长的第一拉动力是消费，满足消费者对美好幸福生活的需要将有力地推动经济的发展和国民福祉水平的提高。消费者的美好幸福生活应该是有高质量品牌的生活，品牌理应成为消费者感受积极美好人生、幸福快乐生活的助推者和引领者。《2019中国消费品牌发展报告·新国货 大未来》指出，在居民消费结构持续优化、服务消费占比稳步提高的背景下，多元化的消费需求将推动原有品牌升级和新品牌诞生，中国消费品牌将迎来大爆发期[②]。然而，根据品牌的业绩表现、影响力和保障公司持续收入能力三项指标，中国品牌排名与发达国家相比存在较大差距，2021年Interbrand发布的“全球最佳百强品牌”报告显示，世界百强品牌中仅有华为上榜。可见，消费者日益增长的幸福美好生活的需要和中国品牌发展的滞后性和不充分性的矛盾突出。究其根本原因，是因为当前品牌建设缺乏一套完整的理论指引品牌如何进一步发展品牌价值内涵、提升品牌的福祉价值感知。

以往学者对品牌价值的研究，主要集中在品牌消费的即时愉悦感和心理补偿作用。例如，不同消费类型如何提升消费者的快乐程度（Schnebelen and Bruhn，2016），填补消费者的归属感、控制感缺失（Huang et al.，2017；Su et al.，2016），满足消费者的地位稳定性需求（Kim et al.，2001）等。此类研究更多地强调品牌

① 《习近平：决胜全面建成小康社会 夺取新时代中国特色社会主义伟大胜利——在中国共产党第十九次全国代表大会上的报告》，http://www.xinhuanet.com/politics/19cpcnc/2017-10/27/c_1121867529.htm。

② 阿里研究院. 2019. 《2019中国消费品牌发展报告·新国货 大未来》。

带给消费者短暂、浅层的幸福和快乐，未能深入挖掘品牌如何满足消费者对幸福美好的生活、和谐稳定的社会和富强民主的国家的根本诉求，亦未能全面综合地涵盖品牌的福祉价值内涵，无法为品牌实践提供一系列、全方位的理论指导。因此，如何获得品牌福祉——即如何有效地通过品牌为消费者谋取更多的幸福和长久的利益，进一步挖掘新时代背景下，品牌所蕴含的家国情怀和民族意识，深入丰富和拓展品牌价值内涵，是当今理论界与实践界关注的首要问题。

同时，如何以恰当的方式传递和展现品牌福祉——即如何将品牌所包含的福祉内涵，通过外显的服务途径，有效地传递到消费者心中，完成品牌福祉理念到消费者心智认知的跳跃，亦是理论界与实践界关心的重大议题。近年来，仪式化消费成为潮流与风尚，在服务管理领域，随着服务主导逻辑的深入（Lusch and Vargo，2010），如何运用仪式化元素恰当地构建、表达、拓展和延伸品牌内涵，成为品牌价值建设中的重要议题（冉雅璇和卫海英，2017；李堃等，2018）。纵观企业实践，一方面许多品牌尝试将仪式融入经营服务之中，如开店仪式、庆典仪式、表演仪式、生日仪式、进餐仪式等，成功地利用仪式元素传递品牌福祉感知。但另一方面，并非所有的仪式都能带来良好的体验与口碑，如部分消费者反而认为仪式行为破坏了消费体验，是无意义的嘈杂、喧嚣和本末倒置，引起不悦与厌恶，降低了品牌福祉感知。可见，并非所有服务中的仪式都能让消费者感知并领悟到品牌福祉的相关内涵。

依据 Collins（2004）互动仪式链理论（interaction ritual chain theory），仪式是囊括多种符号的、表达意义性的、一系列程序化的行为，在面对面的仪式化行为中，相互关注和情感能量是仪式的核心机制（冉雅璇和卫海英，2016）。由于品牌是大量符号的具化物，集合了消费者众多的情感元素（如地位感、道德感、依恋感）和认知元素（如民族象征、地位标志、信誉标志），品牌极有可能通过一系列外化的服务互动，顺沿着仪式互动的动态链条，将品牌符号元素中的情感要素和认知要素进一步放大、凸显，最终深化消费者对品牌福祉的理解和感受。已有研究发现，仪式能够提升品牌评价（Vohs et al.，2013）、增强消费者自控（Tian et al.，2018）和群体感知（Hobson et al.，2017），提升品牌危机修复效果（冉雅璇和卫海英，2015）等。然而，企业如何在服务营销情景中恰当运用仪式元素提升消费者的品牌福祉感知，目前仍是空白。因此，进一步明确服务仪式和品牌福祉的内涵，研究服务仪式对品牌福祉的影响，具有重要的理论和实践意义。

1.2 研究内容

本书聚焦于“服务仪式—品牌福祉”二者之间的关系展开研究，在探讨服务仪式、品牌福祉概念内涵、测量方法的基础上，挖掘服务仪式对品牌福祉的影响。

具体而言，本书将基于价值共创理论和互动仪式链理论探讨两个“什么”（What）和一个“如何”（How）的问题：①What——品牌福祉是什么，和相似构念间的区别是什么？②What——服务仪式是什么，以及通过什么途径影响消费者的品牌体验，生成价值？③How——服务仪式怎样影响消费者的品牌福祉？依据这三个大问题的逻辑，本书将开展三个篇章的内容，详细如图 1-1 所示。

（1）品牌福祉是什么？如何测量？

（2）服务仪式是什么？如何操纵？怎样测量？

（3）服务仪式如何影响品牌福祉？具体包含服务仪式作用结果和影响品牌福祉的路径。

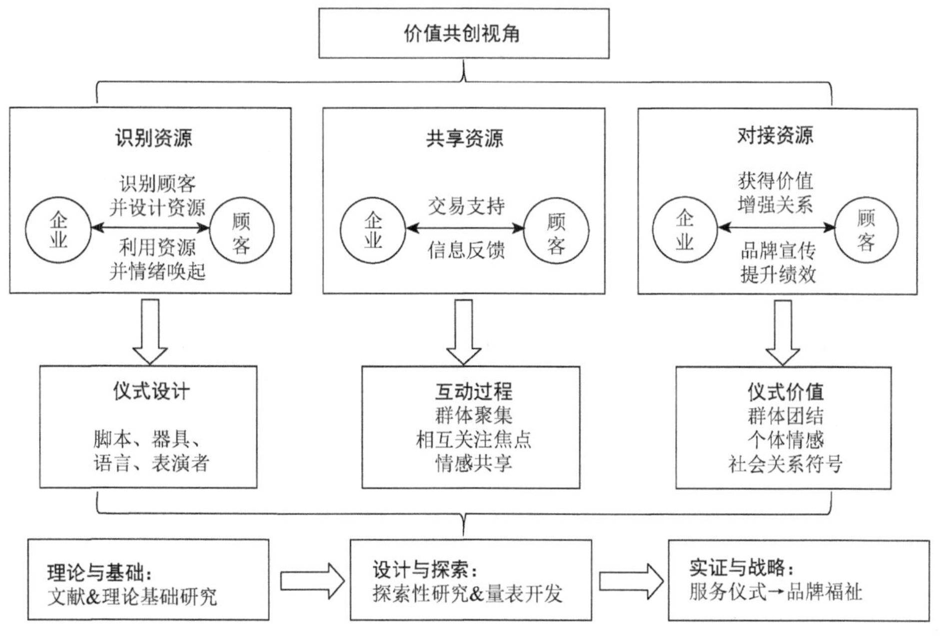

图 1-1　研究框架图

本书根据研究内容可划分为两大板块，一是回答“What”的问题，一方面，通过质性研究，深入探索品牌福祉的定义与维度内容，并与相似概念进行区分。同时，通过两次大型问卷调查和相应的数据分析，开发品牌福祉测量量表。另一方面，通过探索性研究，探析价值共创下的服务仪式内涵及其影响消费者品牌体验的过程。主要根据服务人员和消费者的访谈，采用扎根理论挖掘服务仪式内涵及其对品牌体验的影响途径，同时采用定性与定量相结合的方法开发服务仪式程度测量量表。

二是回答“How”问题，探索并验证服务仪式如何影响品牌福祉，分为以下三个阶段：阶段一为探索性研究，通过半开放式访谈、扎根理论编码，构建服务仪式通过情感途径和认知途径作用于品牌福祉的内在机制，明确相应的调节因素；阶段二为深化“服务仪式对品牌福祉的情感量化分析”的内容，设计一个问卷调研和两个实验研究考察服务仪式对品牌福祉的作用效果，分析消费意义感的中介作用及品牌信息类型的调节作用，并排除混淆因素和提供稳健的实验结果；阶段三为深化“服务仪式对品牌福祉的认知量化分析”的内容，实验分析消费者卷入度的中介作用及消费动机类型的调节作用，并排除混淆因素和提供稳健的实验结果。

本书内容划分为三个篇章，具体如下所述。

第一篇：理论与基础篇，包含两个章节。第 1 章，服务仪式与品牌福祉研究趋势。主要根据现有品牌管理和服务营销实践和理论背景，阐释研究服务仪式对品牌福祉影响作用的必要性，介绍本书围绕“服务仪式—品牌福祉”二者关系开展的主要研究内容、研究意义、创新点及研究方法等，为后续章节的开展奠定基础。第 2 章，服务仪式与品牌福祉的代表性理论及其发展。主要是归纳现有服务仪式和品牌福祉相关研究，构建本书的研究基础，具体内容包括本书的理论基础和文献基础，随后在已有研究基础上对“服务仪式—品牌福祉”二者之间的关系进行理论推演，初步搭建服务仪式影响品牌福祉的推演框架。

第二篇，设计与探索篇，包含三个章节。第 3 章，服务仪式影响品牌福祉的探索模型。通过文献分析、深度访谈和扎根理论，探讨服务仪式影响消费者品牌福祉的路径和影响因素。第 4 章，服务仪式测度与测量。在文献回顾和深度访谈的基础上，对基于价值共创的服务仪式的概念内涵进行界定，并通过问卷数据的实证分析，开发测量量表。第 5 章，品牌福祉测度与测量。通过系统的文献回顾和深入的访谈分析，基于扎根理论编码方法，提出品牌福祉概念，其次，基于两次大型问卷调查，进行探索性因子分析（exploratory factor analysis）和验证性因子分析（confirmatory factor analysis），开发品牌福祉测量量表。

第三篇，实证与战略篇，包含三个章节。第 6 章，服务仪式形成机制及战略指引。基于价值共创视角，通过归纳相关文献、消费者和服务人员的访谈获取资料，探讨服务仪式的内涵及类别，提出影响品牌体验生成结果价值的演化路径及影响因素。第 7 章，服务仪式对品牌体验的影响及战略指引。采用田野实验、实验室实验，探讨与验证服务仪式对消费者品牌体验的影响，包括全面服务仪式和自我服务仪式。第 8 章，服务仪式对品牌福祉的影响及战略指引。采用问卷调研、实验法研究等，探讨与验证服务仪式对品牌福祉的影响，包括情感路径和认知路径。

1.3 研究方法

本书的研究目的是探讨服务仪式、品牌福祉及其二者之间的作用机制。因此，本书研究的第一阶段是通过梳理国内外相关文献，初步构建本书的研究框架。第二阶段通过消费者和服务者的深度访谈，运用扎根理论编码的方法，分别确定服务仪式和品牌福祉的内涵、维度和量表。第三阶段，使用定性和定量的方法构建服务仪式与品牌福祉两者之间的作用路径和调节因素。具体而言，本书采用的主要研究方法包括定性和定量两种研究方法。

1.3.1 定性研究

1. 文献研究

由于服务仪式和品牌福祉的研究尚处于初期，为能够初步认识和建立二者之间的关系框架，本书基于价值共创理论和互动仪式链理论，以品牌、幸福感、仪式、服务及相近关键词，查找包括品牌依恋、品牌至爱、品牌态度、主观幸福感、情绪幸福感、宗教仪式、人类仪式、品牌仪式等相关研究，系统地从外文数据库和中国知网等渠道查询文献，明确当前研究的空白，为本书的研究奠定理论基础。一方面，本书梳理了互动仪式链理论和价值共创理论等相关学者研究，奠定理论基础；另一方面，本书梳理和归纳了有关服务互动、品牌福祉及人类学、营销学等各个领域中仪式的研究，厘清逻辑关系。同时，结合市场上已有品牌福祉和服务仪式的实践经验展开品牌福祉和服务仪式概念和理论模型的扎根理论研究。

2. 深度访谈和扎根理论

扎根理论编码是质性研究中较为经典的通过实践构建理论的方法，主要通过实地访谈、从实际经验资料中提炼理论，是一种自下而上的理论构建方式，更适合研究者解读复杂的管理实践和开拓研究全新的领域。由于以往文献中并没有品牌福祉与服务仪式的研究，本书需要从已有的经验资料中提炼出品牌福祉与服务仪式的概念内涵，并探索两者的关系。扎根理论也是学者们比较常用的质性研究方法，主要是基于特定的规则方法对现实现象等文字材料进行归纳提炼，以获得研究结论与理论成果。扎根理论详细流程如图 1-2 所示，一般包含现象界定、文献探讨、资料收集与资料分析、建立初步理论和研究结果与结论五个步骤，但其中需要进行理论饱和检验的循环过程，也即通过对原始材料进行分析演绎，最终形成理论。

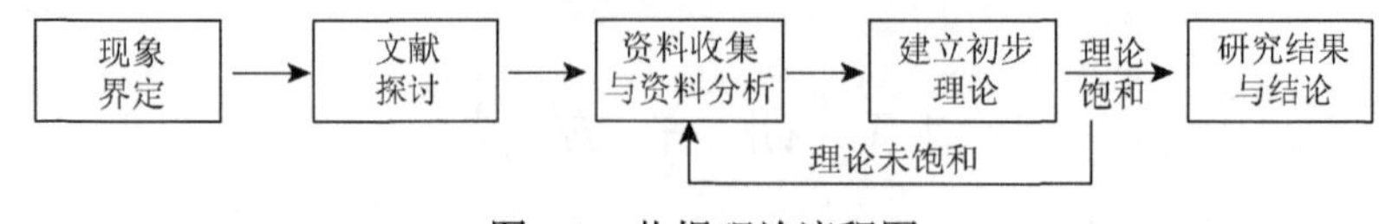

图 1-2　扎根理论流程图

1.3.2　定量研究

1. 实验室实验

实验室研究方法是消费者行为学中最常见的研究方法之一，通过设置不同的实验组以操纵研究因素，同时控制其他干扰因素，从而更为有效地验证关键变量之间的因果联系。实验室实验能较好地排除控制因素的干扰，在情境模拟的条件下探究变量之间的关系。为了探讨服务仪式对消费者品牌福祉的作用，本书在第三篇“实证与战略篇”采用了实验室研究方法。同时，本书实验依据已有研究设计多种方式操纵情境，以保证实验结果的稳定性和适用性，排除单一实验设计带来的误差。

2. 田野实验

田野实验也称为现场研究，是让被试在自然状态下参与实验的方式，可补充实验室实验外部效用的薄弱。为了使本书的研究结论更加具有说服力，本书在第三篇“实证与战略篇”采用了田野实验的方法，以期能够在真实的、自然的环境中探索服务仪式对品牌体验的影响机制。

3. 实证分析方法

实证分析方法主要是运用分析工具处理数据的方法。在本书研究中，实证分析方法主要是对上述实验室实验和田野实验方法获得的数据进行处理，本书均采用 SPSS 22.0 软件进行数据分析，包括相关性分析、探索性因子分析、验证性因子分析、方差分析、回归分析和 Bootstrap 分析等，进而进行假设检验和结论归纳。

1.4　研 究 意 义

本书将探讨服务仪式价值形成机制，并考察其对品牌福祉的影响作用。本书剖析服务仪式价值形成过程的内在机制，有助于厘清服务仪式核心要素、类型及结果价值。同时，基于价值共创理论角度探析服务仪式对品牌福祉的作用，能进一步深化品牌价值内涵、提升消费者福祉水平，具有重要的理论与实践意义。

1.4.1　研究的理论意义

本书围绕服务仪式、品牌福祉展开研究，研究的理论意义在于以下三点。

第一，突破了品牌研究原有的消费功能视角和关系视角的局限，首次提出并构建了中国背景下品牌福祉的内涵与结构维度，赋予品牌更加深厚的社会意义。以往的品牌研究主要扎根于西方个人主义文化，注重品牌的基本功能、个体情感价值和个体身份表达，忽略了品牌的民族、国家属性所蕴含的民族自尊和国家荣誉感等积极崇高的情怀，且大多聚焦于某一具体情境，难以综合诠释品牌对消费者的福祉作用。本书构建的品牌福祉更加完整、系统地揭示了新时代背景下消费者对品牌的福祉期望，凸显品牌对国家、社会发展的重要作用，为深化品牌价值内涵研究、提升消费者福祉水平提供新思路。

第二，首次基于互动仪式链理论的视角，构建了服务仪式的结构框架，明晰了服务仪式的类型要素和分类标准，拓展了仪式在营销领域的运用。虽然以往研究初步探讨了仪式对消费者行为的影响，如品牌仪式（冉雅璇和卫海英，2017；卫海英等，2020）、消费仪式（费显政和黄雅静，2018），但基本局限于消费者的个人消费行为。本书从互动仪式链理论和价值共创理论切入，开发的服务仪式量表，扎根于中国文化情境，更贴合实际的服务情境，为未来研究中全面、具体地探讨服务仪式的内涵及作用结果等提供了具体工具。

第三，基于互动仪式链和价值共创理论，提出并验证了服务仪式与品牌福祉之间的关系，深入揭示了服务仪式对品牌福祉的影响效应，促进服务管理理论、积极心理学、品牌管理理论三个领域的融合与发展。研究从服务人员与消费者互动的角度切入，检验服务仪式对品牌福祉的影响机制及边界条件，进一步拓展了仪式理论在营销领域的应用范围。

1.4.2　研究的现实意义

依据国内服务业发展现状和加快推进服务业市场开放的迫切需求，本书的实践意义主要在于：

第一，指导服务企业从福祉的高度审视品牌的意义与建设，推进企业对品牌管理绩效的认识。当今消费者的消费行为是在理性和感性的共同影响下进行决策的，消费者进行消费不仅是为了获得产品和服务的功能特征和利益，更看重在消费过程中获得精神愉悦和综合体验。品牌福祉的提出，有力地诠释了何为“满足人民日益增长的美好生活需要”的品牌，破除了以往品牌仅关注个体利益的弊病，凸显了品牌价值建设的内在源泉——品牌的社会、民族和国家价值。

第二，服务仪式为品牌管理者传递品牌福祉提供新的思路。现今我国服务经济发展与服务强国之间仍存在较大差距，具体表现为：①消费者和企业对服务者的地位认知片面。一方面，消费者大多仅将服务人员作为提供服务和满足需求的工作人员，缺乏有效互动；另一方面，企业对服务人员重视程度较低，忽略了消费者是价值共创的主体。②企业未充分利用服务活动传递品牌福祉，造成服务资源的浪费。③服务中缺乏沟通的有效桥梁，部分重视互动的企业在服务互动过程中也仅仅停留在功能层面，与消费者之间缺乏共鸣，服务效果大打折扣。④仪式理解不深刻。部分在实践中运用仪式的品牌未能清晰理解仪式特点及影响效果，非但不能引起消费者共鸣，甚至对消费者造成困扰。服务仪式作为传达价值和意义的互动行为，能为品牌和消费者搭建有效的沟通桥梁。企业通过服务仪式帮助企业的服务资源兼具功能性的同时更具文化和寓意特点，吸引消费者的关注，在同行业中获得独特优势；消费者通过服务仪式提升与服务人员之间的互动程度，帮助消费者与服务人员之间建立情感沟通，在行为和心理上获得一致节奏，通过“链”的可持续性获得持久的精神体验。

第三，促进企业采用有效的科学方法管理服务流程，增进服务仪式中消费者从品牌而感知到的福祉，从而构建品牌核心能力和企业可持续竞争优势。本书提出的服务仪式形成路径和对品牌福祉的影响机制，为促进仪式、服务与品牌的融合提供启示。在现实的服务场景中，首先，企业通过设计恰当仪式元素增强消费者感官印记，引起消费者的情绪共鸣，深刻体验仪式传递的情感积聚；其次，企业通过服务仪式中的符号资本传递自身品牌的思想文化和相关知识，传递品牌理念的同时更新消费者已有认知，提高消费者的知识技能；再次，服务人员利用服务器具、员工衣着、服务语言等与消费者互动，增强社会联系和对话价值，提高消费者积极情绪；最后，服务际遇内的服务人员及消费者通过一系列正式的服务活动与消费者共享情绪，情感以“链”的形式不断积聚，为服务场内的角色提供正反馈，为下一次的服务仪式建立培养基，进而提升品牌福祉。

1.5 研究创新

本书立足品牌管理和服务经济发展现状，在梳理前人对品牌福祉和服务仪式有关文献的基础上，开发测量量表，探讨并验证了服务仪式对品牌福祉的影响，创新点有如下几点。

第一，首次将福祉构念纳入品牌管理研究中，结合积极心理学和品牌管理研究，从中国文化的视角审视品牌福祉意义，突破了品牌研究原有的功能视角和关系视角的局限，扩展了品牌管理的相关理论。本书突破了当前过于注重品牌功能性和短暂欢乐的研究局限，更多地发掘品牌在社会担当和民族意识方面的福祉效应，推进了品牌价值建设方面的研究。以往的品牌管理研究更多地集中在品牌满足个体功能需求和与他人社交需求的价值，如品牌资产、品牌依恋、品牌社区、享乐品与实用品、体验型消费与物质型消费等。然而，品牌不应仅局限于满足消费者对于个体身份、社交情感交流的需求，还应满足消费者对幸福美好生活的期待和承担弘扬民族国家身份认同的崇高使命。通过确立品牌福祉概念，本书在前人基础上，从互动的角度进一步拓展了品牌价值研究，并指明了未来的品牌建设方向。

第二，将互动仪式的划分引入服务仪式研究中，建立服务仪式作为品牌福祉前因的合理性，厘清服务仪式的类型结构，构建了一个较新的服务仪式的分类框架。归纳服务营销近几年的研究发现，大多学者关注服务营销带来的后果，如改善消费者对服务的满意度。部分学者关注服务营销的前因，如服务的特征因素和消费者特征。然而，服务互动作为价值共创的过程却鲜有研究（于洪彦等，2017）。本书基于互动仪式链理论，将仪式融入服务互动中，探析服务仪式内涵、维度及量表。一方面，基于价值共创和互动仪式链理论，探讨服务仪式的内涵和类型，首次将服务仪式划分为全面服务仪式和自我服务仪式，为服务仪式系统的设计与优化提供相关参考；另一方面，探析服务仪式价值形成路径，不仅推进了服务与品牌价值研究的交叉融合，更补充了现有研究的不足，推动仪式在营销领域的发展。

第三，首次基于互动仪式链理论，揭示了服务仪式与品牌福祉的关系效应和内在机理。本书深入探讨与剖析了服务仪式对品牌福祉的影响机制，不仅进一步拓宽了品牌的理论研究，同时也深化了价值共创与服务仪式的后效研究，在一定程度上促进服务管理理论与品牌管理理论两个领域的融合和发展。本书首次构建了服务仪式影响品牌福祉的理论框架，并深入挖掘其作用机制和边界条件，为指导企业管理者如何恰当使用服务仪式提升品牌福祉提供理论依据和实践指导。

1.6 研究技术路线

本书围绕“服务仪式—品牌福祉”二者之间的关系展开，以文献研究为基础，采用定性与定量相结合方法，遵循“归纳现象—提出问题并构建模型—数据检验获得结论”的过程进行研究，研究路线基本构想如图 1-3 所示。

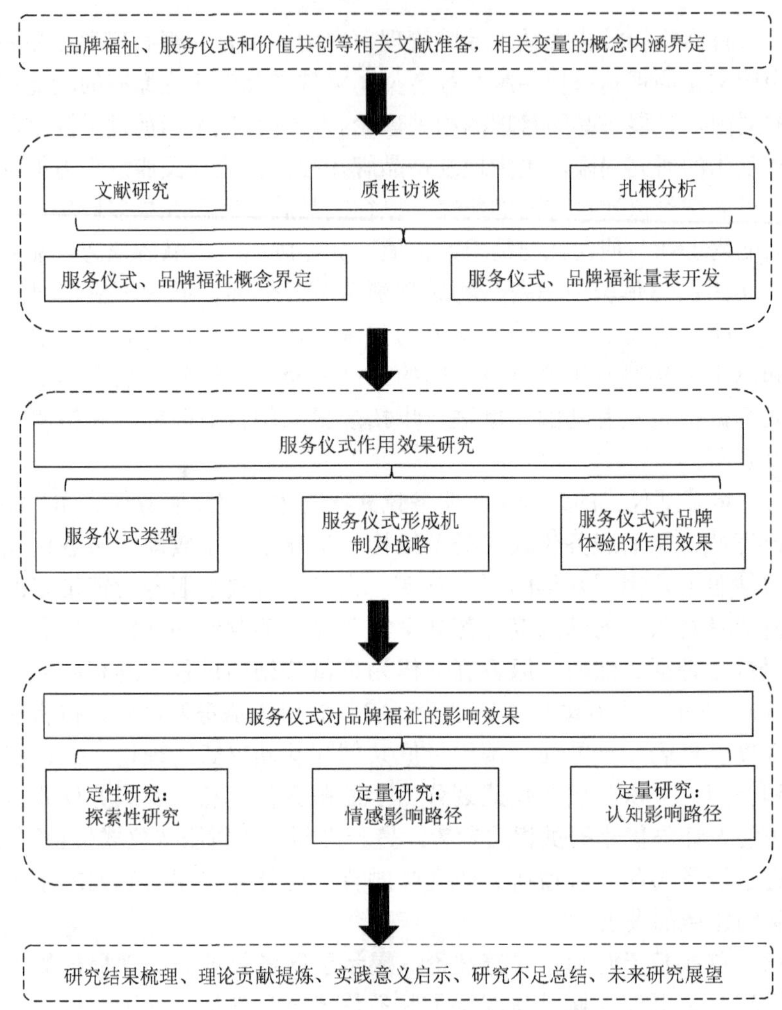
品牌福祉、服务仪式和价值共创等相关文献准备，相关变量的概念内涵界定
文献研究
质性访谈
扎根分析
服务仪式、品牌福祉概念界定
服务仪式、品牌福祉量表开发
服务仪式作用效果研究
服务仪式类型
服务仪式形成机制及战略
服务仪式对品牌体验的作用效果
服务仪式对品牌福祉的影响效果
定性研究：探索性研究
定量研究：情感影响路径
定量研究：认知影响路径
研究结果梳理、理论贡献提炼、实践意义启示、研究不足总结、未来研究展望

图 1-3　技术路线图

第 2 章　服务仪式与品牌福祉的代表性理论及其发展

2.1　互动仪式链理论

2.1.1　柯林斯互动仪式链模型

Collins（2004）提出的互动仪式链理论试图把微观社会学和宏观社会学统一起来，认为社会学应研究从微观到宏观的一切社会现象，但其中微观现象是基础，宏观过程是由微观过程构成的。在微观过程中，互动仪式（interaction ritual）是人们最基本的活动，指的是小范围的、即时即地发生的面对面互动。互动仪式是生活世界中人与人之间最凡常不过的仪式性交往，人类社会大部分的行为都可视为一种既定的仪式表达。互动仪式链（interaction ritual chain）指的是由无数发生于特定“际遇”中的互动仪式联结而成的链状结构，这种结构的规模并不固定——随着人们越来越多地加入社会交往，链状结构变联结为中观乃至宏观级别的社会结构。

在互动仪式链理论中，个体与个体之间的每次互动都是参与者在共有信仰下所实践的仪式。这里的仪式并不是正式的仪典，区分传统仪式的看法“仪式不外乎是通过一套程式化的行动才得以推进的正式典礼”，仪式主要表现形式除了正式仪式以外，还表现为日常社会交往中小规模的人际对话仪式。也即根据 Collins（2004）的观点，判断是否为仪式的根本标准，不在于其“刻板程序”，而要看其规范化的表象下，是否具有共同的关注焦点和共享的情感能量。互动仪式链的微观基础模型，如图 2-1 所示。

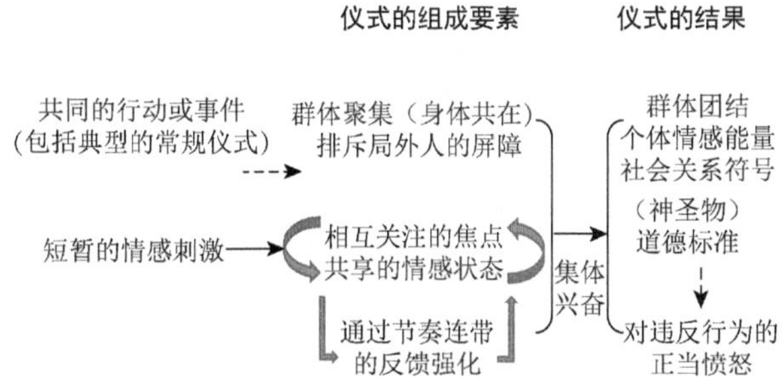

图 2-1　互动仪式链理论模型

资料来源：Collins（2004）

（1）互动仪式四要素：①两个或两个以上的人聚集在同一场所，无论他们是否特别关注对方，都能通过身体实际在场而相互影响；②对局外人设定界限，参与者知道谁在参加，而谁被排除在外；③参与者将注意力集中在共同的对象或活动上，并通过相互传达该关注焦点，而彼此知道了关注的焦点；④参与者分享共同的情绪或情感体验。

（2）互动仪式四结果：①群体团结，一种成员身份的感觉；②个体的情感能量，一种采取行动时自信、兴高采烈、有力量、满腔热忱与主动进取的感觉；③崇拜代表群体的符号，参与者认同群体内的标志，充满集体团结感的参与者会格外尊重这些符号，并捍卫符号以免受局外人的轻视，甚至内部成员的背弃；④道德感，参与者会积极维护本群体的团结、尊重群体的符号，并会因为违背了群体内的规范而产生道德罪恶感。

2.1.2　互动仪式链模型的修订

Collins（2004）的互动仪式链理论在吸取了涂尔干和戈夫曼等的研究基础上，反复强调“身体在场”的重要性。但伴随互联网的迅猛发展，许多学者把目光聚集在虚拟社交媒体上，不少研究运用互动仪式链理论来分析社交网络中的互动，如虚拟社区（李钧鹏和茹文俊，2020）、直播（郭淼和马威，2020）等。因此，传统意义上仅限于行动者在场的互动场景得到了延展，这种不在场互动呈现出许多与传统在场互动不同的特点。部分学者对 Collins 的理论模型做出了修正，使其对互联网背景下的人际互动具有更强的解释力（李钧鹏和茹文俊，2020）。

归纳现有学者对现实互动与虚拟互动的比较，两种不同情境下的互动区别主要集中体现在参与者是否在场、参与界限、反馈程度、互动结果四个方面（刘婷，2018；刘少杰，2012；李钧鹏和茹文俊，2020），详细如表 2-1 所示。

表 2-1　现实互动与虚拟互动比较表

互动维度	现实互动	虚拟互动
参与者是否在场	身体在场	身体缺场
参与界限	界限明确	界限模糊，不受时间空间限制
反馈程度	实时反馈	延时反馈
互动结果	可感知的情感能量	只能通过符号意义推测

基于上述现实与虚拟互动情况对比，在修正后的互动仪式链模型中，话语成为仪式的起点，符号是个体共同关注的焦点，详细如图 2-2 所示。

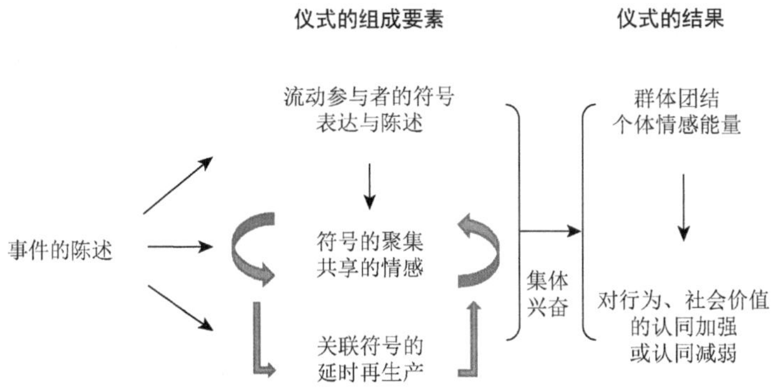

图 2-2　修订后的互动仪式链理论模型

资料来源：李钧鹏和茹文俊（2020）

2.2　价值共创理论

2.2.1　价值共创内涵与价值焦点

1. 价值与价值共创

“价值”是社会科学中最困难和最有争议的概念之一。商品主导逻辑将价值视为一种“交换价值”（exchange value），认为价值是产品或服务的一种特性，企业根据消费者需求设计和生产，消费者通过消费产品或服务获得价值，价值的创造过程与消费者无关，由企业完成。服务主导逻辑将价值视为一种“使用价值”（use-value），认为“价值”并不是嵌入商品的特性，而是在消费者使用商品的过程中形成的。

因此，在服务主导逻辑中，企业只是帮助消费者进行价值的创造，而企业本身并没有实际创造价值（Vargo and Lusch，2011）。但企业的资源会影响消费者价值创造的程度，因为消费者凭空也不能创造出价值，需建立在企业资源的基础上，根据企业提供的资源，结合自身的知识技能等，与企业互动共同实现创造价值。因此，企业的资源会影响消费者的价值判断及参与程度，进而影响价值创造程度（Grönroos and Voima，2013）。综上，价值是通过消费者利用企业和自身的资源，在使用和体验过程中实现的，并不是仅仅通过商品实现的（Wagner and Benoit，2015）。

“共同创造”（co-creation）是基于服务场内与消费者的互动活动，也即互动主体通过可以互动的体验平台进行对话、反馈等，企业参与和帮助消费者在其中获得积极体验，共同创造价值（Prahalad and Ramaswamy，2013）。在早期的研究中，企业是价值创造的主体，在营销过程中将重点放在产品上，忽视了消费者的价值生成能力，缺乏与消费者的有效互动。现阶段，学者们提出价值是由企业和消费者共同创造的，体验是价值共创的基础，消费者与企业的互动是价值共创的有效方式，体验平台是价值共创的场所。

2. 价值共创的内涵

价值共创是通过消费者与企业的动态互动进行服务的传递和资源的整合利用，进而共同创造价值（简兆权等，2016）。回顾已有研究发现，学者们研究价值共创大多是基于资源交换和整合的角度（Vargo and Lusch，2011；Lusch and Vargo，2010），强调消费者与企业互动对价值生成的重要性，进而提出了消费者价值创造、服务生态系统等理念（简兆权等，2016）。国内外学者对价值共创的界定主要是基于服务主导逻辑（Vargo and Lusch，2011），从不同角度分析了价值共创的概念与内涵（钟振东等，2014；狄蓉和徐明，2015），关注的焦点也存在一定的差别。总结现有学者对价值共创定义的研究结果，代表性研究如表 2-2 所示。

表 2-2　具有代表性的价值共创概念研究

定义/含义	学者
服务需要企业和消费者共同完成	Storch（1823）
价值的生成是基于企业与消费者之间的互动过程，企业和消费者是服务传递和资源整合的重要主体	Normannn 等（1999）
价值不是由企业创造的 价值创造主体是消费者，企业参与创造过程 体验是价值创造的途径	Prahalad 和 Ramaswamy（2004）
消费者参与企业生产的各个过程，价值共创表现为消费者与企业的合作，消费者获得体验，企业进行资源的优化	Wayne（2010）
价值共创的要素包含体验环境、资源、共同生产、感知收益和物理架构五种要素	Bharti 等（2015）
价值共创活动包含个性化、关系、授权、伦理、共同发展和联合行动六个维度	Neghina 和 Caniels（2015）

通过总结以往研究发现，虽然学者们的切入点存在差别，但基本都强调了以下几点：①价值共创是企业与消费者双方或第三方等多方合作的过程；②价值共创实际上是企业与消费者等主体间资源整合的过程；③互动是价值共创实现的基本条件，一切过程均发生在互动中；④消费者是互动和价值创造的主体，价值共创的过程和最终目的的重点是消费者价值。在整个过程中，消费者参与是价值共创的前提，有效互动收获体验是必经途径，获取价值是消费者参与价值共创的目的。

综上所述，价值共创视角下，消费者是资源的整合者和真正的价值创造者

（Alves et al.，2016）。企业参与价值共创，即在现有资源的基础上不断开发设计，增加企业与消费者的接触点，搭建互动平台，促使互动的发生；消费者利用企业已有互动资源，结合自身知识与能力，在体验中创造价值。

2.2.2　价值共创角色与互动过程

互动的关键是互动主体间的接触，包括身体与思想上的触碰。消费者与企业的互动实际上可以理解为消费者与企业的对话，消费者和企业各自整合自身资源，根据双方需求不断协调、互相影响、互相提升，最后达成协调一致的对话结果。因此，互动是价值共创的基础，产品和服务是价值传递的载体，企业与消费者不断互动，实现资源的整合，最终企业与消费者共同参与价值创造，体验生成价值。

在价值创造的过程中，企业只是作为参与者促进消费者价值创造（Grönroos，2011），消费者在企业资源的基础上参与互动，参与企业生产，创造价值；企业利用自身资源参与价值创造（Grönroos and Voima，2013）。在整个互动的过程中，实现价值共创需包括三个核心阶段，分别是创造互动机会、整合互动资源和促进互动质量（于洪彦等，2017），详细如图 2-3 所示。

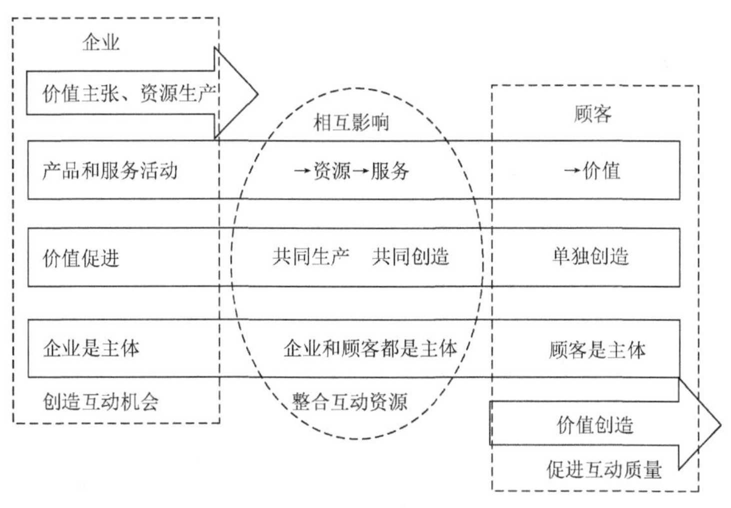

图 2-3　价值共创路径图

（1）创造互动机会是价值共创的前提。在第一阶段中，企业扮演引导互动的主角，需分析现有资源，结合品牌理念设计服务资源，创造与消费者互动的机会，吸引消费者与企业互动。也即在第一阶段，企业主要是提供价值主张，吸引消费者参与；消费者浸入互动环境，识别自身资源，做好互动的准备。

（2）整合互动资源是价值共创的条件。在第二阶段，企业和消费者扮演的角色是资源整合者，企业利用与消费者互动的接触点，影响消费者的体验，识别消费者资源；消费者对企业的资源进行加工，收获独特体验，并与企业不断进行资源的整合，双方不断反馈与协调。

（3）促进互动质量是价值共创的保障。在第三阶段，消费者扮演创造者的角色。企业与消费者的互动提供资源整合的媒介，消费者利用已有资源（包括自身知识技能等）在体验情境中创造价值；企业帮助消费者获得持续体验，提升价值创造效率。因此，消费者才是价值创造的主体。

2.3 自我建构理论

自我建构理论（self-construction theory）最早由 Markus 和 Kitayama（1991）提出，用以区别美国人和日本人在定义自我时的文化差异，如美国人更多的是独立型自我建构，而日本人更多的是互依型自我建构。随着研究的深入，学界发现个体还存在基于亲密关系的自我建构，并进一步区别于以往的基于群体层面的自我建构。在同一文化背景下，个体亦可以有三重自我建构，即个体自我、关系自我和集体自我。Cross 等（2011）总结了自我建构的三种类型及其带来的四种后效，详细如表 2-3 所示。

表 2-3　自我建构类型及后效

类型	认知后效	情感后效	动机后效	行为后效
独立型	低情景相关，追求新异	幸福来源于自我导向的情感体验，自我一致性提高幸福感	崇尚个人主义价值观、自我增强、个体提升导向、自我控制	自我提升、直接沟通、直面对抗、采取支配地位策略
集体型	高情境相关，高联结和同化	幸福来源于遵守社会规范、社会和谐，涉及更多社交类的情感	崇尚集体主义价值观、自我批评、预防性聚焦、次级控制策略	群体导向、避免对抗、采用合作策略、倾向于模仿和与他人亲近
关系型	高关系敏感度、易被他人同化、聚焦自身与亲近者的相似之处	幸福来源于亲密关系质量	崇尚亲近的关系，以增益他人为导向，追求关系型目标	提升关系为目标、根据伙伴调整自身行为、聚焦关系共赢

可见，品牌消费作为个体自我建构的一种重要手段（Escalas，2004），已经融入消费者的日常生活之中。为全面刻画品牌所带给消费者的完整、深刻的福祉内涵，本书拟借鉴消费者自我建构中的独立型、集体型、关系型的类别划分，力图揭示品牌所带给消费者多层次多方面的福祉价值体验。

2.4　服务仪式文献综述

2.4.1　仪式研究现状

1. 仪式概念

仪式研究作为普遍而历史悠久的人类互动文化现象，引起诸多学者的关注，但学界对其界定不一而足，前人对仪式的研究可归纳为如表 2-4 所示四个领域。

表 2-4　相关领域的仪式研究概况

领域	概念内涵	研究情境	代表学者
宗教学	仪式，作为宗教的手势语言，是神圣事物出现时，指导人们如何去做的行为规范	朝圣、礼拜、祭祀或巫术等宗教性质活动	Durkheim（1965）
社会学	过渡仪式，主要起标志作用，代表新的开始，如个体发生身份和地位转变等进行的仪式行为	成人礼、婚礼、毕业典礼、丧葬礼等个人生命转折点	Zumwalt（1982）
心理学	日常仪式，如化妆仪式、饮酒仪式之类的日常仪式	包括标志个人生命转折的过渡仪式以及过渡仪式后个体为巩固其新身份而进行的诸如化妆仪式、饮酒仪式之类的日常仪式	Erikson（1951） Meddin（1980）
消费者行为学	消费仪式，消费者个体消费行为，是基于一定的文化背景，通过消费中的仪式行为表达内心的期望和情感等	包括传统节日消费，如春节购买春联等；个体生命转折，如购买婚鞋象征着个人身份转变等	Bradford 和 Sherry（2013） Sykes 等（2015）

通过归纳前人在不同领域对仪式的界定研究发现，虽然仪式的概念内涵在不同领域间有所区别，但都包含了三个主要的特征要素，分别是流程式动作、象征意义和非功能性行为，主要表现如表 2-5 所示。

表 2-5　仪式构成要素表

仪式要素	要素表现	举例
流程式动作	正式、重复的流程性动作	祭祀：包含迎神、送神等一系列流程
象征意义	仪式的行为动作表达思想超越行为动作本身	祭祀神明是为了表达尊重、感恩与敬畏之心，通过跪拜动作等表达内心所望
非功能性行为	不对行为本身起直接作用	赛前热身。热身常规动作是为了唤醒身体，避免受伤等，发挥直接作用；而热身仪式会规定动作顺序，先左脚或右脚对热身效果没有影响，但表达对运动的尊重和祈祷，发挥间接作用

（1）仪式由流程式动作组成。表现为“一系列正式的、重复的流程式动作”。任何仪式都涉及一系列的动作，哪怕是简单的握手礼，也涉及介绍人物、握手等一系列动作行为，且有一定用右手的行为规范。同时，有研究发现，流程式动作是仪式效用的基础（Legare and Souza，2012），相比简单的流程和不重复的行为，重复的行为和多个步骤的仪式作用效果会更好。

（2）仪式具有象征意义。表现为“仪式的行为动作表达思想超越行为动作本身”。仪式在动作之上表达价值与意义（Durkheim，1965），Collins（2004）指出符号资本是仪式的重要构成要素，符号资本不仅仅是构成仪式的组成部分（如跪拜动作是祭祀仪式的重要组成部分），同时也是表达意义的载体（如人类通过跪拜表达自己内心的敬畏之情），也即符号是仪式发挥作用价值过程的核心。

（3）非功能性行为。表现为“不对行为本身起直接作用”。这点主要是区分仪式动作与常规动作，常规行为往往是功能性或实践性的，如饭前洗手，洗净手后擦干手是为了卫生健康；仪式行为具有象征意义，与仪式目的通常无关（Ai et al.，2005；Vohs et al.，2013）。如净手礼，用粽叶洗手，且倒水要点头三次，通过这些动作流程表达个体内心的信仰。

根据以上的分析，本书借鉴了 Brooks 等（2016）的研究，将仪式定义为：一系列正式的、具有可重复模式、表达价值和意义的行为活动，这些行为动作通常是非功能性的行为，也即不直接对结果发挥作用（Arnould，2001；Gainer，1995）。

2. 仪式分类

归纳前人研究发现，由于研究情境和互动主体等不同，仪式分类并不统一。仪式并非仅限于宗教，也会出现在日常生活中。例如，Durkheim（1965）从宗教领域将其分为积极仪式和消极仪式。积极仪式是促进人与神灵接触的仪式，消极仪式指神灵的教训和规定。Wallendorf 和 Arnould（1991）等根据仪式的发生背景进行分类，包括过渡仪式（如成人礼）、日常仪式（如冥想仪式）、竞赛仪式（赛前热身仪式）等。本书在前人研究的基础上进行归纳整理，部分研究可归纳为如表 2-6 所示几种。

表 2-6　仪式的分类和结构

作者	划分标准	分类
Durkheim（1965）	宗教仪式	基于仪式效果、情境：消极仪式、积极仪式
特纳（2006）	宗教仪式	功效：生命危机仪式、减灾仪式
van Gennep（1982）	过渡仪式	生命历程：个人生命转折仪式、历年再现仪式
Rook（1985）	仪式背景	①基于文化价值：过渡仪式、文化仪式 ②基于群体学习：民族仪式、团队仪式、家庭仪式 ③基于个人目标：个人仪式
Cova 和 Salle（2000）	互动程度	基于互动层级：整合仪式、互动仪式

3. 仪式价值形成路径

根据 Collins（2004）的互动仪式链理论，符号资本和情感能量是仪式效果的关键，情绪路径和认知路径是仪式价值形成的心理机制（冉雅璇等，2018；尹可丽等，2022），仪式可对个体发挥情绪抚慰和知识传递等作用。

（1）情绪路径。情绪是产生仪式行为的关键原因，情感体验是形成仪式的直接驱动力，正面情绪和负面情绪都会对仪式行为产生影响：一方面是消极情绪对个体的促进作用，主要表现为参与者试图通过仪式缓解消极情绪，以期获得好的结果（Song et al.，2022）。例如，渔民的祈祷仪式，主要发生在遭遇艰难处境时，为了祈祷困境赶紧过去。也有学者研究发现，部分仪式通常是发生在不良情境下，如死亡，或者遭受巨大压力情境等，如运动比赛。另一方面是积极情绪对个体的促进作用（Boyer and Liénard，2006；Wang et al.，2021），表现为仪式提升个体积极情绪。例如，仪式提升个体的愉悦体验，反过来个体的积极情绪，如好奇感、兴趣等会进一步提升个体参与意愿（Raj，2012；Maloney，2013）。不论是消极情绪还是积极情绪，仪式都可唤起个体的情感，通过一系列有价值与意义表达的活动缓解消极情绪，提升积极情绪与愉悦体验等，从而对个体行为决策起到正向促进效果。

（2）认知路径。仪式信念是仪式作用的关键，仪式信念会影响个体参与仪式的意愿。认知路径主要表现为仪式对个体认知的作用，通过仪式动作更新认知或加强信念，实现仪式价值作用。反过来个体对仪式的信念感也会影响仪式的作用效果，仪式的信念感指的是个体是否相信仪式的作用。在个体参与仪式过程中，个体的仪式信念感越强，仪式作用效果越强，反之效果减弱。认知路径的影响作用是通过一系列规范性、重复的动作实现，进而对个体产生认知恢复、发挥社会控制等作用。

仪式可对个体行为产生不同层次的影响作用，详细包括以下几点。

（1）个体情绪方面。仪式可以提升个体的积极情绪，减缓个体的消极情绪（Boyer and Liénard，2006），如 Vohs 等（2013）研究发现，仪式会增加个体进餐过程中的愉悦感和幸福感。Brooks 等（2016）发现仪式能有效地平复个体在公开唱歌和数学测试背景下的焦虑。

（2）提升个体控制感，获得认知恢复。其一，仪式可通过转移注意力的方式排解个体负面想法。其二，仪式的要点之一是流程性动作，重复规律的仪式化动作可以在一定程度上减缓个体的焦虑感，满足秩序需求，获得认知恢复（Lang et al.，2015）。

（3）拉近个体间的社会关系。仪式要素之一是现场聚集，也即参与者聚集在一起，身体距离的拉近会提升心理距离的拉近。

（4）塑造互动主体间的群体文化。仪式可帮助传达和整合社会规范与文化，约束个体的不道德行为等（Mitkidis et al.，2017）。一方面，学习理论（learning theory）强调，通过强化建立刺激与行为之间的联结，可以达到学习的目的。例如，Plester（2015）聚焦于组织中的进餐仪式，揭示了仪式可塑造企业文化，进而激发员工的组织忠诚度和工作热情；另一方面，仪式还可以作为一种社会控制的手段，形成整个社会的规范与文化。例如，Mitkidis 等（2017）通过田野实验发现宗教仪式可以约束人们的不道德行为。

基于此，得到仪式的形成路径图，详细如图 2-4 所示。

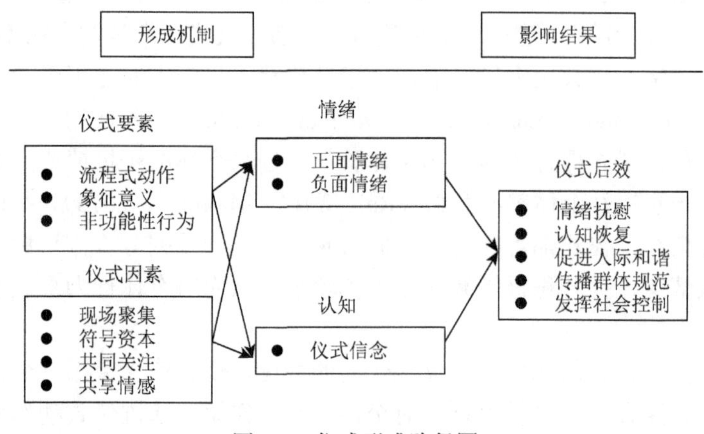

图 2-4　仪式形成路径图

2.4.2　服务仪式研究现状

1. 服务仪式内涵

仪式作为象征符号和文化价值的结合体，为服务互动和客户关系管理提供了独特途径。相较于产品，服务消费最大的特性就是无形性，服务仪式借助仪式在无形的服务互动中帮助消费者与服务人员进行情感的交流，形成积极的情感共鸣，促使消费者获得丰富的服务体验并形成正向良好的服务评价（Batra et al.，2012；卫海英和毛立静，2019）。

在仪式概念的基础上，本书将服务仪式定义为“在服务接触中，服务人员与消费者之间进行的仪式化互动行为”。研究表明，服务仪式可有效拉近服务场内各个主体之间（服务人员、消费者、品牌）的关系，增强消费者的幸福感（卫海英和毛立静，2019），进而提升服务评价、加强消费者与服务品牌之间的联系，提高企业绩效（卫海英等，2018；卫海英和毛立静，2019；卫海英等，2020）。

服务仪式是企业在服务互动中引入仪式要素，以期提升消费者的品牌体验。

相比传统的服务流程，服务仪式具有如下几点特征。

（1）物理同在性。不同于服务流程，服务人员与消费者不要求同时物理在场[如吃火锅时的服务人员对食材（如面块）的处理，单独作为服务流程，可在后厨完成]，服务流程只是作为服务传递的环节。服务仪式却要求互动主体同时物理在场（如海底捞的“拉面仪式”，服务人员对消费者的一系列拉面表演，要求服务人员必须与消费者一起在场），服务人员与消费者的情绪进行实时反馈，最终实现情感共鸣。

（2）动作程序性。不同于服务流程步骤之间没有严格的规范性（如 SPA 按摩前的净足，消费者换鞋时只需完成换鞋环节即可，至于过程怎样没有严格的规范与步骤）。服务仪式是基于服务脚本遵循严格的规范步骤进行（如净足礼，具有严格的步骤且需要规范执行），同时服务人员对每个消费者都是同样的仪式化互动流程，不做过多区分。

（3）非直接功能性。服务流程的目的是进行服务的传递，如自助餐厅设置“付费—取餐具—取餐”等一系列服务环节，是为了满足消费者用餐需求进行的流程设计，具有直接的功能，即满足消费者的用餐需求。但服务仪式融合了品牌理念及文化元素，通过仪式化互动侧重于品牌理念的传递，只是间接传递服务功能，满足消费者的服务需求的同时彰显象征意义等（卫海英和毛立静，2019）。服务仪式的特征详细如表 2-7 所示。

表 2-7　服务仪式特征表

服务仪式特征	外在表现	举例
物理同在性	互动主体同时物理在场	如海底捞的“拉面仪式”，服务人员通过在消费者面前表演，与消费者互动，提升体验 虚拟服务场景中，消费者也是与虚拟服务人员同时在场，如虚拟化妆中，实时展示化妆效果和仪式氛围
动作程序性	通过符号蕴含文化等象征意义	净足礼的换鞋，会请消费者先坐到坐垫上，为消费者拿来精致的拖鞋，先左后右地换鞋，整个过程严格执行，且服务人员对每个消费者都是同样的流程
非直接功能性	不对行为本身起直接作用	如素满香的“饭前感恩词”，并不能直接满足消费者的进餐需求，但是可以陶冶消费者情操，感受素满香的品牌文化，提升服务流程的实现效果，间接传递服务功能的同时表达茹素等文化理念，提升消费者体验和精神陶冶

2. 服务仪式与相似构念辨析

服务仪式作为仪式在营销领域应用的形式之一，与品牌仪式（brand ritual）（冉雅璇和卫海英，2017）、消费仪式（consumption ritual）（李堃等，2018）的概念具有一定相关性和重叠，但它们有着本质的不同，表现在构念内涵、发生情境与互动程度等方面，详细如表 2-8 所示。

表 2-8 服务仪式与相似构念的辨析

构念名称	构念内涵	发生情境	与服务仪式的区别点
服务仪式	服务人员与消费者之间的仪式化互动行为	服务接触中	
品牌仪式	消费者与品牌之间的仪式化互动行为	品牌接触中	可复制性、互动因素
消费仪式	消费者个体仪式，是消费者基于某一社会或文化中的仪式互动行为，通常是消费者基于庆祝或者度过某种节日进行的消费行为	特定文化背景下	文化背景

1）服务仪式与品牌仪式

品牌仪式是指一系列围绕品牌活动的仪式化互动行为（薛海波，2015；冉雅璇和卫海英，2017）。根据前人研究，服务仪式与品牌仪式的区分主要是在互动主体、重复特点等方面，具体如下所述：①互动核心方面，品牌仪式的核心是通过仪式化互动传递品牌的价值观念（Raj，2012），而服务仪式是在服务互动中，通过有序科学的服务传递服务功能的同时侧重品牌理念和品牌价值的传递。②互动主体方面，品牌仪式的互动主体是“品牌—消费者”，由企业进行设计和引导，大多是品牌向消费者单向传递，而服务仪式的互动主体是“服务人员—消费者”，消费者和服务人员共同参与，互动是双向的。③在可复制性方面，品牌仪式的可复制性低，由于品牌仪式侧重点在于品牌价值观的传递，令仪式具有强烈的品牌独特性，譬如奥利奥的餐前仪式“扭一扭、舔一舔、泡一泡”的品牌仪式具有强烈的奥利奥品牌属性，其余饼干品牌均不会使用这一系列的仪式，以避免发生品牌冲突。服务仪式是按照设定好的脚本顺序发生，也即不同服务企业可以采用相似的仪式流程，如各个汽车品牌的提车仪式大同小异。

2）服务仪式与消费仪式

消费仪式是指发生在某一社会或文化中的、正式的、可重复的表演性活动，并伴随着大量消费产品或服务的行为（Otnes et al.，2012）。学界对消费仪式的现有研究主要包括两个派别：①派别一是从社会文化角度出发，认为消费仪式是基于特定的社会文化环境中进行的一系列具有文化或者节日特色的仪式化消费行为，如西方圣诞节的消费仪式、春节的年夜饭仪式等（李堃等，2018）；②派别二是从品牌角度出发，认为消费仪式是在消费过程中与品牌互动的一种仪式行为（Baek et al.，2018）。因此，根据消费仪式的流派的不同可以看出消费仪式与服务仪式的区分：派别一主要是体现在仪式的围绕主体不同，消费仪式围绕消费者自身展开，更多地涉及特定的文化背景和民族节日。例如，美国人在感恩节期间，会消费大量的火鸡、白葡萄酒、酸果酱等，并对家人、朋友甚至是陌生人表示感谢，而中国人在春节期间，会消费大量的鱼类、饺子、汤圆、鞭炮、福字帖等。派别二，主要区别与品牌仪式类似，这里不再赘述。

2.5　品牌福祉文献综述

2.5.1　品牌与福祉

随着商品经济的发展，品牌对于消费者福祉的贡献愈加突出。但由于品牌研究发源于西方，学者们通常将品牌看作是个体概念的延伸，主要聚焦于品牌如何提升消费者个体层面的幸福感和关系层面的归属感，较少涉及更高层次的民族感表达。已有的研究主要集中在以下四个方面。

第一，品牌能帮助消费者高效地识别产品和服务，高质地满足消费者的基本功能和情感需求。品牌的核心是产品（蒋廉雄等，2015），高质量的产品和服务是造福消费者的基础。此外，品牌作为信息传递的符号，帮助顾客更快地分辨出适宜的产品/服务，提升消费者愉悦感和灵感（Schnebelen and Bruhn，2016），降低痛苦和焦虑（Garvey et al.，2016），增强了消费者积极的生活体验。学界通常使用品牌态度、品牌资产和品牌愉悦（Schnebelen and Bruhn，2016）等描述品牌满足消费者的基本功能和情感需求。

第二，品牌也能满足消费者的情感归属需求，重塑消费者的社交意义。研究发现，消费者会使用人际关系的准则来评估自身与品牌之间的关系，倾向于将品牌拟人化（Aggarwal and McGill，2012），形成品牌个性、品牌真诚、品牌依恋（Park et al.，2013）、品牌至爱（Batra et al.，2012）等人际感知。在特定情况下，品牌还能满足消费者对归属感、控制感和自我效能感的需求，如在拥挤的情况下，品牌能替代人成为依恋的对象（Huang et al.，2017）；在遭受到社会排斥后，品牌能帮助消费者恢复控制感（Su et al.，2016）；在面对任务要求时，高绩效品牌亦能增强消费者信心，降低焦虑，从而提升消费者的任务绩效（Garvey et al.，2016）。

第三，品牌亦能构建人际互动平台，提升集体融入感。品牌社区是消费者与品牌、消费者与消费者之间联系的平台。品牌既能实现消费者求助、反馈和倡导等平台互动（卜庆娟等，2016），也能促进真实的社会互动，形成品牌至爱（卫海英和骆紫薇，2012）和建立长期的顾客关系（卫海英和骆紫薇，2014）。此外，品牌越重视品牌社区的社会化（如信息反馈、互动支持和用户教育），消费者越能形成社区认同（廖俊云等，2016），产生基于品牌的集体融入感。

第四，已有部分学者开始探索品牌的国家、民族属性的影响，如研究产品的制造国形象如何影响消费者对产品的感知和评价（汪涛等，2017），探讨国家形象怎样影响海外消费者的态度评价（何佳讯和吴漪，2015），评估消费者对“购买外国产品是否恰当与道德”的信念强度（王海忠等，2005）等。

以上研究大多聚焦于某一具体情境，鲜有品牌在国家和民族层次的福祉体现，未能深刻、系统地挖掘品牌对民生福祉的促进作用和全部内容。本书拟聚焦于品牌在新时代背景下的家国情怀和民族意识，完整、全面地揭示品牌的福祉内涵，彰显品牌对满足人民美好生活需要的重要意义，填补研究空白。

2.5.2　品牌福祉研究概况

1. 福祉、福利与幸福感

虽然福祉对于国计民生、个体生活均具有基础性地位，但研究者更多地从各自研究领域出发，探讨人类福祉、民生福祉、农民福祉（白描，2015）等概念。并且，由于中英文翻译得不统一，学界往往将侧重客观物质的福利（welfare）和侧重主观感知的幸福（well-being）亦翻译为福祉，或归类为客观福祉、主观福祉。实际上，福祉应包含但高于现有的福利与幸福内容，为一个多维度的复杂概念。

现有研究中，福利更多地涉及经济学、社会学领域，常以国民收入水平、个体物质财富等客观指标来衡量福利水平。幸福则更多涉及心理学领域，采用个体主观感受报告幸福感水平。幸福可进一步分为以即时快乐为导向的主观幸福感（subjective well-being）和以意义实现为导向的心理幸福感（psychological well-being）。主观幸福感强调个体瞬时的情绪感知，认为幸福是由高度的积极情感、低度的消极情感和高度的生活满意度组合而成。心理幸福感聚焦人的潜能实现意愿，定义幸福为自我实现、与他人的积极关系、自主权、环境掌控力、生命的意义和个体成长六个维度。除此之外，自我决定理论（self-determination theory）认为，满足个体的胜任需要、关系需要和自主需要亦能显著提升幸福感（Ryan and Connell，1989）。

品牌福祉还是一个新兴的构念，国内外主要有“与品牌有关的快乐”（brand-related happiness）、品牌快乐（brand happiness）、品牌幸福感或品牌福祉（brand well-being）三种表述。现有研究探讨了其定义。Bettingen 和 Luedicke（2009）率先将由品牌体验所带来的快乐概括为“与品牌有关的快乐”，Schnebelen 和 Bruhn（2016）基于主观幸福感视角，正式提出类似品牌福祉的构念——品牌快乐，将其定义为一种由不同品牌接触点（如购买、消费、广告）引发短暂的高唤醒和低唤醒愉悦情感体验。幸福感是具有多维度多结构的构念，国外这几位学者的研究是基于主观幸福感和心理幸福感的视角，未整合主观幸福感、心理幸福感、社会幸福感三种幸福感，以整体视角对品牌幸福感的定义开展研究，存在一定的局限性。杨爽和郭昭宇（2018）认同品牌福祉构念，将其定义为品牌给消费者带来的情感层面的积极体验、认知层面意义的获得和价值实现。周志民等（2020）运用扎根理论的研究方法开展了一项探索性研究，提出品牌幸福感构念，并将其定义为消费者通过与品牌接触所感知到的愉悦体验与精神满足。由上述文献回顾可知，国内这几位学者基于积极心理学理论三种幸福感整体视角，对品牌幸福感或品牌福祉开展了初步研究，提出了品牌福祉的维度结构。

从仅有的几篇文献可知，学者们对品牌快乐、品牌幸福感、品牌福祉的前因也开展了一些研究。Schmitt（1999）提出感官、社交、智力、身体和情感五种品牌体验均可带来品牌快乐；Park 等（2013）指出品牌利益是品牌快乐的来源。不过品牌体验、品牌利益这两篇品牌快乐前因研究均缺乏实证。也有一些学者对品牌幸福感、品牌福祉的前因进行了实证研究。Schnebelen 和 Bruhn（2016）研究发现品牌评价和情境评价对品牌幸福感具有积极影响。由前人研究可知，品牌幸福感、品牌福祉的前因与消费者心理因素和外界评价环境密切相关。

然而，以往的幸福感研究仅包含个体因素，未考察民族、国家因素的影响，忽略了人亦有超越个体私利、奉献社会、报效国家等崇高诉求（高良等，2010）。例如，社会认同理论（social identity theory）认为个体具有社会身份，人们也倾向于将本群体内的赞誉、目标和行为看作是自己的一部分（Fritsche et al.，2017），从而产生集体的身份和意识。并且，中国社会传统文化强调集体利益和国家意识，推崇“达则兼济天下”的入世情怀，赞赏“天下兴亡，匹夫有责”的责任担当。因此，中国情境下的福祉内涵或许还应包含集体和国家层次上“大我”的感知与价值。

2. 品牌福祉与相似构念辨析

（1）品牌福祉与品牌认同。品牌认同（brand identification）是消费者感知的品牌形象与自身个性、价值观和生活方式的一致性程度（刘新和杨伟文，2012）。品牌认同程度越高，消费者越将自己和品牌视为一体，如“我认为品牌的成功也是我的成功”（Kim et al.，2001）。品牌福祉与品牌认同具有一定的关联性。品牌认同程度越高，消费者感知自身与品牌的联系越紧密，品牌越可能带给消费者更多的福祉感受，如国家身份的自豪表达等。然而，品牌认同主要强调消费者与品牌的一致性感知，而品牌福祉强调的是品牌消费后，消费者感知的持久幸福和价值，包含个体愉悦、集体融入和国家自豪等。

（2）品牌福祉与品牌依恋。品牌依恋（brand attachment）衡量个体与品牌的关联强度，包含品牌-自我联结（brand-self connection）和品牌凸显度（brand prominence）两个维度（Park et al.，2013）。消费者对品牌的依恋程度高，意味着品牌对自我的关联度高，且该品牌的感受和记忆较容易提取。然而品牌依恋仅强调品牌和消费者在个人情感上的联结内容（如喜爱、依恋、兴奋）和提取频率（Park et al.，2013），未涉及品牌福祉中的切实利益（如使用价值、生活便利）和国家意识（民族自豪感）。此外，品牌依恋还可能涉及分离焦虑等不良后果（Park et al.，

2013)，而品牌福祉是品牌带给消费者积极、持久、崇高的幸福感和价值。

（3）品牌福祉与消费者幸福感。消费者幸福感有两种测量方式，一种是在评估产品/服务消费时，消费者感知的满意度和情绪体验（张跃先等，2017），另一种是细化购买、消费、服务等每个阶段的满意度指标，消费者得出综合的消费幸福感评分（Sirgy and Lee，2008）。然而，消费者幸福感只包含福祉中的个人幸福含义（如满意度、积极情绪），而未包含福祉中的集体、国家层面的内容；此外，消费者幸福感不涉及品牌对福祉的作用，研究仅关注了产品/服务本身。然而，品牌所具有的象征意义能带来更多的精神共鸣和情感表达。

（4）品牌福祉与品牌快乐。品牌快乐是指消费者通过在品牌接触的过程中（如购买、消费、广告），消费者所感受的最大化的情感满足，是一种即时性的情绪体验，包含高度和低度的情感唤起（Schnebelen and Bruhn，2016）。品牌快乐仅仅注重于消费者情绪上的感受，将快乐细分为 4 个维度，12 个情绪测项，如高兴的（glad）、有趣的（joyful）、活泼的（lively）、放松的（relaxed）等。品牌福祉则不仅包括消费者情绪上的快乐，也包含品牌的实用功能、社交助力、国家贡献等多个方面，更加凸显品牌为消费者所带来的长久幸福与价值。

2.6 服务仪式与品牌福祉关系探究

2.6.1 仪式对品牌的影响

1. 仪式为品牌带来的关键变化

如今，消费者把功能性的特色和益处、产品质量和积极的品牌形象看作是应该的事情。他们需要能够刺激感官、触动心灵和激发灵感的产品、宣传和营销活动，需要与他们相关而且能够成为他们生活方式一部分的产品、传播和营销活动。从单纯的生日送礼物，到每个节日都要精心准备；从吃饭要用好看的餐具，到出门逛街要打卡“网红店”；从“秋天的第一杯奶茶”到“冬天的第一顿火锅”……在如今消费升级的新时代，“万物皆可仪式感”正渗透于每一个生活场景，“仪式化消费”热潮正在悄然兴起。

仪式化消费是经济快速发展的产物，也是人们消费观念转变的鲜明体现。当今社会，网络高度发达，微博、微信等社交媒体占据了人们的大部分业余生活，一个富有仪式感的行为、一个能引起人们兴趣的热点话题往往会以爆炸式的速度在微博、微信朋友圈等社交空间迅速传播。从本质上说，这也是消费升级的一种表现。信息化背景下，仪式作为品牌营销的趋势无处不在，成为当今商业社会最常见的商业模式。信息化背景下，快捷、信息爆炸重构了组织、员工、顾客和合作伙伴之间的价值关系，其中消费者对仪式的追求带来的变化更是重新定义了消费者的工作方式和生活方式，催生出更多元的营销生态。所以我们需要理解仪式为品牌带来的关键变化到底是什么，这些变化的内在意义是什么。

1）变化一：审美与情怀的加成

正如法国童话《小王子》里所言，"仪式，就是使某一天与其他日子不同，使某一刻与其他时刻不同"。进入后疫情时代，互联网的迅速发展改变了消费者的消费方式，为服务互动和实时体验提供了更多可能。但信息化时代，生活场景日益数字化带来别致体验、提升消费者便捷度（Sicilia and Palazón，2008）的同时，信息流拥挤及快节奏的交易方式也加剧了消费者的不确定感和意义缺失感。消费者对品牌的选择已经从产品功能差异化和美好的品牌故事转向兼具功能、颜值和社交于一体的美好体验，期望品牌在满足便捷服务的同时带来精神和情感的慰藉（齐永智，2019）。因此，在信息化时代背景下，消费者更加追求仪式带来的意义与价值，期待品牌满足功能需求的同时兼具审美与情怀，以得到精神的慰藉（于萍，2019）。

2）变化二：价值共创中消费者力量的崛起

仪式作为象征符号和文化价值的结合体，为服务互动和客户关系管理提供了独特途径。首先，社会中的大部分现象都是通过各种互动仪式链形成和维持的（Collins，2004），尤其对于品牌来讲，互动仪式是形成品牌与消费者积极情感的唯一路径（冉雅璇和卫海英，2017）。仪式帮助品牌通过符号资本打造强烈感官刺激，创建积极情绪、汇聚情感能量，在互动中联结品牌意义，最终使消费者获得丰富的品牌体验、感悟品牌理念。尤其现今经济技术的快速发展，帮助企业与消费者通过多种渠道互动，信息充盈消费者大脑的同时也加剧了对体验的更迭和追求，消费者在快节奏的生活中逐渐将仪式作为一抹诗意，帮助自身在忙碌的工作之余保持热爱和享受生活的内心，更加期待在服务场景中体验到品牌带来的卓越感受和愉快的精神共鸣。故宫角楼咖啡、故宫推出的脊兽雪糕登上微博热搜，引发全国各地的网民集体跟风。从高冷的深宫故院，到亲民的网红品牌，故宫超级IP（intellectual property，知识产权）炼成背后，堪称社交媒体时代营销的典范。故宫文创成功的背后，与走心的设计有关，亦与其放下高冷的姿态，主动走入滚滚红尘有关。在自媒体时代，洞察年轻人心理，通过一系列刷存在感、卖萌，激活消费者力量，让每一位消费者感受仪式消费的同时成为力量雄厚的带货人。

3）变化三：体验至上

"欢迎进入体验经济"，约瑟夫·派恩和詹姆斯·吉尔摩曾经在《哈佛商业评论》上发表文章这样写道。站在长期的角度上，这两位作者分别区分了经济价值过程中的四个阶段：商品、货物、服务和体验。他们这样写道："服务与它之前的货物一样已经日益商品化，比如长途电话服务只靠价格出售——而体验的出现是所谓的经济价值过程中服务之后的下一步。"比如咖啡，单独卖定价为1美元，煮好后卖 3 美元，咖啡店可能就需要 5 美元，而在星巴克就是十几美元。对于消费者而言，消费不仅仅是购买商品和享受服务，更是一种体验。仪式化时代下的消费者更看重消费过程中得到的身心感受，消费者愿意花更多的钱选择星巴克就是享受星巴克“第三空间”的仪式氛围。拿咖啡店的手冲咖啡来说，有的消费者表示手工泡咖啡让人觉得有种敬畏的仪式感，仿佛等待日出般的暗暗激动，仔细感受“慢慢的精致”，获得别致的体验。

仪式化的时代下，就是从连接消费者的生活情景出发，通过打造多感官体验与思维认知，吸引消费者注意力，进而引导消费行为。当我们回想生命中印象最深的时刻，它绝不会是日常生活的普通片段，而是带有最独特体验的瞬间。品牌亦是如此：只有当产品与服务为消费者带来最优质的体验，品牌才会走进消费者内心，被深深铭记。

2. 仪式对品牌营销趋势的影响

国民生活水平的大幅提高、货品的丰富、消费需求的旺盛驱动着国内零售终端数量势如破竹，商家跑马圈地的开店令用户对购物场所有了非常大的选择权，想方设法增加进店客流量成为商家的必选参赛动作。在此大背景下，商家拉开身位的入手点渐渐从追求有形店面的实体因素转而升级为以消费者为出发点、强调对用户洞察和主动沟通的“第二零售”阶段。商家玩法规则变了，与之相匹配的营销理论也由 4P 升级为 4C，即便利（convenience）、消费者（consumer）、沟通（communication）和成本（cost）。不难发现，“第二零售”阶段，营销重点完全以消费者为导向，为消费者提供购物便利，通过市场公关手段建立口碑和信任、把顾客和企业双方的利益无形地整合在一起，而不再是先考虑销售渠道的选择和策略。这种主动与消费者互动、沟通的营销方法短期内为商家和消费者带来共赢利益，但是长期来看，被动适应消费者需求的做法，也让商家成本不断攀升，共赢关系难以维持，而且营销思路的单一，也让商家的竞争变得乏善可陈。

新时代下营销理论转变为 4E 理论，体现在以下四点：①产品（product）→体验（experience）。以技术上的差异化带来市场优势能够维系的时间越来越短，营销者把重点从单纯的产品转移到全面的顾客消费体验上来。②渠道（place）→无所不在（everyplace）。传统分销主要就是商店终端，现今可以借助高技术实现地点的突破，如借助 VR（virtual reality，虚拟现实）的虚拟终端，用仪式提升体验。③价格（price）→交换（exchange）。价格只是一个标签，顾客关注的、能够打动顾客的是价值，而且价值是因人而异的。④促销（promotion）→布道（evangelism）。好的品牌一般都会蕴含一个伟大而深刻的理念，例如，苹果相信“如果人们有工具让他们释放自己的潜能，这个世界会变得更加美好”；可口可乐相信“如果人们看到的是半瓶满而不是半瓶空，这个世界会变得更加美好”。

2.6.2 服务仪式与品牌福祉

1. 仪式在个体层面的福祉后效

根据 Collins（2004）的互动仪式链理论，仪式可对个体发挥情绪抚慰和知识传递等作用。

1）个体情绪方面

仪式能降低消费者的消极情绪，提升积极情绪。在降低消极情绪方面，仪式可以对抗并减轻不确定性环境下的焦虑感知。并且，仪式不仅能降低个体对不可控事件的焦虑感知，还能帮助个体在一些严重的负面事件中，如丧失亲友或爱人、错失大奖等，减缓悲伤感知（Norton and Gino，2014）。在提升积极情绪方面，Vohs 等（2013）发现仅仅加入简单的仪式动作，就能提升消费的乐趣度和卷入度。并且，相比于无仪式组，仪式组将巧克力评价为更加珍贵、美味，更值得细细品味。

2）个体认知方面

仪式能提升消费者的控制感、效能感和服务满意感。首先，仪式由一系列严格而重复的动作组成，个体在履行仪式动作时，会提升自律性感知，进而增强消费者的自我控制行为，如减少摄入卡路里、选择更健康的食物及做出亲社会行为（Tian et al.，2018）。其次，仪式还具有自我激励和自我预言的功能，如相比于未实施仪式者，赛前实施了幸运祈祷仪式（如十指交叉、祝祷大获成功）的运动员，自我效能感更强，并取得了更高的成绩（Damisch et al.，2010）。最后，仪式也能够提升消费者的满意度。Otnes 等（2012）分析了语言仪式在服务场所内的运用，发现诸如口头问候等仪式语言能增强消费者的服务满意度。

2. 仪式在社交、团队层面的福祉后效

仪式能增强消费者之间的关系强度。由于服务场所中的仪式是一种面对面的即时互动，依据互动仪式链理论（Collins，2004），仪式双方共享同一场所，拥有共同关注的焦点，通过有节奏的反馈强化，形成了共享的情感状态，增加了自我和他人的重叠。借助服务仪式，服务者与消费者之间的距离得以缩小，亲密度增加，有利于形成商业友谊（Otnes et al.，2012）。同时，由于仪式的举行需要特定的物理场所，因此区别了圈内人和圈外人，增加了消费者对仪式成员的偏好（卫海英等，2023）。研究表明，即使是毫无文化和宗族元素的新创仪式，如严格而重复性地做一些集体动作，也足以增加个体对其他仪式成员的信任偏好，增加经济赠予行为（Hobson et al.，2017）。

仪式也能促使个体形成团体身份认同。例如，通过身份转换、成员交流和架构巩固三个途径，家庭仪式能增强家庭联系并形成家庭身份认同；通过家庭就餐仪式，个体感知到家庭一致性，从而增强家庭身份承诺。并且，由于仪式往往与特定器皿和特定动作相关，通过仪式器具和仪式行为，消费者进一步界定和强化自己的团体身份（Otnes and Lowrey，2004）。例如，年轻人往往会采用高声欢呼、一饮而尽等引人瞩目的方式饮用啤酒、白酒等酒类，借此符合年轻人的形象和融入集体氛围，而品酒师则选用专门的醒酒、品酒的器皿，采用见、闻、尝、饮四个步骤，饮用高档红酒、高档白酒，以此契合专业品酒师的职业形象。可见，仪式化行为可展示和强化相应的身份标识，进一步提升团体归属感和身份认同感（李堃等，2018）。

3. *仪式在社会、国家层面的福祉后效*

仪式的初始功能之一便是塑造社会集体意识、强化国家民族概念。仪式的象征性令抽象化的信仰、观念和价值具体化为可听、可见和可触摸的行动实体，令民众的行为得以统一，社会的权威得以凸显。社会仪式的有效执行，焕发了民族的情感，令社会紧密地结合在一起（Collins，2004）。并且，由于仪式所蕴含的象征意义与特定的民族、文化传统息息相关，仪式化消费行为便成为联结消费者个体与整个民族的紧密纽带。消费者通过举行相应的节日消费仪式，购置具有象征性意义的仪式产品，产生本民族的文化共鸣，从而巩固和加深对国家民族身份的认同（Weinberger，2015）。例如，在庆祝新年来临之际，中国人会举行包饺子、贴春联、守夜、点爆竹等一系列新年仪式，而美国人则聚集在教堂、广场，举行唱诗、祈祷、祝福等新年仪式。可见，仪式既强化了本国的民族意识，也凸显了与他国群体的区别感。

由于内在的强制性，仪式还能进一步彰显社会道德和社会规范。例如，在国家庆典仪式中，要求现场人员起立并合唱国歌，共同塑造庄严肃穆的仪式氛围，传递热爱祖国的道德规范。并且，仪式不仅反映了社会认可的价值观，还将社会规范进行仪式化外显。如中国的丧俗仪式，孝子守灵，不仅表达了失去亲人的哀恸，更通过守灵行为重申了中国社会的人伦结构和行为准则。一旦违反丧俗仪式，则违反了社会认可的孝亲之道，招致非议。可见，仪式行为蕴含着社会意识和社会规范，通过仪式的强制性和重复性将特定的价值观注入个体的行为与思想之中，将个体内化为特定社会、国家的一分子，从而完成社会整合的目的。

综上所述，以往仪式对福祉的研究，存在对个体、团体和国家三个层次的影响。品牌福祉是品牌带给消费者的积极、持久和崇高的幸福与价值体验，包含个体福祉、社交福祉和国家福祉三个维度（舒丽芳等，2018）。本书研究推测，企业在服务中可借助仪式的表达形式，结合某些特定的仪式符号或仪式内涵，形成服务仪式。通过服务者与消费者的仪式化互动，品牌为消费者创造和增添新的价值，从而提升品牌在个体、社交和国家三个层次上的福祉感知，如图 2-5 所示。

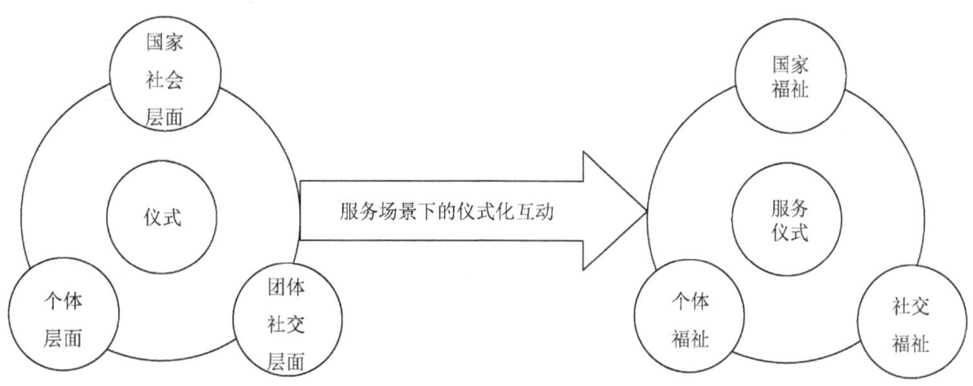

图 2-5　服务仪式影响品牌福祉的分析框架

2.6.3　价值共创视角下“服务仪式与品牌福祉”关系

服务仪式作为与消费者互动表达价值与意义的仪式化行为，为企业与消费者共同创造价值提供了体验环境。结合以往服务仪式和价值共创理论研究，二者之间具有紧密的联系，主要体现在以下三方面。

（1）二者情境基础一致。价值共创开始于消费者体验，发展于服务主导逻辑（Grönroos，2011）。服务仪式是在服务接触中的仪式化互动行为。二者均建立在服务生态系统的情境中，基于体验为品牌价值主张的实现创造条件。

（2）二者核心机制一致。价值共创是企业与消费者互动过程中创造良好的体验与价值，服务仪式是服务接触过程中，消费者通过与服务资源互动获得的情感和认知体验，二者均强调互动属性的重要性。

（3）二者价值表现方式一致。价值共创强调在企业与消费者的互动过程中进行资源整合和服务交换。服务仪式不仅强调服务人员与消费者在互动过程中带来的情感和行为反应，更侧重传达品牌文化和核心价值观，在此基础上消费者感悟品牌的价值观和文化价值观理念等。

基于此，本书认为服务仪式是价值共创在服务实践中的应用和体现，价值共创三个关键活动“创造互动机会—整合互动资源—促进互动质量”对应服务仪式“准备阶段—互动阶段—结果阶段”。因此，将基于价值共创视角下探析“服务仪式—品牌福祉”二者之间的关系。

根据互动仪式链理论，服务仪式影响品牌福祉很大可能是依靠成员的仪式化互动行为，也即所有人员共同参与。区分传统观念，福祉来自被动接受企业服务设计形成的个体消费体验，价值共创下的体验的获取方式和目的存在较大差别。一方面，价值创造主体是消费者，由消费者、企业、品牌共同参与实现价值生成（Grönroos，2011）；另一方面，体验的目的是价值共创（Grönroos and Voima，2013），服务仪式作为消费者与服务人员和品牌的互动的有效形式，很大程度上可能会影响消费者品牌体验，进而提升品牌福祉。

价值共创中体验的特征集中表现在互动性和情感性（王新新和潘洪涛，2011）。①互动性。互动仪式链理论（Collins，2004）指出，互动仪式可强化文化资本、情感能量及象征意义。作为互动仪式在服务营销中的运用（卫海英等，2018），服务仪式可增加服务中的接触点，进而加强情感交流、产生情感能量。②情感性。情感是情绪的深化，在价值共创中，消费者作为价值创造主体（Grönroos，2011），可利用自身技能、知识和服务资源创造独特情感体验。

因此，兼具符号资本与情感能量的服务仪式可能是提升品牌福祉的关键。一方面，科学有效的服务仪式带动服务人员与消费者之间多角度、广范围的互动。另一方面，消费者可利用企业服务仪式资源提升情感、更新认知，深刻感悟品牌文化和服务理念（毛立静和卫海英，2022）。基于此，本书认为在价值共创视角下，服务仪式可能通过符号资本唤起消费者情绪，产生情感共鸣，情感驱动认知，提升消费者品牌福祉。

但价值共创视角下“服务仪式—品牌福祉”关系仅限于基于前人文献的初步推论，尚未厘清内在影响机制，同时缺乏数据验证，需结合进一步的质性与定量的研究进行关系验证。

2.7 本章小结

本章围绕“服务仪式对品牌福祉的影响”，进行了文献与理论综述，主要包含四个方面：①理论回顾，包括互动仪式链理论、价值共创理论和自我建构理论，奠定理论基础；②回顾服务仪式相关研究，包括仪式研究现状和服务仪式内涵及相似构念区分；③回顾品牌福祉相关研究，包括品牌、幸福感研究现状，品牌福祉与相似构念区分等；④服务仪式与品牌福祉关系探析，分析价值共创视角下，服务仪式与品牌福祉之间可能存在的关系。

通过回顾以往研究发现，服务仪式的提出为品牌福祉的提升带来新的研究契机。回顾品牌的现有相关研究，品牌福祉是品牌建设的重点，然而现有品牌福祉研究主要集中在消费者幸福感和品牌快乐，忽视了社会和国家层面福祉。区别已有研究，本书认为在服务互动中纳入仪式要素，力求激发消费者的情感共鸣和认知更新，很可能是提升品牌福祉的核心方式。但目前有关服务仪式、品牌福祉研究尚处于萌芽阶段，概念内涵、特征类型及作用机理尚不明晰，本书就该类不足提出了基于文献研究的见解，具体有以下四点：①服务仪式概念尚未明晰，很多学者未将其与服务流程、品牌仪式和消费仪式等作明确划分，在此基础上，本书将对服务仪式与其他构念进行简要区分；②从已有的幸福感、福祉、福利等研究出发，结合自我构建理论的个体自我型构建、关系型构建和集体型构建，提出品牌福祉的初步定义和三个维度，并将品牌福祉与品牌认同、品牌依恋、消费者幸福感和品牌快乐相区别；③服务仪式与价值共创在情境基础、核心价值、价值表现方式上具有紧密的联系，符号资本与情感能量可能是提升品牌福祉的关键。因此，本书拟在价值共创理论下进行模型构建，以期厘清“服务仪式—品牌福祉”内在影响机制；④服务仪式、品牌福祉可操作性概念和测量量表尚不完善，需在价值共创、互动仪式链理论等基础上，界定定义、开发量表，为定量研究做好基础准备工作。

综上所述，本书将在价值共创视角下，采取定性和定量相结合的方法，围绕“服务仪式—品牌福祉”二者关系展开研究。

设计与探索篇

本篇立足于我国快速发展的经济与相对滞后的民生福祉现状，结合品牌福祉建设的实践需求和消费者对仪式感的强烈渴望，对“服务仪式—品牌福祉”二者之间的关系进行理论探索。本篇通过系统梳理以往文献，实地访谈消费者、服务者并进行专家分析，综合心理学、管理学和社会学的相关研究成果，基于互动仪式链和价值共创理论，初步验证本书的核心研究点，即“服务仪式是提升品牌福祉的有效途径”，并开发服务仪式与品牌福祉的测量量表。

本篇采用定性与定量相结合的方法深入探索品牌福祉和服务仪式的概念内涵及其相关关系，在此基础上提出综合性的研究框架，为未来的品牌建设和服务管理提供一定的理论启示和实践指导。具体而言，本篇包括三个核心章节。首先，构建服务仪式影响品牌福祉的探索模型。通过半开放式访谈、扎根理论编码，构建服务仪式通过情感和认知途径作用于品牌福祉的内在机制，并明确相应的调节因素。其次，确定服务仪式的测度与测量。通过文献回顾、消费者访谈，筛选得出服务仪式的基本维度和最初测项库，然后通过问卷调查进行因子分析等，形成服务仪式程度的测量量表，为后续研究提供可操作性定义及操纵检验工具。最后，确定品牌福祉的测度与测量。通过质性研究，深入探索品牌福祉的定义与维度内容，并与相似概念进行区分。同时，通过两次大型问卷调查和相应的数据分析，开发品牌福祉的测量量表。

第3章 服务仪式影响品牌福祉的探索模型

3.1 研究目的与研究框架

“是以德泽洋乎海内，福祉归乎王公”（韩婴《韩诗外传》），表明福祉是人类追求的终极目标。党的十九大报告明确指出“增进民生福祉是发展的根本目的”“我国社会主要矛盾已经转化为人民日益增长的美好生活需要和不平衡不充分的发展之间的矛盾”①。在影响民生福祉的众多因素中，经济成分无疑是最本质、最核心的因素，而服务经济作为经济发展的显著指标对民生福祉起着举足轻重的作用。服务作为交换的根本性基础，价值创造服务化和最终需求服务化是提升消费者在消费经济中获得幸福感的关键，是消费者获得品牌福祉的价值传递链。品牌福祉是品牌价值内涵的福祉体现，是品牌带给消费者积极、持久和崇高的幸福与价值，包含个体福祉、社交福祉和国家福祉三个维度（卫海英等，2018；舒丽芳等，2019）。因此，企业如何在服务经济中打造科学有效的服务体系，提升消费者体验和理解品牌价值内涵，获得崇高的福祉感受是当前品牌建设的重中之重。

人类是仪式化的物种，正所谓“不学礼，无以立”（孔子《论语》），无论是“爆竹声中一岁除”“总把新桃换旧符”的节日仪式（王安石《元日》），还是“恭承禋祀，缊豫为纷”的祭祀仪式（刘彻《天地》），仪式无一不传递着人民“希求和乐、事神致福”的美好愿望，融入百姓点点滴滴的日常生活之中。纵观企业实践，一方面可以看到许多企业将仪式广泛地融入日常服务经营之中，如开店仪式等，成功地利用服务仪式表达、传递和深化品牌的福祉感知，增强顾客积极情绪和深化品牌认知。然而另一方面，并非所有的服务仪式都能带来良好的体验与口碑，如进餐时，服务者过于喧嚣、嘈杂的仪式表演行为，反而容易引起消费者的不悦与厌恶，降低了品牌福祉的感知（卫海英等，2018）。

可见，服务仪式是传递品牌福祉的重要途径，但如何科学有效地实施服务仪式，使其传递出品牌福祉的丰富内涵，企业界尚未摸索出正确的答案。已有仪式相关理论研究主要集中探讨了仪式的构成要素（Rook，1985）、仪式化行为分类及其个体行为后效（Tian et al.，2018），少量研究涉及仪式与品牌之间

---

①《习近平：决胜全面建成小康社会 夺取新时代中国特色社会主义伟大胜利——在中国共产党第十九次全国代表大会上的报告》，http://www.xinhuanet.com/politics/19cpcnc/2017-10/27/c_1121867529.htm。

的关系（冉雅璇和卫海英，2017），且都从企业单向如何实施角度进行探讨，鲜有研究从互动的角度探索服务仪式与品牌福祉之间的关系及其作用机制等重要议题。然而，在服务经济中，消费者不仅能通过自我消费，决定价值的创造过程及消费者价值的属性，而且还能参与到企业的生产过程，成为价值的合作创造者。因此，消费者和服务占据着主要地位，互动是价值创造和传递的渠道。同时，服务主导逻辑认为服务并非商品的附庸，消费者并非商品的被动接受者（Vargo and Lusch，2011）。服务仪式并非细枝末节之道，品牌福祉亦是当今品牌价值创造的主流方向。服务仪式在服务互动中借助仪式化的外壳，携裹着品牌特殊的符号元素，顺沿着互动仪式的层层链条，增添和创造新的价值，最终直击消费者心底深刻的品牌福祉诉求，成为品牌留下不可磨灭印象的有力工具。

然而，由于服务仪式和品牌福祉的理论研究尚处于起步阶段，实践中的服务仪式亦有好有坏，为详细探查其缘由，弥补研究空白，本书拟采用质性研究的分析范式，具体回答“服务仪式的构成要素是什么？服务仪式如何影响品牌福祉的感知？”的问题。

本章具体安排如下：首先，系统回顾仪式、服务、品牌、福祉等相关文献研究，梳理相关的理论并设计访谈提纲；其次，通过半开放式消费者和服务者访谈，运用扎根理论编码方式，初步提炼出服务仪式的构成要素及其对品牌福祉的作用路径；最后，进一步深入阐述服务仪式对品牌福祉的影响，总结出相关的理论观点，最终明晰服务仪式对品牌福祉的作用机制。

3.2 研究方法与设计

3.2.1 研究方法

本章采用扎根理论方法，通过分析消费者及服务者半结构化深度访谈获得的文本数据，探索服务仪式对品牌福祉的影响作用。选择此研究方法的原因主要有三点。第一，目前服务仪式和品牌福祉的研究尚处于起步阶段，相关的量化研究极少，且服务仪式尚未界定清晰，难以采用量化的实证方式。第二，本章的目的在于探查消费者与服务员工在服务仪式互动中具体、细微的感受与认知，采用量化分析的方法难以完整、准确地反映消费者的真实想法。第三，本章主要回答“服务仪式如何影响品牌福祉的感知”，相比于量化研究，以扎根理论为代表的质性研究方法更适合研究者解读复杂管理实践中包含的内容和机制。

3.2.2 理论抽样与访谈标准

理论抽样（theoretical sampling）强调根据研究目的选择合适的访谈对象（Glaser and Holton，2007）。由于本章着眼于服务中的互动情景，且服务仪式的主导者为服务者，单纯从顾客访谈方面难以完整涵盖企业履行服务仪式的具体细节及背后的品牌福祉思想，因此本书收集了消费者和服务者的访谈资料，采用循序渐进式的方式进行半开放式访谈。

本章依照以下标准筛选访谈企业及消费者。第一，服务仪式的典型性。由于本书拟考察服务仪式对品牌福祉的作用机制，因此所选取的企业必须是典型的服务企业，或是以服务出名的企业，并实施了一系列仪式化服务行为。第二，服务仪式的多样性和对比性。访谈既考虑案例分析的逻辑复制，又考虑案例间的差异性。因此，本书所访谈企业涉及住宿餐饮业、服装业、珠宝业、汽车业等，每个行业内的服务仪式和品牌福祉均有所差异。第三，访谈的完整性。确保可以访谈到履行服务仪式的服务者，其可以提供翔实的原始资料，并访谈接受相同类别服务的消费者。同时，本书团队成员亲自体验访谈企业的服务仪式并进行品牌福祉感知的现场记录，以保证访谈资料真实并进行交叉验证，来增强研究信度和逻辑的完整性。

3.2.3 调研过程与访谈对象

1. 访谈提纲准备

研究团队针对消费者和服务人员设计了不同的访谈提纲。首先，针对服务人员的访谈以服务回忆的方式，阐述服务仪式履行前的准备，履行中的环境、形式、内容，以及履行后对品牌福祉的影响。其次，针对顾客的访谈以消费体验回忆的方式，列举其消费经历中涉及的服务有关的仪式经历，详细叙述整个参与过程及自身的情感和认知变化，并回答对品牌福祉的评价。

2. 数据收集

为保证研究的信度与效度，本章综合使用数据获取方法，数据来源多样化保证数据丰富的同时可以相互印证。具体获取数据的方式如下所述。

1）半结构化访谈

我们共访谈了 18 名消费者与服务者，每位访谈者的访谈时间为 30～60 分钟。同时在访谈过程中不断重复资料收集和分析过程，补充并修改访谈纲要，以修改或验证理论框架，达到理论饱和后停止访谈。访谈均进行了现场录音及后期的文字整理。

2）实地参观和现场体验

在对相应品牌进行采访的过程中，团队成员参观并体验了部分行业的仪式活动。例如，团队专门体验了奥迪专卖店、外婆家、满族春饼、喜临院等品牌所举行的提车仪式、餐前仪式、接待仪式等。此类参观体验主要是为了增强对服务仪式的深刻体验与品牌福祉的感知，所有体验在结束后均形成现场体验文字记录。

3）二手资料

为了更好地开展访谈、设计合适的访谈内容、理解服务仪式的实践形式与品牌福祉的企业底蕴，团队成员在仔细浏览企业网站上关于服务中的仪式行为、自身服务理念、服务宗旨等的资料后，进一步查询网络平台（如大众点评和美团）中消费者对服务仪式或品牌的具体评价，作为一手资料的补充完善。

为验证理论已达到饱和，我们选取其中三个访谈文本资料进行抽样检验，发现文本无法产生新的维度和概念，因此通过理论饱和度检验，停止资料收集。最终，共收集二十余万字的访谈文本资料。被访谈者信息如表 3-1 所示。

表 3-1　被访谈者基本信息

编号	姓名	身份	所属行业	所属品牌	时长/分钟
1	黄先生	销售员	汽车业	奥迪	64
2	梁女士	销售员	珠宝业	钻石世家	63
3	许女士	服务者	餐饮业	海底捞	28
4	蔡女士	销售员	服装业	古色	51
5	伍女士	销售员	服装业	Vero Moda	36
6	刘女士	服务者	餐饮业	巴奴毛肚火锅	73
7	邓先生	服务者	餐饮业	外婆家	31
8	曲布先生	助理	酒店业	美院美宿艺术民宿	81
9	林女士	经理	酒店业	广州喜临院酒店	81
10	李女士	店长	手作业	私人定制生活馆	31
11	李先生	顾客	餐饮业	云朵山歌	36
12	马先生	顾客	餐饮业	海底捞、肯德基	75
13	李先生	顾客	餐饮业	海底捞	66
14	代女士	顾客	服装、餐饮业	歌莉娅、海底捞、探窝	57
15	吴女士	顾客	汽车业	奥迪	20
16	李女士	顾客	汽车业	捷达	30
17	李女士	顾客	鲜花业、餐饮业	野兽派、roseonly、海底捞	50
18	胡女士	顾客	珠宝业、餐饮业	蒂芙尼、鹿鼎记、蕉叶	35

3. 数据编码与数据分析

依据程序化扎根理论的数据处理程序，团队成员对访谈记录进行编码分析，包括开放性编码、主轴编码和选择性编码，同时检验理论饱和度。为保证研究的信度和效度，本书编码过程遵照扎根理论范畴归纳和模型构建步骤，对访谈资料进行概念化和范畴化，对存在争议的概念和范畴，在征询市场营销学专家意见的基础上，进行修订和删减，以此避免编码者主观意见对编码结果造成的影响，提高编码的客观性。

1）开放性编码

开放性编码是对访谈的原始资料进行逐一的编码、提及和标记，从原始资料中产生初始概念及提炼范畴。为了降低研究者个体的选择性直觉影响，两位编码者分别通读所有的有效访谈文本，进行初始概念的编码。进入编码的条目必须与服务仪式和品牌福祉相关，每项表达只能计入一个条目。两位编码者一致认可的条目方可进入初始概念条目库。开放性编码过程共得到 67 个初始概念，通过初始概念的整合，归纳得到 34 个范畴，如表 3-2 所示。

表 3-2　开放性编码及其范畴

范畴	初始概念	原始语句
符号资本特异性	服务环境特异性	就装修环境的话，就充满云南的那种元素，就很多色彩鲜明的图腾之类的那些东西。（马先生）
	服务器具特异性	倒茶是专门的人用长嘴黄铜茶壶倒茶，不是用正常的小杯子自己倒茶。（胡女士）
	员工衣着特异性	她们穿着都是当地的服饰，里面的装修也是，很多是云南特色的东西。（马先生）
	服务语言特异性	进店会说你好，欢迎来巴奴吃毛肚，然后走的时候会说欢迎再来巴奴。（刘女士）
符号资本合法性	服务脚本重复性	当天有和我一起提车的，我觉得提车仪式都差不多，都是那样的流程。（吴女士）
	服务脚本程序性	客人到达后，会有欢迎饮品、毛巾，客房里会有卡片和欢迎水果，还会有神秘礼物。走的时候会赠送礼物。（林女士）
	服务脚本规范性	具体细节细到我们为顾客奉茶，要倒多满的水，温度如何，然后以什么样的方式去递茶。（梁女士）
符号资本象征性	服务元素象征性	还有就是它（海底捞生日仪式）也有象征意义，就是过完这个生日之后，小朋友就大一岁了。（马先生）
服务适应性	仪式语言的适应性	你看那小孩子，就祝学习进步学业有成，老人就祝福寿安康那些东西，不同的人就念不同的台词。（邓先生）
	仪式行为的适应性	第二个是布置的问题，就是服务人员布置的现场是否满足小孩子的喜好，过生日的感觉。（马先生）

续表

范畴	初始概念	原始语句
服务热情度	仪式表情的真诚度	表情也是面带微笑，但是不会让你有那种很职业的假笑的感觉，还是有一定的亲和力的。（李先生）
	仪式行为的投入度	我看到有个拉面师傅拿着一团面过来，在我面前认真地拉了一番，其实表演还是蛮精致。（马先生）
消极情绪预防	烦躁感预防	海底捞排队的人都不会很烦躁。因为有人会专门安排零食小吃，还有美甲，你缺了什么东西服务者都会给你补。（马先生）
	突兀、违和感预防	它整个服务就是这样一种氛围——就是让你感觉很有礼貌，很温馨的那种。因此他对你做的一些礼貌性的一些服务，就不会让你感觉很突兀。（李先生）
积极情绪唤起	好奇、期待情绪	其他朋友提到（云朵山歌服务仪式）的时候，会有好奇感，就会想看一下是什么。（李先生）
	惊讶、有趣情绪	点一份拉面，会有一个师傅特意过来拉个面给我们看，我第一反应是觉得很有趣，就很惊讶，很有趣。（马先生）
	感谢、感动情绪	过生日的寿星本身也比较感动，然后（寿星）就一直在跟服务员说“谢谢、太感动”什么之类的。（李先生）
消极情绪唤起	不悦、失望情绪	其实我坐在他店里第一次进行消费的时候，我就感觉他这个仪式感让我觉得很失望，没有想到是这样的一个流程。（李女士）
	厌恶情绪	吃那个椰子鸡，就会穿着鸡的服装，搞得很花哨。就敲锣打鼓地过来，我就会觉得，好吵啊。我觉得有点俗。（代女士）
积极情绪传递	员工–顾客的积极情绪传递	定制戒指回来了，他们相互佩戴戒指时，那种幸福的流露也是真的，真的会很让人感动，就是很不经意的流露就会让你很感动。（梁女士）
消极情绪传递	员工–顾客的消极情绪传递	要是服务人员比较冷漠，一般的话，我觉得是会慢慢减弱小朋友的积极性的，这个很重要。（马先生）
创造共同谈论的话题	创造员工–顾客之间的交流机会	（员工）另外一桌在敬酒的时候，第三桌的（客人）看到很惊喜就一起走过来，跟那几个表演的（员工）聊。（李先生）
	提供顾客–顾客之间的谈论话题	讨论过，因为你有鲜花之后，大家会看见，所以就会说一下，会交流一下，感受到自己的开心。（李女士）
共享同一重要时刻	员工–顾客共享生活中的重要时刻	这么一份礼物，要么就是结婚或者订婚的戒指，这个对于他们来说很特别，而我是亲眼见证了他们幸福的。（梁女士）
	顾客–顾客共享生活中的重要时刻	因为我跟她一起去体验了这个仪式，不仅仅是跟她一起去体验了仪式，更重要的是这个仪式是她的生日仪式。（李先生）
自我价值感知	感知自我重要性	这个跪姿（倒茶）会给我一种，感觉他把我摆在了一个比较高的位置上，比较尊贵。（许女士）
	感知自我优越性	就这种（敬酒）服务会让你有种优越感吧。（李先生）
社会价值感知	感知被他人需要、关爱	我们很久不见（顾客）的话就想知道他是不是生病了，或他儿子结婚了或者他自己嫁娶，我们会及时问他怎样啊，这个过程很累吧。（蔡女士）
	感知被社会认可、尊重	我想自己先买车来回报这两年的努力吧。所以在交车的那天，觉得自己特别感动，然后觉得自己付出的时间和努力没有白费。（李女士）

续表

范畴	初始概念	原始语句
品牌独特性感知	服务稀缺性感知	会让你感受到云南当地的风土人情，因为在广州你不会听到这种云南的山歌，也很少会喝到那种自家酿的酒。（李先生）
品牌专业性感知	员工专业性感知	然后对待客人方面，客人会因此觉得你服务得特别好特别专业。（刘女士）
	服务周到性感知	我觉得这个（提车仪式）也是他们的一种服务吧，让我觉得他们的服务还挺到位的。（吴女士）
品牌温暖度感知	员工投入度感知	我感觉他们还是蛮像正式给你过生日的那种，感觉不是说随便应付一下。而是说他真的是有用心想到你过生日。（李先生）
	品牌用心度感知	我以为它是像其他的餐厅一样，就是过来跟你说一声生日快乐，然后送你一个东西就没了。（李先生）
顾客–员工关系更新	顾客主动互动意愿	然后我很专心致志地看了师傅整个拉面的过程，我们在场的好几个人都有欢呼，有不懂的就问。（马先生）
	顾客–员工的亲密度	我和服务员的心理距离我觉得是有拉近的。不是说别人给你上个菜，你看都不看他，直接说谢谢，他就走了。相反，你会以一种更像熟人的姿态跟他去说话、去沟通，感觉不一样。（李先生）
顾客–品牌关系更新	品牌亲密度	经历过他们的这个服务的话，我会觉得海底捞的服务很让人舒服，感觉很亲切，我感觉我跟这个品牌的关系，在我心里面更有亲和力了一些。（李先生）
	品牌信任感	会对他的服务多了一份信任感，对它的质量、安全那些也会多了一份信任。（李先生）
顾客–顾客关系更新	关系的纪念意义	我们适当地引导他搭配成了一条项链的话，那就是不一样的，独一无二的，比较具有纪念意义的。（蔡女士）
	共享产品的使用体验	经常会有 A8 自驾游，大家在一起，有时候讲下各方面的心得，研究一下车辆方面注意的事项。（黄先生）
内群体性能优越	产品性能优越	你会觉得原来他们（云南人）的舞是这样的，歌是这么好听的，自己酿的酒也蛮好喝的。（李先生）
	内群体身份认同	中国是一个多民族的国家。（李先生）
外群体对比参照	群体身份差异性感知	在郑州的话，有时候也会遇到一些外国人过来吃火锅，这个时候我就会觉得巴奴的火锅原来这么好吃。（刘女士）
品牌影响力感知	品牌的民族代表性	因为它的服务元素（代表了）云南的少数民族。（李先生）
	品牌的国际知名度	因为他们（斯里兰卡）就像是铺点一样，到处都是华为的店，很多很多。（代女士）
品牌功能满意度	产品/服务的评价	我对它（海底捞）评价会比其他的火锅、比其他的店的评价会更高。（李先生）
	顾客便利便捷的需求	我觉得这个仪式也简化了一些流程，广东吃饭一般都是要餐前洗碗碟，然而这个茶已经放好了，就不需要洗了。（胡女士）
日常生活美好度	增强生活的满意度	过生日的时候，（野兽派）给我送了一束鲜花，我收到一束免费的生日鲜花还是很开心的。（李女士）
	增强事件的纪念意义	（提车仪式）对我自身来讲是比较有意义的，因为我觉得纪念了一下自己拥有人生当中的第一辆车，而且是通过自己的努力来获得的。（吴女士）

续表

范畴	初始概念	原始语句
相处乐趣感知	增进与朋友/员工相处的乐趣	因为这个（表演），我和几拨人都特地去看过，因为觉得边吃饭边看表演很好玩。（胡女士）
	增进与朋友/员工的情谊	我们每年会有答谢会，会推出我们喜爱的顾客，邀请老顾客过来免费用餐，还有纪念新年礼品。（林女士）
友谊互动行为	顾客口碑推荐	他（顾客）也会经常跟你说，放心吧，以后他朋友买车，我绝对会把他叫过来。（黄先生）
	员工–顾客的长期友谊	我们有个顾客跟我算得上朋友。他去学烹饪的，他特意在那个学校弄了一个比萨过来给我们吃，还特意问了我们上什么班，就迁就我上班的时间送过来给我。（蔡女士）
家国情怀感知	民族自豪感	接待外国宾客的时候，会跟他讲龙舟的历史，斜檐式屋顶的排水，客人说这是很聪明的做法，还蛮有自豪感的。（林女士）
	文化底蕴感	（倒茶仪式）有这种文化的感觉，和财神爷的形象一样，感觉比较古老了。（胡女士）
	品牌来源国形象	这些仪式会让你觉得品牌跟那些很异国他乡，那些很时尚、很优雅的东西联系在一起。（胡女士）
行业贡献感知	树立行业榜样	它为这个行业的质量水平和服务水平做了一个榜样，让我感觉他们是有榜样作用的。（李先生）
	提升行业水平	有领头羊（作用），后面会想为什么你能做好这个东西，会模仿你好的地方，把餐饮行业往好的方向带的。（马先生）
仪式诉求度	消费者对服务仪式的需求度	我的诉求度不那么多，只求该我的菜，该帮我服务到的时候服务到就行，如果端上菜来还要做一些互动，那就耽误我时间，很烦了。（代女士）
	顾客对仪式的体验次数	我第一次去的时候，其实我那几个朋友都去过海底捞，对拉面师傅的表现的话，我感觉其他几个没有表现得像我这么惊讶和新鲜。（马先生）
基本满意度	顾客对产品的满意度	如果这道菜很好，它敲（仪式）那是要锦上添花，如果这道菜味道不好，我也不会因为它敲再去光顾任何一次。（代女士）
仪式的恰当性	服务仪式的交易性目的感知	收到睡衣的时候，我仿佛就在算账，要算哪一个礼物更划算。其实并没有仪式感的。就是一个交换，你需要去评判一下，哪个礼物更值钱。（代女士）
	服务仪式的行为恰当性	敲叫花鸡时敲得太轻，没有那种幸福的感觉，敲太大声也不行，吵到别人。（邓先生）
	服务仪式的真实性	它广告词是一生只送一人，但是它登记得非常不严格和潦草，感觉这只是一个噱头，其实它不会抵制你做第二次消费。（李女士）
员工的稳定性	服务者的连续性	因为我们的流程也是分很多，因为有其他的同事也会对接，也是比较多的，有两三个同事或是其他的同事与客户对接。（黄先生）
	服务者的多寡度	最后离开的时候又有七八个人给我一起鼓掌，让一个人或者两三个人的话，提车的氛围就达不到效果，就要大家一起人多才有力量。（李女士）
仪式普遍性	行业中服务仪式普遍性	别的家（品牌）都有这个提车仪式，你没有的话感觉也不太好吧。（李女士）

2）主轴编码

主轴编码是对范畴进行初步的归类，发展主范畴及副范畴。通过主轴编码发现范畴之间存在一定的相关关系，归纳为 8 个主范畴和 13 个副范畴，详情可见表 3-3。

表 3-3　主轴编码

<table>
<tr><th>主范畴</th><th>副范畴</th><th>对应范畴</th><th>范畴内涵</th></tr>
<tr><td rowspan="5">服务仪式</td><td rowspan="3">符号资本</td><td>符号资本特异性</td><td>服务仪式中的符号代表物（如环境、器具、衣着、语言）的特殊性</td></tr>
<tr><td>符号资本合法性</td><td>服务仪式中符号含义得到社会普遍统一的认可</td></tr>
<tr><td>符号资本象征性</td><td>服务仪式中的符号元素具有象征性意义</td></tr>
<tr><td rowspan="2">情感能量</td><td>服务适应性</td><td>服务仪式中服务者针对每个顾客适当调整仪式的表达</td></tr>
<tr><td>服务热情度</td><td>服务仪式中的服务者对顾客表现的情感态度，包括真诚度和投入度</td></tr>
<tr><td rowspan="7">情感印刻</td><td>情绪预防</td><td>消极情绪预防</td><td>阻断消费者产生消极情绪，如烦躁感、突兀感、违和感</td></tr>
<tr><td rowspan="2">情绪唤起</td><td>积极情绪唤起</td><td>引发消费者产生积极情绪反应，如好奇、期待、有趣、感动</td></tr>
<tr><td>消极情绪唤起</td><td>引发消费者产生消极情绪反应，如不悦、失望、厌恶</td></tr>
<tr><td rowspan="2">情绪传递</td><td>积极情绪传递</td><td>仪式成员之间的积极情绪传递</td></tr>
<tr><td>消极情绪传递</td><td>仪式成员之间的消极情绪传递</td></tr>
<tr><td rowspan="2">情感共享</td><td>创造共同话题</td><td>仪式成员针对某一共同事件进行交流对话</td></tr>
<tr><td>共享同一重要时刻</td><td>仪式成员共享生命中的重要时刻</td></tr>
<tr><td rowspan="10">认知更新</td><td rowspan="2">自我认知更新</td><td>自我价值感知</td><td>仪式成员对自我的认识，如重要性、优越性</td></tr>
<tr><td>社会价值感知</td><td>仪式成员对自己在社会上的关系评价，如被他人关爱、认可等</td></tr>
<tr><td rowspan="3">品牌形象更新</td><td>品牌独特性感知</td><td>品牌与其他品牌的不同之处，包含服务独特性</td></tr>
<tr><td>品牌专业性感知</td><td>品牌表现出能力专业性程度，包含员工专业性感知和服务周到性感知</td></tr>
<tr><td>品牌温暖度感知</td><td>品牌表现出情感温暖性程度，包含员工投入度和品牌用心度</td></tr>
<tr><td rowspan="3">关系角色更新</td><td>顾客–员工关系更新</td><td>顾客与员工之间的关系发生的变化，如增进互动意愿和亲密度</td></tr>
<tr><td>顾客–品牌关系更新</td><td>顾客与品牌之间的关系发生的变化，如增加亲密度和信任感</td></tr>
<tr><td>顾客–顾客关系更新</td><td>顾客与顾客之间的关系发生的变化，如共享仪式体验，加深纪念意义</td></tr>
<tr><td rowspan="2">群体身份更新</td><td>内群体性能优越</td><td>仪式群体认可自身群体身份并认为自身特性优越</td></tr>
<tr><td>外群体对比参照</td><td>仪式群体与外群体存在明显的差异对比</td></tr>
</table>

续表

主范畴	副范畴	对应范畴	范畴内涵
品牌福祉	个体福祉	品牌影响力感知	仪式群体的品牌代表物的影响力感知，包括民族代表性和国际贡献度
		品牌功能满意度	消费者对品牌基本功能的满意程度，包含服务/产品评价和便利便捷程度
		日常生活满意度	消费者对生活的整体评价，如生活满意度、纪念意义感
	社交福祉	相处乐趣感知	仪式成员之间短期互动的乐趣和情谊感知
		友谊互动行为	仪式成员之间长期的友谊发展及口碑行为
	国家福祉	家国情怀感知	消费者对国家、民族群体的高度认同和赞誉，包含民族自豪感、文化底蕴感和来源国形象感知
		行业贡献感知	消费者感知品牌对行业的贡献程度，如榜样作用、提升行业水平
消费者因素	—	仪式诉求度	顾客对于服务仪式的重视和需求程度
		基本满意度	顾客对于品牌提供的产品的基本满意度
仪式因素	—	仪式的契合度	仪式在实施过程中的行为、表达与品牌的一致性程度
		仪式的真实性	仪式在履行过程中的约定遵守程度和交易性目的感知
服务者因素	—	员工的稳定性	仪式提供者的稳定性和数量多寡
行业因素	—	仪式普遍性	同行业中采用服务仪式的普遍程度

3）选择性编码

选择性编码是构建主范畴的核心关键，分析主范畴之间的关系，并以“故事线”的方式勾勒现象脉络。主范畴的关系结构如表 3-4 所示。

表 3-4　主范畴关系结构与内涵

主范畴关系结构	关系的内涵
服务仪式→情感印刻→品牌福祉	服务仪式通过消费者情感印刻的方式，如情绪的预防、唤起、传递和共享的途径加深消费者的情感感受，最终影响消费者的品牌福祉感知
服务仪式→认知更新→品牌福祉	服务仪式通过更新消费者认知的方式，如更新自我、品牌、关系角色、群体身份方面认知，最终影响消费者的品牌福祉感知
服务仪式→情感印刻→认知更新→品牌福祉	服务仪式先影响消费者的情感印刻程度，接着更新消费者的认知，最终影响品牌福祉感知
服务仪式→认知更新→情感印刻→品牌福祉	服务仪式先更新消费者的认知，接着引发消费者的情感印刻，最终影响品牌福祉感知
消费者因素、仪式因素、服务者因素、行业因素 ↓ 服务仪式→品牌福祉	服务仪式作用于品牌福祉的过程中，会受到消费者因素、仪式因素、服务者因素和行业因素的调节影响

本章梳理的核心范畴的故事线为：服务仪式包含符号资本和情感能量两大要素，服务仪式影响到消费者的品牌福祉感知，其作用机制可分为情感印刻和认知更新两条路径，并且可链式传递影响到品牌福祉。此外，消费者和行业因素作为服务仪式的外部情境变量影响服务仪式与品牌福祉的关系，仪式因素和服务者因素则作为内部可控变量影响服务仪式与品牌福祉的关系，具体可见图 3-1。

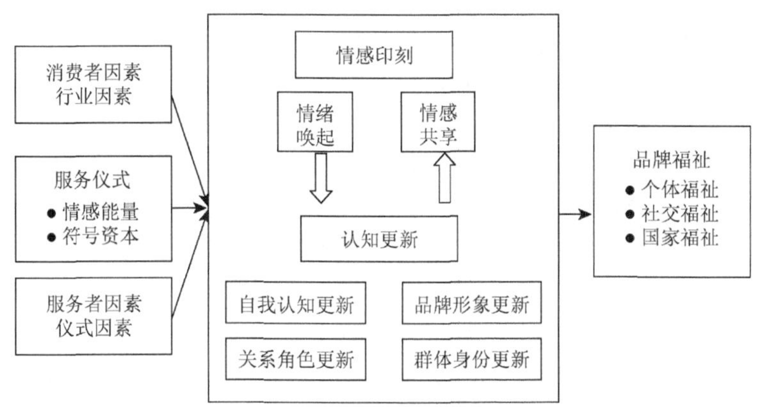

图 3-1　服务仪式影响品牌福祉的路径模型图

3.3　研究分析与结果

3.3.1　服务仪式的构成要素及内部关系

厘清服务仪式对品牌福祉作用的第一步，是明确究竟什么是服务仪式，它的构成要素是什么，才能为后续的机制研究奠定基础。由前述可知，服务仪式是仪式在服务领域内的延展和应用，应包含仪式的基本要素，并依据服务领域的特点进行调整。本书结合“物质–精神”二元论、仪式要素研究（Rook，1985）和互动仪式链理论（Collins，2004）等内容，认为服务仪式由符号资本和情感能量构成，符号资本是指在服务仪式中，一切实质有形的、具有社会符号意义的物质存在，由符号资本特异性、符号资本合法性和符号资本象征性三个维度体现；情感能量是指在服务仪式中，服务者向消费者表达的精神和情感，由服务适应性和服务热情度两个维度体现。

工欲善其事，必先利其器。仪式的履行离不开特定物质的承载，在长久的仪式演变中，某些固定的物品或情境逐渐转变为社会普遍认可的符号，被赋予了特定的含义，本书称之为符号资本。符号资本的第一个维度是符号资本特异性。依据 Rook（1985）对仪式器具的定义，本书将符号资本特异性进一步细化为服务环境、服务器具、员工衣着和服务语言四个方面的特异性感知，涵盖服务情景中的物理环境和动态行为，以更好地契合服务领域的特点。在服务仪式中，符号资本特异性往往体现在精心装饰过的仪式环境、与众不同的仪式器具、身着特异服装的员工和特定的祝福语，以此来彰显服务的仪式感。

符号资本的第二个维度是符号资本合法性。合法性是某种实体行为与外在社会所定义的规则、价值和信念相契合的程度。人们往往依赖社会对特定行为、规则和信念的既有偏好作为判断合法性的依据。服务仪式中的符号资本不仅需要特异性的表达，更需要契合人类对仪式合法性的定义，否则服务仪式便无法感知为一种仪式，而成为一种奇怪的行为。例如，在功夫茶仪式中，服务者使用的是纤细小巧的精致茶具，如果换成粗犷豪放的海碗，则违背了消费者对功夫茶的合法性认定，难以唤起相应的仪式情感。由于仪式是一系列严格的、重复的、与特定社会背景相关的行为（Tian et al.，2018），本书将仪式脚本作为判断符号资本合法性的基本材料（Rook，1985），并将仪式脚本合法性细分为仪式脚本重复性、仪式脚本程序性、仪式脚本规范性和仪式脚本传统性四个方面。

符号资本的第三个维度是符号资本象征性。象征性是仪式区别于世俗行为最显著的特征。符号资本象征性可分为仪式元素象征性、仪式元素时效性和仪式元素非交易性三个方面。人类在创造仪式时，往往为一些元素赋予特殊的符号含义。在服务仪式中，符号资本象征性同样借助特定的元素进行表达，如鲜花代表着美好的祝愿，戒指代表长久的承诺。并且，象征性还与特定的时间相关（Legare，2012）。最后，服务仪式大多运用仪式元素进行抽象的情感表达，因此符号资本的象征性往往是非交易性质的，如企业以赠送鲜花礼品、主动提供歌舞表演、不额外收取费用等方式呈现服务仪式。

服务仪式的另一重要构成是情感能量，可细分为服务适应性和服务热情度。情感可分为关注自我的情感和关注他人的情感，服务仪式中的情感能量是仪式成员参与社会化互动时的情感表达（Collins，2004），更多以他人为导向。积极的情感能量可有效驱动互动仪式的进行，如高情感能量可以提升企业道歉仪式或赔偿仪式的效果（冉雅璇和卫海英，2015）。

服务适应性是指面对不同的消费者，服务者相应改变仪式用语及仪式行为的程度。服务适应性包含仪式语言适应度和仪式行为适应度，如“小孩子就祝学业进步，老人就祝福寿安康”。以消费者为导向的适应性仪式行为，能促使消费者感知服务仪式具有真挚的情感。消费者也会主动要求服务仪式具备更高的服务适应性，如“敬酒的时候可以有更多的话语和变化”。

服务热情度是情感能量的集中体现，可细分为真诚度和投入度。人与人互动时，面部表情和行为动作是评估社交互动质量最直观的指标。在互动中，个体更喜欢感知为热情、友好和温暖的社交伙伴（韦庆旺等，2018），并且通过微笑、眼神接触等细节判断对方的热情度。因此，在服务仪式互动中，服务者可通过“脸上洋溢着开心的微笑、动作很流畅”来体现“专业师傅特别热情”，也可通过“动作不流畅，把面丢下就走”的行为令消费者感到“只是一个普通员工，比较应付”，感知低程度的情感能量。

由此，我们得到了推论 1。

推论 1：服务仪式由符号资本和情感能量构成。符号资本是服务中某些特殊的、符合社会规范的、具有一定象征意义的物质构成；情感能量是服务者向消费者表达的、具有一定适应性和热情度的社会情感。两者相辅相成，共同营造出服务仪式氛围。

3.3.2　服务仪式影响品牌福祉的内在机制

综合文本分析，本书认为服务仪式是提升品牌福祉的有效手段，主要通过情感印刻和认知更新两种方式，共同作用于品牌福祉的不同维度。

1. 服务仪式通过情感印刻的途径影响品牌福祉

情感印刻是在参与服务仪式时，仪式成员产生的高峰情绪体验和持久情感记忆，主要通过情绪唤起和情感共享两个方面作用于品牌福祉。情绪唤起是短期、高强度的情绪感知，主要关注自我的感受，如提车仪式中“激发了我的情感，感动了我自己”。情感共享则侧重中长期的情感维护，更多涉及与他人的交谈与互动，创造共同话题、共享同一重要时刻，如“结婚或嫁娶，及时的问候和关心”。情感唤起和情感共享相互助长，共同构成服务仪式的情感链条。

服务仪式引发消费者短期高强度的情绪体验。依据情绪的效价分类，情绪唤起可分为积极和消极情绪唤起。在服务仪式的积极情绪唤起中，面对面的现场聚集，具有象征意义的符号元素，服务者情感能量的输出，促使消费者形成了相互关注的焦点，并为后续的情感爆发提供了铺垫。精致流畅的拉面表演、幸福安康的仪式祝福、精美的鲜花礼物，在超越消费者服务预期的同时，给予消费者强烈的视觉刺激和社会象征意义，如“像朋友一样地敬酒”“微笑着祝贺生日快乐”“恭喜成为尊贵奥迪车主”，从而激发了消费者开心、感动、感谢等高唤起型的积极情绪，达到情绪的高峰，形成情感印刻。此外，服务仪式也能激发消费者低唤起型的积极情绪，如放松和舒适情绪，但相比于高唤起型的服务仪式，此类服务仪式更需要符合消费者的情感预期和更多的消费者参与，如在希望得到宁静心情的前提下，参与香薰冥想仪式有利于消费者逐步放松紧张的心情，达到心平气和的沉浸状态。

积极情绪的唤起将直接提高消费者对服务和产品的评价，感知更高的生活美好度，提升个体福祉。研究表明，消费者经常使用情绪作为有效信息，以此判断自己对事物的喜爱程度（Schwarz，1990），甚至在不自觉情况下产生积极情绪的错误归因，提升产品评价。因此，服务仪式中的积极情绪有利于提升消费者对品牌的功能性评价，如认为“不仅食物质量高，服务也上乘”。这也契合以往研究中仪式对产品评价的积极效应（Vohs et al.，2013）。并且，服务仪式还有助于提升生活的美好度。生活中的积极情绪，无论开心兴奋还是平和静谧，人们都将其视为幸福美好生活的组成部分（Etkin and Mogilner，2016）。服务仪式所带给顾客的美好体验，如“觉得整个过程很幸福”和“增强纪念意义”，都促使消费者从点滴的生活中体会到幸福的含义。

除了短期高强度的情绪体验，服务仪式也能通过情感共享提升品牌福祉的感知。服务仪式通过有计划、有步骤的仪式活动，创造服务者与消费者之间交流的机会，提供谈论的话题，强化情感的纽带。在特定的节日或顾客的生日，企业会采取不同的仪式庆祝活动，向顾客表达符合社会期待的仪式问候，如亲自送上中秋月饼，及时进行婚嫁问候，定期举办插花活动等，以此创造交流机会，提供谈论话题。研究表明，人们会通过观察行为，推断他人的意图，并更加喜欢那些喜爱自己的人。企业主动表达的关心和问候，服务者对消费者的祝福和关切，通过履行服务仪式的契机，推动消费者产生相似的情感和友谊互动行为，如“在场的好几个人都有欢呼，有不懂的就问”；以及提升相处乐趣感知，如“和朋友特地过来，觉得边吃饭边看表演很好玩”，从而提升社交福祉。

值得关注的是，虽然仅仅是极少数，但是服务仪式也存在消极情绪的唤起，如不悦、失望情绪，以及尴尬、厌恶情绪。在形成原因上，两者稍有不同。在不悦和失望情绪中，大多是服务员的仪式热情度不足所致，如“他没有那种很积极互动的感觉，觉得他在完成任务，感觉比较应付，很没意思”。在尴尬、厌恶情绪中，则多是仪式的适应度不高或消费者对符号资本的认可度不足导致，如“上菜的时候大声吆喝，其他桌的人也会望过来”，令消费者觉得尴尬。当消费者不认可符号资本的含义时，则产生厌恶情绪，如“穿着鸡的服装，搞得很花哨，敲锣打鼓地过来，觉得很吵”。可见，消费者参与服务仪式时，若未能得到足够的情感能量、未能形成共同关注的焦点或对符号资本的合法性认可度不足，将导致互动链条断裂，引起负面情绪，降低品牌福祉的感知。除此之外，本书也将在调节因素中进一步阐述其他影响服务仪式效果的因素。

由此，我们得到了情感印刻的机制路径，如图 3-2 所示，详细如推论 2 所述。

推论 2：服务仪式可由情感印刻作用于品牌福祉，包括情绪唤起和情感共享，共同作用于品牌福祉中的个体福祉和社交福祉。

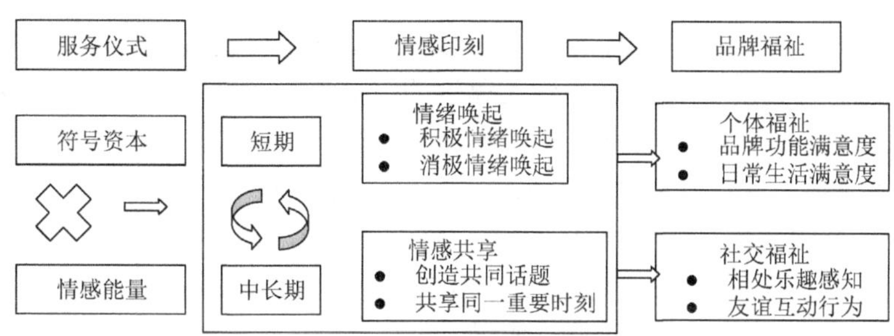

图 3-2　情感印刻的机制

2. 服务仪式通过认知更新的途径影响品牌福祉

认知更新包含自我认知更新、品牌形象更新、关系角色更新和群体身份更新。依据自我构建理论，消费者会通过自我进行个体型建构，通过亲近关系进行关系型建构和通过所属团体进行群体型建构（Cross et al.，2011）。由于服务仪式是一种嵌入了符号资本的社会性互动，服务者和消费者在服务场所利用仪式化行为完成了自我与他人的认知、彼此关系的更新，并结合群体符号，形成新的群体身份，从而影响品牌福祉中个体、社交和国家层面的福祉，详情可见图 3-3。

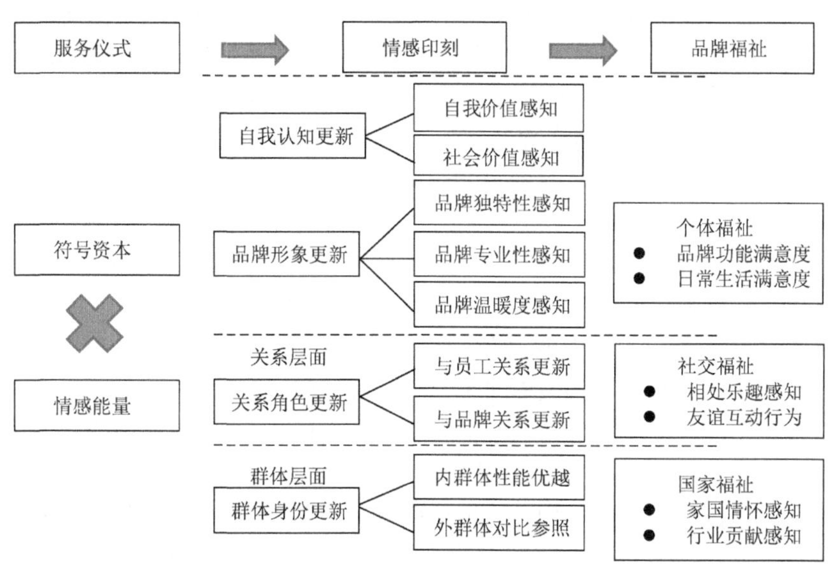

图 3-3　认知更新的机制

在自我认知更新方面，消费者依据自身在服务仪式中得到的礼遇和尊重，感知到较高的社会存在价值。人是社会性产物，个体经常依据外在的线索判断自身的社会形象（Kim et al.，2001）。在服务仪式中，服务者通过仪式化的尊称、表演和定期问候，令顾客感知自己是受人尊敬的、被人关爱的，如“我们很久不见顾客的话，就想知道是不是生病了，我们会多加留意。她生病了的话我们要及时问候”，要“既让他有那种亲近感，也要让他觉得尊重他”，从而提升顾客的日常生活满意度（个体福祉）与友谊互动行为（社交福祉）。并且，在某些具有特定社会含义的产品中，服务仪式还能强化顾客对自身努力和成功的认可，如提车仪式“相当于见证了我从毕业到现在的奋斗成果，它不单单代表着一个物体”，增强了生活的纪念意义，提升了个体福祉。

品牌形象更新方面，分为品牌独特性感知、品牌专业性感知和品牌温暖度感知。品牌独特性感知包括服务独特性感知和产品独特性感知，主要受到服务仪式中的符号资本特异性的影响。消费者可从服务环境、服务语言和服务仪式器具等方面感知品牌的与众不同，如“很少听到这种云南的山歌，也很少会看到少数民族的舞蹈”。服务的稀缺性会“很容易让人记住有这样一家店”，产生较高的记忆可提取性。品牌专业性感知则更受到仪式脚本规范性的影响，包括员工专业度感知和服务周到性感知，如“具体细节细到我们为顾客奉茶，要倒多满的水，温度如何，然后以什么样的方式去递茶”，令消费者从细微处感知服务的专业性和员工的投入度，刷新对品牌的认知。最后，品牌温暖度感知受到仪式的热情度和仪式脚本程序性的综合影响，如服务员主动播放的婚礼背景音乐、赠送的芭比娃娃礼物和热情的祝贺，都令消费者感受到了品牌的用心和真诚。借由服务仪式，品牌向消费者展示了自身的独特性、专业性和温暖度，强化消费者的品牌记忆，更新品牌形象，促使消费者“对海底捞评价会比其他的火锅店的评价更高”，“推荐给其他朋友”，从而提升品牌的个体福祉和社交福祉。

在关系角色更新方面，服务仪式主要影响顾客–员工关系更新和顾客–品牌关系更新和顾客–顾客关系更新。互动仪式链理论认为，共同的行为或事件，通过有节奏的反馈强化，将加强仪式成员之间的团结感知（Collins，2004）。在服务仪式中，服务者和消费者通过共同参与服务仪式，形成了共同关注的焦点和相同的情感状态，拉近了彼此的心理距离。研究表明，仅仅是做同一组动作，参与同一个仪式活动，都足以产生内群体偏好（Hobson et al.，2017）。同时，借由社会对既定角色的行为认知，服务仪式提供了身份转化的绝佳平台。如在生日仪式中，悉心准备生日礼物、热情欢呼和生日祝福符合朋友关系的行为定义，当服务者对消费者做出以上仪式行为后，他的服务者身份就顺势转变成了朋友身份。并且，服务仪式的主导者是品牌，通过一系列的服务仪式，消费者与品牌的关系也得以更新。例如，当消费者看到生日派对中员工对小朋友的细心照料，麦当劳在消费者心中不再仅仅是一家快餐店，而变得更加人性化和温馨，更加愿意与麦当劳进行互动。研究表明，消费者与品牌的关系可分为共有型关系和交换型关系，共有型关系表现为关心顾客本身的情感需求，而非简单的金钱与物质的交换（Aggarwal，2012）。服务仪式向消费者展示了品牌对消费者本身的关心和友好情谊，有助于消费者与品牌的关系从交换型转变为共有型，增加相处乐趣和发展长期友谊，进而提高品牌的评价和生活美好度，最终提升了个体福祉和社交福祉。

在群体身份更新方面，服务仪式主要通过感知内群体的优越性和外群体的差异性，结合品牌影响力感知，产生群体层面的自豪感和身份认同感。仪式的初始功能之一便是塑造群体差异，强化独特身份，如不同部落间的符号图腾、具有民族特色的仪式庆典都有助于形成群体意识。在服务领域中，满族春饼的祝福仪式、外婆家的上菜仪式和云朵山歌的敬酒仪式，都是通过一系列的仪式表演将民族特色呈现给消费者。内群体性能优越是群体身份更新的基石，如在云朵山歌的服务仪式中，"你会觉得原来他们的舞是这样的，歌是这么好听的，自己酿的酒也蛮好喝的"，此时消费者将表演者内化同一群体，为卓越的产品和服务感到自豪。外群体对比参照则进一步激发和强化了群体间的差异感知，提升了消费者对内群体产品的喜爱度和自豪感，如"有时候也会遇到一些外国人过来吃火锅，这个时候我就会觉得巴奴的火锅原来这么好吃"。访谈发现，当内群体品牌具备高民族代表性和高国际知名度时，服务仪式会激发消费者的民族自豪感和文化底蕴感，提升家国情怀感知，如"你会觉得中国还挺牛的"。此外，消费者也可以通过高水平的服务仪式感知品牌对行业的促进作用，提升行业贡献度感知，如"它为这个行业的质量水平和服务水平做了一个榜样"。

由此，我们得到了推论3。

推论3：服务仪式可由认知更新作用于品牌福祉，包括个体层面的自我认知更新、品牌形象更新，关系层面的关系角色更新和群体层面的群体身份更新，分别作用于品牌福祉的个体福祉、社交福祉和国家福祉。

3. 认知更新与情感印刻形成链式中介影响服务仪式与品牌福祉的关系

在接受服务仪式时，消费者的情感印刻与认知更新并非完全独立，而是相互交融，共同形成情感与认知的链条作用于品牌福祉，详情可见图3-4。

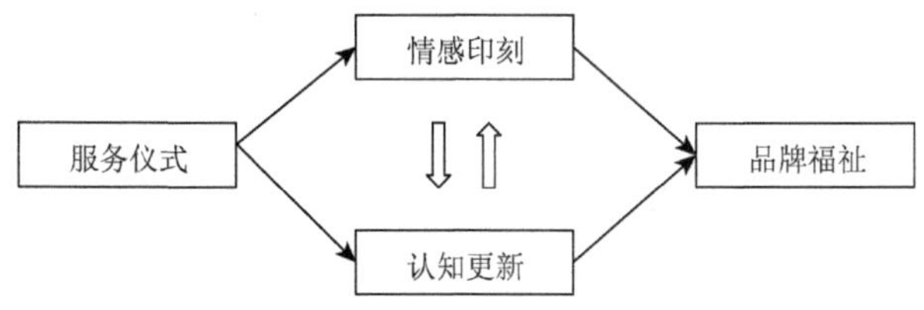

图3-4　服务仪式对品牌福祉的影响机制——链式中介作用

举例而言，当消费者接受服务仪式时，高程度的情感能量和高水平的符号资本引发了消费者的积极情绪，产生了情感印刻。例如，在欢迎仪式中，消费者看到精心准备的茶饮、手写的欢迎卡片、热情周到的服务问候和神秘礼物时，感到非常开心和愉悦。同时，消费者从这些精心准备的仪式中感受到服务者的尊重与关心、品牌的温暖与礼遇，完成了自我认知更新和品牌形象更新。另外，消费者与服务者在欢迎仪式中，共处同一仪式空间，参与同一仪式活动，拉近了彼此的心理距离，原有的消费者–服务者的关系转变为更为亲近的朋友关系，增加了两者相处的乐趣与长期的友谊行为（社交福祉），提升了日常生活满意度和品牌功能满意度（个人福祉）。

值得注意的是，在服务仪式作用于品牌福祉的过程中，服务仪式中的符号资本应始终具有合法性和象征性，才能显著发挥服务仪式在认知更新和情感印刻方面的作用。例如，在敬酒仪式中，消费者必须首先能理解敬酒所代表的尊敬和礼待客人的文化含义，并能接受一饮而尽是尊重对方、热情好客的社会象征，才能在敬酒仪式中感受到对方是在尊重自己和表达友好情谊，从而唤起消费者的积极情绪，如“敬酒会让你觉得你被重视，你是一个被需要的人，你情感上会得到一种愉悦感”。如果顾客无法理解敬酒仪式所代表的尊敬含义，如不熟悉中国文化的外国人，或者不认可一饮而尽所具有的社会合法性，而认为小口慢饮才是正确的礼遇方式，则符号资本作用失效，顾客无法意识到自身得到了礼遇，敬酒仪式也会显得吵闹和多余，从而引发负面情绪和降低品牌福祉感知。

由此，我们得到了推论 4。

推论 4：服务仪式对品牌福祉的作用路径中，情感印刻和认知更新可相互形成链式中介，共同作用于品牌福祉。

3.3.3　服务仪式影响品牌福祉的定性调节分析

服务仪式并非总能正向影响品牌福祉，两者关系存在四类调节因素：消费者因素、行业因素、品牌因素和服务者因素。其中，消费者因素和行业因素属于外部情境变量，品牌因素和服务者因素属于内部可控变量，详情可见图 3-5。

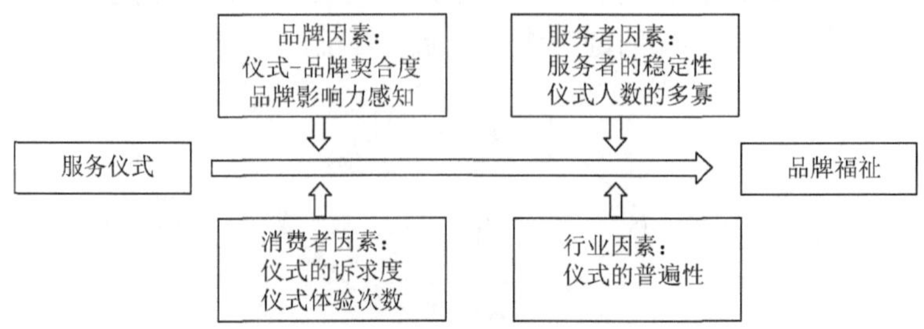

图 3-5　服务仪式对品牌福祉的影响机制——调节因素

1. 消费者因素

消费者因素包含消费者对仪式的诉求度和仪式体验次数。仪式诉求度指消费者对服务仪式的需求程度，如“这个日子对我太重要了，相当于见证了我从毕业到现在的奋斗成果”。消费者的仪式诉求度越大，服务仪式越能提升品牌的福祉感知。仪式体验次数指消费者第一次还是多次体验服务仪式，如第一次买车的新鲜体验会增加提车仪式对积极情绪的唤起程度，进而正向影响品牌福祉。然而，与重复多次的纪念仪式会加深仪式效果不同，重复多次的服务仪式会降低消费者的积极情绪，如“我知道我点了拉面，一会儿会有个师傅来，就是习惯了”。服务仪式的行为模式更加符合享乐性适应所导致的乐趣降低。本书推测，可能消费者在服务场所中的主要目标是寻求感官快乐的最大化，因此当消费者多次看到相同的仪式表演后，会导致享乐适应，从而降低服务仪式对品牌福祉的提升作用。访谈中也发现相比于其他服务仪式类别，追求感官享受的歌舞表演仪式更容易让消费者产生享乐性适应，可作为间接佐证。

2. 行业因素

行业因素是指在本行业中其他品牌采用服务仪式的普遍程度。由于服务仪式的可复制性较高，行业普遍实行类似的服务仪式会降低服务仪式对本品牌的福祉作用。以提车仪式为例，在问及取消提车仪式的影响时，消费者回答“别的家都有这个提车仪式，你没有的话感觉也不太好吧”。可见当行业内普遍采用了提车仪式后，品牌的提车仪式只能成为不落后于同类品牌的基础因素，因为“不管哪家品牌肯定都会有这么一个仪式，只是形式或许不同”。锚定效应认为，消费者在做决策时，会依赖于前期取得的信息，以此作为锚点，影响后续的判断。因此，当行业普遍采用服务仪式时，顾客对服务仪式的基本预期值较高，认为理应具备此项仪式，减少了服务特殊性感知，从而削弱了服务仪式对品牌福祉的提升作用。

3. 品牌因素

品牌因素包含仪式–品牌契合度和品牌影响力感知。服务仪式应与品牌形象风格相一致，如在问候仪式中，丽江民宿的品牌形象是亲切随和，品牌风格是宽松舒适，因此对顾客的“称呼可能是阿姨、大哥、美女、帅哥等”非正式称谓，过于正式的仪式问候反而会显得生疏，如“使用五星级酒店的方式称呼为先生、小姐和鞠躬等，会感觉太正式了，反而好奇怪”。并且，服务仪式的表达形式应符合品牌自身理念，如在定位于传承美好人文、渲染自然花色传递美好世界的古色，采用定期邀请顾客进行花艺体验、DIY 手工画扇和制作香薰等服务仪式，唤起消费者对美的感受和共鸣，以此提升品牌福祉感知。当品牌特质与消费者感知相一致时，消费者对产品的好感度会提升。当服务仪式与品牌形象一致时，服务仪式也更能改善消费者的品牌印象和品牌福祉感知。品牌影响力主要作用于服务仪式对国家福祉的影响路径中，已在推论 3 中阐释，在此不再赘述。

4. 服务者因素

服务者因素主要指服务者的稳定性和仪式人数的多寡。互动仪式链理论认为，每经过一次互动仪式，服务者与消费者之间的情感联结会加深一次（Hobson et al., 2017）。在长期的仪式互动中，相比于不同的服务者，同一服务者实施服务仪式的效果会较好，如同一服务者给予定期的节日、生日仪式问候，有利于形成消费者与服务者之间的长期友谊。并且，针对某些需要塑造热闹氛围的服务仪式，服务者的多寡也会影响到仪式氛围的塑造，如提车仪式中"让一个人或者两三个人的话，提车的氛围就达不到效果，就要大家一起人多才有力量"，可见群体性仪式氛围有利于集体身份的塑造和自豪感等积极情绪的唤起。

由此，我们得到了推论 5。

推论 5：服务仪式对品牌福祉的作用路径中，受到消费者因素、行业因素、品牌因素和服务者因素的调节影响。

3.4 结论与讨论

本章通过对消费者和服务者的半结构化深度访谈，采用扎根理论编码的方式，探讨了服务仪式的要素构成及其对品牌福祉的影响机制。依据互动仪式链理论，服务仪式应包含情感能量和符号资本。服务仪式可通过情感印刻和认知更新两条主要路径作用于品牌福祉，受到消费者因素、行业因素、品牌因素和服务者因素的调节影响。本章的理论贡献如下：

首先，本章首次构建了服务仪式的定义及基本要素，明晰了服务仪式与相似构念的区别。以往的仪式研究多数集中于宗教学和人类学的范畴，赋予仪式更多的神灵色彩。服务仪式聚焦于服务情景中的仪式行为，是一种社会取向的仪式。本章将服务仪式定义为在服务接触中，由服务者主动发起的一系列正式的、可重复的、具有非直接功能的行为或活动。并且，借助互动仪式链理论，将服务仪式的构成要素概括为符号资本和情感能量，明晰了服务仪式与品牌仪式、消费仪式的区别点，厘清了服务仪式的独特性。本章为拓展服务仪式的相关研究奠定了理论基础。

其次，本章首次揭示了服务仪式影响品牌福祉的作用机制，构建了服务仪式与品牌福祉的研究框架。本章发现服务仪式可由情感印刻和认知更新作用于品牌福祉，详细阐述了消费者情感印刻和认知更新的整个过程。同时，情感印刻与认知更新不仅能单独作用于品牌福祉，还能形成链式中介影响品牌福祉。此发现也契合社会知觉模型，其认为温暖与能力是社会知觉的两大维度（Abele and Wojciszke，2014）。同时，消费者也会对品牌进行温暖和能力的感知和判断，本书结合互动仪式链理论，对此做了进一步的拓展，将温暖感知细化为情绪唤起和情感共享，将能力感知细化为自我认知更新、品牌形象更新、关系角色更新和群体身份更新，丰富了社会知觉模型和互动仪式链理论等内容。

最后，本章深入阐述了调节服务仪式与品牌福祉关系的内外部因素，并归纳总结为消费者因素、行业因素、品牌因素和服务者因素。以往研究更多地探索仪式对消费者产生的积极效应，如提升积极情绪（Vohs et al.，2013）、增强自我效能感知（Damisch et al.，2010）、增强家庭身份承诺和群体归属感知（Otnes et al.，2012），对仪式的负面影响知之甚少，仅停留在企业实践层面中的负面口碑反馈。本章不仅梳理归纳出四类调节因素，更细化了每类调节因素的子维度，着重阐述了具体的调节方向。此既补充了以往仪式研究的不足，又完备了服务仪式与品牌福祉的理论框架。

第4章　服务仪式测度与测量

本章围绕“如何测量服务仪式”的问题展开研究。由于服务仪式研究尚处于初期，缺乏可操作性定义和测量工具，因此，较难对服务仪式进行定量研究，阻碍了服务仪式的研究发展。鉴于此，本章将基于互动仪式链和价值共创理论，探讨服务仪式的可操作性定义及服务仪式程度测量量表，以期为服务仪式实验设计和操纵检验提供参考，为后续定量研究奠定基础。

因此，本章开发的服务仪式程度量表的核心是测量企业实施的服务仪式程度，原因主要有以下两点：第一，服务仪式设计是服务仪式价值实现的基础，服务仪式程度高低直接关系到能否带动消费者进入服务互动场景，决定了能否有效唤醒消费者的情绪。只有服务仪式成功地唤起消费者情绪，才能实现后续互动阶段的情感与认知演化，进而影响消费者的品牌体验、实现仪式价值。第二，在定量研究中，进行假设检验的前提是实验设计操纵的成功。但现阶段缺乏对服务仪式的可操作性定义研究以及服务仪式操纵检验的测量量表，阻碍了服务仪式的研究发展。鉴于此，本章将对企业设计的服务仪式程度开发测量量表。

本章围绕“服务仪式程度量表开发”主要进行以下五个方面的工作：①通过价值共创理论和服务仪式相关文献回顾，识别服务仪式量表开发的切入点。在此基础上，界定服务仪式的可操纵性定义和维度识别。②通过对获得的消费者服务仪式经历的深度访谈进行扎根编码，获得量表的初始题项，同时对初始题项进行内容效度的检验。③使用探索性因子分析探索初始量表的结构，并对题项进行删减、优化。④在初始题项检验结果的基础上，通过访谈材料和文献进行题项的补充和优化，同时对补充后的题项进行探索性因子分析和验证性因子分析。⑤根据文献和访谈内容，选择四个构念进行服务仪式量表的验证，包括量表的内部一致性、聚合效度、区分效度和法则效度。

4.1　研究目的与研究框架

已有研究强调企业和消费者是价值创造的主体，强调消费者与企业互动对价值生成的重要性，但尚未明晰消费者与企业在互动的各个阶段中怎样扮演角色促使资源的整合。依据前人的研究成果，“使用价值”是服务主导逻辑的基石（Vargo and Lusch，2011），也即价值是在消费者使用过程中形成的，消费者才是价值的真正创造者，企业仅生产产品或提供服务并不能产生新的价值，消费者体验后促使价值生成（Grönroos，2011）。因此，作为使用者和资源整合者的消费者是价值的真正创造者（Alves et al.，2016），企业是促使消费者创造价值的参与者与协调者（Grönroos and Voima，2013）。在价值共创过程中，企业需要预先结合自身品牌理念和已有资源，对资源进行开发、设计，以及制造和传递服务，提升消费者参与共创的意愿，促使消费者完成价值创造（Grönroos，2011）。在与消费者互动过程中，企业与消费者彼此情绪感染，行为协调一致，消费者参与企业资源的开发设计，介入企业生产过程；企业参与消费者收获体验过程，与消费者一起实现价值共创，企业成为消费者的价值共创者（Grönroos and Voima，2013）。

可见，实现价值共创的基础是企业与消费者之间的充分互动、提升消费者体验。然而现有文献较少涉及价值共创视角下企业与消费者的互动演化（吴瑶等，2017）。服务仪式作为服务人员与消费者囊括价值与意义的互动服务形式之一，为企业与消费者共同创造价值提供了体验环境，有助于识别企业与消费者价值共创过程中的角色及互动演化过程。结合以往仪式和价值共创理论研究和消费者深入访谈，服务仪式不仅具备仪式的流程式动作、象征意义和非功能性特点，更兼具创造互动机会、整合互动资源、促进互动质量的价值共创关键活动。然而，现有研究缺乏服务仪式测量量表及可操作性定义，阻碍了服务仪式的发展。

因此，本章的目的是基于价值共创理论开发服务仪式程度测量量表，目的在于：①探讨服务仪式特征，基于价值共创探讨服务仪式的度量量表和结构模型；②验证服务仪式对消费者关系绩效（消费者满意度与消费者幸福感）的影响。由于服务仪式的相关研究比较匮乏，因此，本章将在文献研究基础上，采用质性与定量相结合的方法，开发服务仪式程度测量量表。希望研究成果能有助于推进服务仪式相关研究，为服务仪式的定量研究奠定一定的基础，进一步丰富营销战略理论，同时为企业有效实施服务仪式提供测量工具和方式指引。

根据上述讨论，本章的服务仪式量表开发主要内容分为五个研究。研究一，概念界定和维度识别。首先回顾仪式、服务仪式与价值共创等相关研究，确定研究的基本框架。在此基础上从消费者与服务人员互动的角度切入，基于价值共创视角对服务仪式进行可操纵性定义和维度的划分，奠定理论基础。研究二，生成量表初始题项。根据研究框架制定访谈提纲，深入访谈消费者，获得消费者服务仪式经历的文字材料，根据扎根编码和文献回顾获得量表的初始题项。同时，对获得的初始题项进行内容效度的检验，删减优化获得初始服务仪式程度测量量表。研究三，优化量表题项。对初始服务仪式测量量表进行问卷调查，使用探索性因子分析进行数据分析，探索初始量表的结构，并对题项进行删减、优化，生成二级量表。研究四，修正量表结构。再次进行问卷调查，对获得的二级量表进行验证和修订，包括探索性因子分析和验证性因子分析。研究五，量表验证。结合文献研究与消费者访谈，选择四个构念进行量表的验证，包括量表的内部一致性、聚合效度、区分效度和法则效度。

4.2 研究一：概念界定与维度识别

研究一的目的是界定“基于价值共创理论的服务仪式”内涵，界定服务仪式的可操作定义，识别其构成维度。

4.2.1 服务仪式定义与测量

如前文所述，服务仪式的最早雏形是在 20 世纪提出的整合仪式，指在服务接触中，利用服务语言、服务环境设计等进行服务传递的形式，以表达对消费者的敬意、热情等，提升消费者积极情感和满意度的社会互动。在此基础上，Otnes 等（2012）提出服务仪式，指在服务接触中，一系列正式的、具有可重复模式、表达价值和意义的活动。作为服务互动和品牌理念传达的重要表现形式，服务仪式是分析和理解消费者与服务人员互动行为的重要切入点。但从文献梳理的情况来看，现有关于服务仪式的测量研究较少，且集中在仪式方面，如仪式有效性的量表（Sorensen et al.，2006），将仪式划分为流程性、特殊性和文化性三个维度。Otnes 等（2012）认为服务接触中的仪式包含嵌入性、定制性、复杂性和互动性四个维度，但也局限于理论分析。服务仪式可操纵性定义及测量量表的缺乏严重阻碍了服务仪式的发展。

归纳现有关于服务仪式的测量研究，主要存在以下几点不足之处：①现有测量局限于仪式测量，未结合服务互动的特点。②缺乏互动导向的测量。基于价值共创理论，仪式价值生成的基础是互动体验，因此开发的服务仪式测量量表需充分纳入互动因素。③忽视了符号资本传达的价值内涵。根据互动仪式链理论，现场聚集、仪式行为、相互关注和情感能量作为仪式四要素，对仪式效果起着举足轻重的作用（Collins，2004）。与此相对应的是，现场聚集和相互关注是服务仪式的必要条件，仪式行为和情感能量是服务仪式的价值保障。基于此，服务仪式除了应具备服务流程的要素之外，更多的是在服务互动过程中具有象征意义的情感功能的程式化行为，通过仪式化行为实现服务的独特性、调动消费者的积极情绪。因此，为了测量企业实施的服务仪式程度，为服务仪式价值实现奠定测量基础，本章将开发服务仪式程度测量量表。

4.2.2　服务仪式与价值共创的关系

1. 价值与价值共创

顾客价值是消费者对产品或服务的整体感知，主要和消费过程中的体验相关。本书采用 Grönroos 等学者对价值的定义（Grönroos and Voima，2013）。

“顾客价值是指顾客良好的心理感受。如果顾客在经历一个自我服务过程（如用 ATM 取款）或全面服务过程之后（在饭馆就餐或在柜台取款），感觉变得更好，那么价值就产生了。价值创造是指顾客在使用过程中对使用价值的创造，在这个过程中，顾客通过体验对价值进行建构。价值创造是顾客对使用价值的体验型感知，价值形成于其对资源的占有、使用的心理状态”。

根据服务主导逻辑，价值被严格定义为消费者使用过程中产生的，价值由消费者创造，企业只是参与者和促进者，企业对资源的设计、研发、制造和传递只是为与消费者互动和收获体验创建平台，为价值创造提供了基础环境和平台（Grönroos and Voima，2013）。消费者是（使用）价值的核心，作为价值的创造者主导了商品和服务消费过程。因此，企业利用资源与消费者互动传递价值主张的同时（Vargo and Lusch，2011），也能够促使消费者参与共创，协助消费者创造价值，成为价值创造的参与者（吴瑶等，2017）。企业与消费者的价值共创是在服务系统中得以实现，企业通过资源设计等为价值共创提供条件，即吸引消费者参与共创，服务接触中彼此情绪相互感染，行为相互协调以便资源互相整合，创造独特的体验与价值（Chandler and Lusch，2015；Vargo and Lusch，2011）。

回顾已有研究发现，学者研究价值共创大多基于资源交换和整合的角度（Vargo and Lusch，2011），强调消费者与企业的互动对价值生成的重要性，进而提出了消费者价值创造、服务生态系统等理念（简兆权等，2016）。国内外学者对价值共创的探讨主要是基于服务主导逻辑（Vargo and Lusch，2011），从不同角度进行了概念界定（钟振东等，2014；狄蓉和徐明，2015）。但基本上学者们都强调了以下几点内容：①价值共创至少包含消费者和企业两方，甚至包括利益相关者等第三方的互动；②价值共创的核心是互动主体间的资源不断整合与优化；③主体间的互动是价值共创的基础和前提条件（于洪彦等，2017）；④消费者是互动和价值创造的主体，价值共创的过程和最终目的的重点是消费者价值。

2. 价值共创角色与服务仪式互动过程

服务仪式与价值共创之间有着紧密的联系，具体体现如下所述。

（1）服务仪式为价值共创提供互动基础。Prahalad 和 Ramaswamy（2013）指出，企业与消费者之间的服务互动是价值共创的基础与条件。服务仪式是服务接触中，服务人员与消费者之间的仪式化互动行为（卫海英和毛立静，2019）。服务接触是存在的前提条件，通过多角度、多层次的仪式互动，不仅可以提升服务过程中的接触点，还可以传递品牌的核心理念。因此，服务仪式是价值共创在实践中的有效实施形式。

（2）主体间的互动促使资源的整合。在价值共创中，企业只有与消费者进行充分的互动，通过彼此资源的整合促使实现价值共创，Grönroos 和 Voima（2013）指出，互动的前提是双方在场，行为主体间对彼此产生影响。互动的核心是一种直接的、实质的或心理上的接触。服务仪式是在仪式的基础上发展而来，延续了仪式现场聚集和共同关注焦点的内涵，企业通过服务设计，使服务人员与消费者之间能够情绪相互感染，积聚情感能量，以符号资本来传递理念，充分进行情感与行为的互动，促使资源交换与整合。

（3）多主体互动。Ramaswamy（2008）研究表明，价值共创不仅是企业与消费者之间的互动，更涉及消费者彼此之间，甚至第三方之间的多主体之间不断持续的对话。服务仪式的存在基础是现场聚集，不论是全面服务还是自我服务，消费者都是与服务场内的要素进行互动，包括服务人员（或虚拟服务人员）、现场环境、品牌理念等，也包括消费者彼此之间，甚至第三方人员，仪式都可发挥其提升情感和认知更新的功能。

总之，企业与消费者之间的直接互动与间接互动被视为体验产生和价值共创的重要方式（Dube and Helkkula，2015；Grönroos and Gummerus，2014；Homburg et al.，2017）。消费者体验的核心就是打造特色服务体系，与消费者进行深层次、多角度的互动，提升消费者品牌体验，参与消费者共创价值过程，资源不断优化更新，获取竞争优势并提升组织绩效（Homburg et al.，2017）。

服务仪式是消费者在服务接触中，一系列正式的、具有可重复模式、表达价值和意义的仪式化互动行为（卫海英等，2018），它能够为消费者带来特殊的情感体验，进而提升服务评价、加强消费者与服务品牌的联系（卫海英等，2018；卫海英和毛立静，2019）。如前文所述，服务仪式与价值共创具有强烈的内在联系（Grönroos and Voima，2013）。基于此，本书认为服务仪式是价值共创在服务实践中的应用和体现，进而本书将围绕价值共创的关键活动阐述服务仪式的内涵，界定可操作性定义及开发测量量表，并据此论证服务仪式成为品牌管理的有效途径。

4.2.3 基于价值共创理论的服务仪式：可操作性定义及维度识别

基于前文论述，本书将服务仪式界定为“由企业发起的，服务人员与消费者在服务接触中通过整合互动资源、关注互动质量进行的寓意化独特互动行为，以增强消费者体验、实现价值共创。这种仪式互动行为按照企业预先设定的故事性脚本规范进行，通过服务仪式场景、器具、语言和表演者之间的配合实现”。

为了更好地揭示服务仪式的内涵，本书有必要根据价值共创原理重新界定服务仪式的可操作性定义。根据前面的文献整理，本书认为："基于价值共创的服务仪式是价值共创理念的战略实施，它是指在服务接触中，由服务人员或企业按照预先设定的故事性脚本发起并依顺序进行的、通过服务仪式场景、器具、语言和表演者之间的配合与消费者参与、能够凸显服务独特性的、具有可重复模式的寓意化互动行为。"

通过文献归纳，基于价值共创的服务仪式包括两个维度——仪式行为和情感能量，接下来对这两个维度进行详细阐述。

1. 维度一：仪式行为

仪式行为是消费者和服务人员互动的纽带与桥梁（卫海英等，2018；卫海英和毛立静，2019），表现为“符号资本”，囊括了多个层次的符号。各个层次基于品牌理念进行规范化的集合和排列形成符号资本。因此，如果将仪式行为中的符号资本比喻成一个洋葱的话，那么这个洋葱至少包含三个层次，最表层、中间层和内隐层。

（1）最表层被称为“外显层”，指符号资本中外在的、可见的层面，主要包括了器具、行为、语言表达等。“仪式是水”的比喻，主要指服务仪式中符号资本的外显层面，它是消费者服务接触中可触可感的环境。

（2）中间层被称为“心物结合层”，既有看得见的层面，也有看不见的层面，主要包括了价值观和行为规范等。“仪式是心灵地图”的比喻，就体现了价值观和规范对消费者的引导作用。

（3）内隐层也称为“核心层”，是服务仪式中符号资本的最内核的部分，包括品牌存在的最基本的价值观和理念。内隐层涉及品牌核心的底层理念，是难以动摇的基本原则。“仪式是操作系统”的比喻，体现的就是内隐层的影响。根据 Collins（2004）的互动仪式链理论，通过语言表达与行为动作，甚至服务环境的装饰等蕴含品牌理念，也即所有的仪式符号相互融合传递品牌的文化价值观。

2. 维度二：情感能量

情感能量（emotional energy）是服务仪式作用效果的关键力量，情感能量的强弱直接关系到服务互动的强度与效果（卫海英等，2018）。服务仪式的情感能量和服务互动中的情绪与情感强度有着紧密的联系（冉雅璇和卫海英，2015），互动中的短期情感不断聚集和发酵形成情感能量，反过来情感能量成为情绪的发酵皿生成短期情感（Collins，2004；冉雅璇和卫海英，2016）。

情感能量作为服务仪式效果的关键，其核心是互动主体间的共鸣性，主要表现为如下三个特点。

（1）互动双方间共享情绪，指互动主体间共同体验过程中，情绪彼此传染（Fredrickson et al.，2017；卫海英和毛立静，2019）。最近的研究表明，当与他人分享情感时，可能会产生更大的影响。例如，海底捞服务人员表演捞面仪式时，消费者给予积极的反馈（如鼓掌、微笑），双方都会获得加倍的积极情绪，分享微笑有助于人们更好地理解社会情况和他人的情绪（Fredrickson et al.，2017）。

（2）互动双方的互相关心与关注，指互动主体间彼此投入到对方的程度（Fredrickson et al.，2017）。其中，互动双方相互照顾和关心是高质量关系共鸣的主要体现（卫海英和毛立静，2019）。

（3）行为上和生理上保持同步，指互动主体在互动过程中行为，甚至生理、神经具有相同的节奏（Fredrickson et al.，2017）。研究表明，行为与生理保持同步可有效维持人际关系，原因是同步的身体运动已经被发现有助于体现和谐、同情和利他行为、情感支持满意度和从属关系（Fredrickson et al.，2017）。行为同步与生理同步有着紧密的联系，关系到人际关系和谐。此外，研究表明，自主神经生理学中的同步与人际关系质量（Helm et al.，2014；Fredrickson et al.，2017）和社会联系有关，神经活动中的同步与人际理解有关。

4.3 研究二：生成量表初始题项

在研究一界定了基于价值共创的服务仪式操作定义的基础之上，研究二将使用演绎法和归纳法提取基于价值共创的服务仪式的量表初始题项。

4.3.1 初始题项的生成

服务仪式测量的量表初始题项的收集方法主要包含文献研究与深度访谈两方面，文献研究集中在价值共创和服务仪式两个方面，深度访谈集中在消费者回忆服务仪式经历。接下来针对每种方法收集的题项进行详细介绍。

1. 文献研究

文献回顾分为以下两个方向。

（1）价值共创：依据共创概念的理论（Epp and Price，2011）、量表（Zhang and Chen，2008；于洪彦等，2017）、案例（Epp and Price，2011）等的文献研究。

（2）服务仪式：依据服务构念的内涵（卫海英和毛立静，2019），结合仪式有效性（Kapitány and Nielsen，2015；Sorensen et al.，2006）、仪式特点（Otnes et al.，

2012；卫海英等，2020）、互动仪式链（Collins，2004）等的文献研究。

最终根据文献回顾提炼出了 18 个题项，如表 4-1 所示。

表 4-1　文献归纳服务仪式量表题项

序号	题项
1	我认为该服务活动很特殊
2	我认为该服务活动具有仪式化色彩
3	我认为该服务活动让我印象深刻
4	我很享受此次与服务人员的互动
5	我觉得我与服务人员的服务的互动保持了“步调一致”
6	我觉得我与服务人员之间对彼此的需求是相互响应的
7	我与服务人员分享了彼此的情感
8	我与服务人员之间的互动令我愉快
9	此次服务互动是独特的体验
10	此次服务互动蕴含着文化要素
11	此次服务互动不是必要的活动
12	该店的服务人员在服务时有一定的流程规范
13	该店的服务人员在服务时有规范的动作
14	我在服务中感受到了礼仪文化
15	我在服务中学习到了新的知识
16	我在服务中体会到了积极情绪
17	通过服务互动，我获得了独特的体验
18	通过服务互动，我收获了不一样的情感

2. 深度访谈

根据量表开发的流程（Hinkin，1998；Churchill Jr，1979），本书设计了消费者服务仪式访谈大纲，实施了小样本（$N=18$）的半结构化的一对一深度访谈，总共获得了 27 个题项，消费者的深度访谈获得题项的详细过程如下。

1）数据收集

本书研究团队让被访者讲述：①“曾经历过的一场印象深刻的服务互动”的真实体验，让被访者回忆一些对其产生了重要影响的服务场景。②深入挖掘被访者经历印象深刻的服务互动的情绪感受、主观评价、行为反应等几方面的内容，与被访者讨论此服务互动所蕴含的仪式内涵。

同上一章一样，本章采取的仍然是持续比较的原则，依据研究目的（开发价值共创下的服务仪式量表）选择具体的访谈对象（于洪彦等，2017；王建明和王俊豪，2011）。本书选择了本科以上学历的消费者作为访谈对象，为保证访谈对象能够清晰表达自身的观点，选取的访谈对象的年龄均在 18～35 岁。

同样与上一章保持一致，在数据收集与分析的过程中不断修改访谈提纲直到理论饱和，最后获得样本量为 18 位消费者。本书深度访谈根据理论饱和的原则涉及三个阶段：①第一阶段招募了 4 位全日制博士生进行访谈，回忆经历的印象深刻的服务互动，根据访谈内容确定和修改了访谈框架；②第二阶段访谈了 10 位硕士生和本科生，进一步根据数据材料对访谈的理论框架进行修正；③第三阶段选取了 4 位具有数年工作经验的消费者，访谈材料显示并没有产生新的服务仪式特性，理论达到饱和，则访谈工作结束、停止抽样。

因此，我们完成了 18 位消费者的深度访谈，访谈时间在 10～90 分钟。访谈结束后转录形成的文字材料有 14 万余字。接下来进行编码分析，编码仍然分为两个阶段，阶段一是随机选取了 14 份深度访谈的材料进行分析，以提取服务仪式量表初始题项；阶段二是将剩余的 4 份深度访谈材料作为理论的饱和度检验。

2）编码过程

编码过程涉及四个阶段，接下来进行详细阐述：①开放性编码阶段，本书针对获取的数据资料随机选择 14 份进行了开放性编码，也即进行逐字逐句分析，获得初始概念 12 个，包括“物理环境、仪式器具、员工衣着、服务语言、文化内核、服务理念、情绪互动、情感传递、亲密感、温暖感、共同参与、知识提升”；②主轴编码阶段，将开放性编码的 12 个初始概念进一步合并，比如将“物理环境、仪式器具、员工衣着、服务语言”合并命名为“符号标识”，将“文化内核、服务理念”合并命名为“价值观”，最终主轴编码阶段共获得“服务仪式”的 5 个范畴；③选择性编码阶段，将主轴编码获得的“服务仪式”5 个范畴进一步归纳得到 2 个维度，也即“仪式行为”和“情感能量”。详细的编码过程可见表 4-2；④饱和度检验阶段，饱和度检验使用的是剩余的 4 份深度访谈材料，经过上述过程编码后发现并没有产生新的范畴，也即表明在理论上，已有的服务仪式维度已经达到饱和，无须进一步获取材料。

表 4-2　访谈编码过程示例

维度	范畴	初始概念	示例
仪式行为	符号标识	物理环境	整个店铺装饰很有氛围感，用云南特有的图腾和花纹布置，让人身临其境，很不错。（王先生）
		仪式器具	条凳一只，清茶一盏，两尺多的长嘴壶在老旧的煤气炉上冒泡。（胡女士）
		员工衣着	服务人员的服饰也很有特色，身穿云南少数民族的衣服，包括头饰等很有云南的韵味。（王先生）
		服务语言	有自己的服务语言，进门打招呼，说“欢迎来巴奴吃毛肚”，但可能其他店也会这样。（刘女士）

续表

维度	范畴	初始概念	示例
仪式行为	价值观	文化内核	确实我们的很多活动吸引那么多读者报名，很大一部分原因是和我们的历史文化分不开，古人就讲究“琴棋书画”，现在很多读者也喜欢这些文化，所以我们不仅仅是个读书喝咖啡的场所，更重要的是融入很多文化内核来提升我们的服务，也为读者带去一份文化的慰藉。（车女士）
		服务理念	我们奥迪一直秉持“卓·悦”服务，包括提车仪式也好，售后服务等一直都很优越，客户也给我们很好评价。但我们做这些其实只想给客户好的体验，客户也能感受到我们的用心，更加理解了我们的品牌，了解我们的文化内涵等。一切活动流程都是用心对待客户。（黄先生）
情感能量	共享情绪	情绪互动	海底捞小哥在表演的时候，我们给他鼓掌，他就会更加卖力，我们开心他也开心。（李先生）
		情感传递	服务人员让我们在进行芳香疗法放松的时候，她温柔淡然的语气让我很放松，感觉看淡了很多事情。（孙女士）
	互相关心	亲密感	那时候感觉让我自己得到关注，与服务人员之间的感觉更亲密一些。（李女士）
		温暖感	听完朋友说，有一次她分手一个人去吃海底捞，服务人员就拿个玩偶陪她，还专门准备了甜点，说吃点甜的就不会那么难过了。（林女士）
	行为一致	共同参与	和表演的人员一起载歌载舞，让我感觉不仅仅是吃饭，而是共同完成了一件事情，勾起很多回忆。（周先生）
		知识提升	通过口红 DIY 这个仪式，其实只是简单的服务，但学到了很多新知识。（吴女士）

3）研究结论

通过深度访谈和编码分析发现，服务仪式的量表题项主要集中在仪式行为和情感能量两个层次，服务仪式是服务人员与消费者互动表达价值与意义的仪式化行为（卫海英等，2018），是提供一种企业与消费者进行价值共创的体验环境。本次通过质性分析中获得的题项仅为初步探索服务仪式程度测量量表的内容，后续需要进一步进行量化研究优化测量内容及量表的题项。质性分析初步获得的题项如表 4-3 所示。

表 4-3　访谈归纳服务仪式量表题项

序号	题项
1	通过服务互动，能让我更加投入到服务体验中
2	通过和服务人员互动，让我用餐更加愉悦
3	在这个过程中，我感受到了文化的元素
4	在这个过程中，我感觉有些行为不是必要的，会显得烦琐

续表

序号	题项
5	这是独特的服务过程
6	在这个过程中，我感觉到自己受到尊重
7	店铺的环境布置与众不同
8	服务人员穿着很有特色
9	服务使用独特的物品，很新奇有趣
10	服务使用的语言很有意义
11	通过体验该服务环节，我学到了新知识
12	通过体验该服务环节，减少了我的焦虑感
13	通过体验该服务环节，我和朋友的感情更加亲密了
14	通过体验该服务环节，服务人员的热情感染了我
15	通过体验该服务环节，我理解了服务流程
16	通过体验该服务环节，我体会到了该品牌的服务理念
17	通过体验该服务环节，我感悟到了该品牌传达的价值观
18	通过体验该服务环节，我觉得这是一个值得纪念的时刻
19	通过体验该服务环节，让我觉得此刻与众不同
20	我是主动参与到该服务活动
21	我仅仅观看就感受到了服务的情感
22	通过体验该服务环节，让我放松身心
23	这个过程充满仪式感
24	这个过程中，我与服务人员之间的情绪相互感染
25	这个过程，服务人员让我很温暖
26	这个过程，我与服务人员一起创造了价值
27	这个过程，让我的态度更认真

4.3.2　内容效度评估

内容效度评估主要是对前期获得的初始题项进行删减的过程，删除那些与服务仪式不一致的题项，保留与服务仪式一致的题项（Hinkin，1998）。本书依据内容效度的方法，请相关专家学者进行评估，主要包含了题项润色、题项匹配与题项确认三个阶段。为了提高所获题项效度评估的质量，专家学者们在充分了解服务仪式的含义以后，再基于每个阶段的目的，依据自身的专业知识技能对这些题项进行科学的判断。

（1）题项润色阶段：首先组成专家组，包括 4 名具有一定研究基础的博士研究生和教授，然后由专家组对前面所得到的题项依据一定的规范（Churchill Jr，1979；Hinkin，1998）进行修订，本阶段保留 37 个题项。

（2）题项匹配阶段：仍然是首先组成专家组，包括 5 位营销专业研究生以及 4 位已经参加工作的消费者所组成的专家组对剩余的 37 个题项进行润色、评价。依据 Hinkin（1998）的研究方式：①向专家组成员解释价值共创下的服务仪式内涵及构成维度；②发放问卷题项请他们进行归类和评价，也即让他们根据自己的理解将题项分别划分到情感能量和仪式行为中，并进行评价；③分类处理，主要是针对未被划分到上述两个维度的题项，以及有明显争议的题项，标记为“属于其他维度”，然后专家组对其进行进一步的讨论和优化。

（3）题项确认阶段：确认阶段的人员主要就是课题组成员组成的审核小组，对前两个阶段剩余的题项进行审核与确认。针对其他类别的题项进行充分讨论发现，前述各个专家对其他维度题项分类意见不一致主要在于，这些题项与服务仪式概念有较大的差距，或者不属于情感能量和仪式行为任何一个组别，也没有办法形成一个独立的维度。最后课题组成员统一决定对这些题项进行删除（Hinkin，1998）。

因此，本章在内容效度评估阶段共删除了 15 个初始题项，最后剩余 22 个题项，详细内容如表 4-4 所示。

表 4-4　内容效度评估服务仪式量表题项

序号	题项
1	通过此活动，让我更加投入体验
2	通过此活动，提升了我的情绪
3	通过此活动，我感受到了礼仪文化
4	服务互动内容给我留下独特的印象
5	服务环境布置与众不同
6	服务人员穿着很有特色
7	服务使用独特的物品，很新奇有趣
8	服务使用的语言很有意义
9	通过体验该服务活动，我学到了新知识
10	通过体验该服务活动，我感觉受到尊重
11	通过体验该服务活动，服务人员的热情感染了我
12	通过体验该服务活动，我体会到了该品牌的服务理念
13	通过体验该服务活动，我感悟到了该品牌传达的价值观

续表

序号	题项
14	通过体验该服务活动，我获得了别样的体验
15	通过体验该服务活动，让我觉得此刻与众不同
16	通过体验该服务活动，我与服务人员的情绪相互感染
17	通过体验该服务活动，让我感受到服务人员的温暖
18	该服务活动是有序进行的
19	该服务活动过程充满仪式感
20	服务活动过程中，我与服务人员一起创造了价值
21	服务活动过程中，传承了精神
22	该服务活动是按照特定的流程开展的

4.4　研究三：优化量表题项

研究三是在前面研究的基础上使用探索性因子分析优化量表题项，也即获得基于价值共创的服务仪式量表的维度结构。

4.4.1　数据收集

本书针对上一节对内容效度检验后剩余的 22 个测量题目进一步检验，主要将 22 个题项顺序随机排列，形成新的问卷，包括三个部分，首先是先举例向被试解释服务仪式内容，然后请被试回忆自身经历过的印象深刻的服务仪式，进行一些简单的描述。然后是测量被试参与服务仪式部分，也即被试回答问卷中涉及的 22 个题项。最后是请被试进行个人信息的填写，包括年龄等信息。该研究的数据收集主要是通过问卷星平台发放问卷，共发放了 343 份问卷，其中获得有效样本为 316 份，有效率为 92.13%，样本的基本情况如表 4-5 所示。

表 4-5　样本详细情况表

统计量	项目	频率	百分比	累计百分比
性别	男	139	44%	44%
	女	177	56%	100%
	合计	316	100%	
年龄	18～22 岁	6	2%	2%
	23～26 岁	138	44%	46%

续表

统计量	项目	频率	百分比	累计百分比
年龄	27～30 岁	161	51%	97%
	30 岁以上	11	3%	100%
	合计	316	100%	
学历	专科	12	4%	4%
	本科	186	59%	63%
	硕士	87	27%	90%
	博士	31	10%	100%
	合计	316	100%	

4.4.2 探索性因子分析

探索性因子分析步骤如下所述：首先，对题项的相关系数进行检验，结果发现存在两个题项与其余各题项的相关系数低于 0.4，表明这两个题项与其他题项可能不属于同一个概念内涵，依据 Churchill Jr（1979）的研究，将这两个题项删除；接着，对剩余的 20 个题项数据进行 Bartlett 球形检验和 KMO 检验。检验结果显示，Bartlett 球形检验值为 2874.068（$p<0.001$），KMO 值为 0.843，远高于标准值 0.7，结果表示可进行因子分析；最后，采用主成分分析法（principal component analysis，PCA）提取因子，提取标准参考 Hinkin（1998）的研究，详细如下：①因子载荷大于 0.5；②交叉载荷低于 0.5；③同一因子下的题项表述内容保持一致。这三个标准需要同时满足，然后才能进行提取。最终经过分析共获得了服务仪式的 4 个特征根均大于 1 的有效因子，其中累积解释方差达到 67.34%，且每个题项在对应因子上的载荷为 0.62～0.82，高于标准值 0.5，同时因子的交叉载荷均低于 0.5。

因此，从因子分析的结果看，服务仪式由流程性、独特性、寓意性和共鸣性四个维度构成，详细题项如表 4-6 所示。

表 4-6　基于价值共创的服务仪式探索性因子分析

维度	题项	因子载荷	CITC	删除题项后的 Cronbach's α 系数	Cronbach's α 系数
因子 1 流程性	18 该服务活动是有序进行的	0.812	0.531		0.726
	22 该服务活动是按照特定的流程开展的	0.619	0.543		

续表

维度	题项	因子载荷	CITC	删除题项后的Cronbach's α系数	Cronbach's α系数
因子 2 独特性	15 通过体验该服务活动，让我觉得此刻与众不同	0.829	0.604	0.712	0.776
	14 通过体验该服务活动，我获得了别样的体验	0.822	0.561	0.675	
	5 服务环境布置与众不同	0.719	0.537	0.704	
	4 服务互动内容给我留下独特的印象	0.627	0.634	0.713	
因子 3 寓意性	12 通过体验该服务活动，我体会到了该品牌的服务理念	0.778	0.628	0.8	0.803
	13 通过体验该服务活动，我感悟到了该品牌传达的价值观	0.772	0.512	0.763	
	3 通过此活动，我感受到了礼仪文化	0.706	0.649	0.721	
因子 4 共鸣性	16 通过体验该服务活动，我与服务人员的情绪相互感染	0.812	0.552	0.674	0.782
	1 通过此活动，让我更加投入体验	0.775	0.493	0.681	
	9 通过体验该服务活动，我学到了新知识	0.652	0.595	0.732	

注：CITC 为 corrected item-total correlation，单项–总量修正系数

根据文献回顾，本书得出价值共创下的服务仪式包含了仪式行为和情感能量两个维度，但根据探索性因子分析的结果，价值共创下的服务仪式更可能包含流程性、独特性、寓意性和共鸣性四个维度，详细阐述如下文所述。

（1）因子 1——流程性。因子 1 题项包括“该服务活动是有序进行的”“该服务活动是按照特定的流程开展的”两个题项。流程性表示服务仪式包含一系列正式的、可复制的流程式动作。也即服务仪式是按照设定好的脚本顺序发生，不同的品牌可结合自身品牌理念进行改进，也即不同企业可以采用相似的服务仪式。

（2）因子 2——独特性。因子 2 题项包括“通过体验该服务活动，让我觉得此刻与众不同”“通过体验该服务活动，我获得了别样的体验”“服务环境布置与众不同”“服务互动内容给我留下独特的印象”四个题项。独特性可分为微观独特性和宏观独特性：①微观独特性指服务仪式的外在符号，表现为服务环境的装饰和服务人员的装扮及语言、表演等；②宏观独特性表现为核心价值观和品牌理念等，也即服务仪式结合品牌理念设计服务脚本，以传递品牌知识和价值观。

（3）因子 3——寓意性。因子 3 题项包括“通过体验该服务活动，我体会到了该品牌的服务理念”“通过体验该服务活动，我感悟到了该品牌传达的价值观”“通过此活动，我感受到了礼仪文化”三个题项。寓意性表示服务仪式是建立在符号的基础上表达意义和价值，通过具体的环境、设施和服务表演等传达抽象的思想。

（4）因子 4——共鸣性。因子 4 题项包括“通过体验该服务活动，我与服务人员的情绪相互感染”“通过此活动，让我更加投入体验”“通过体验该服务活动，我学到了新知识”三个题项。共鸣性表示服务仪式的重点在于消费者与服务场的互动，通过服务接触与消费者传递和分享情感，更新消费者对品牌和相关知识的已有认知，在情感、认知和行为上保持一致。

4.4.3　内部一致性评估

接下来进行了内部一致性评估，优化题项主要基于 Cronbach's α 系数和 CITC 两个指标（Hinkin，1998）：①Cronbach's α 系数，主要是看数据删除该题项以后 Cronbach's α 系数的变化，如果 α 系数变大，就删除该题项，反之，则保留该题项；②CITC：以 0.4 作为标准，如果 CITC 小于 0.4 就删除，反之就保留该题项。基于上述两个指标我们发现不需要删除任何题项，详细数据如表 4-6 所示。

4.5　研究四：修正量表结构

根据研究三的问卷数据显示结果，价值共创下的服务仪式包含四个维度，接下来根据四个维度的内容需要进一步修正量表的结构，因此，我们再次从文献和深度访谈中提取题项，对量表进行补充和修正，得到了一个 18 个题项的价值共创下的服务仪式测量量表，接下来进行数据收集与分析，以验证服务仪式测量量表。

4.5.1　数据收集

首先在问卷星上发放了第二次问卷。共计发放了 530 份，有效样本为 408 份，有效率为 76.98%。样本描述如下：其中男性为 161 人（占比 39.46%），女性 247 人（占比 60.54%）；年龄平均值为 26.41 岁，标准差为 5.47；教育程度大学本科的被试最多，共 252 人（占比 61.76%），其次是硕士的被试为 112 人（占比 27.45%）。

4.5.2　探索性因子分析

同上节的分析过程，本书首先在相关分析后进行 Bartlett 球形检验和 KMO 检验，接着进行因子分析，总共提取了四个特征根大于 1 的因子（累积解释方差 73.34%），因子载荷在 0.58～0.82，均高于 0.5，因子也没有明显的交叉载荷。详细数据结果如表 4-7 所示。

表 4-7 基于价值共创的服务仪式探索性因子分析

维度	题项	因子载荷	CITC	删除题项后的 Cronbach's α 系数	Cronbach's α 系数
流程性 P	P2 该服务活动是按照特定的流程开展的	0.803	0.526	0.807	0.821
	P1 该服务活动是有序进行的	0.714	0.609	0.786	
	P3 该服务活动是比较正式的	0.708	0.634	0.743	
独特性 U	U2 该服务活动具有典型的特色	0.817	0.589	0.773	0.873
	U1 该服务活动的环境和形式很独特	0.809	0.577	0.647	
	U3 通过体验该服务活动，我感受到了独特的体验	0.757	0.592	0.714	
	U5 通过体验该服务活动，我留下了深刻的记忆	0.707	0.614	0.743	
寓意性 I	I1 通过体验该服务活动，我体会到了该品牌的服务理念	0.769	0.579	0.728	0.769
	I2 通过体验该服务活动，我感悟到了该品牌传达的价值观	0.757	0.593	0.733	
	I3 通过体验该服务活动，我感受到了礼仪文化	0.727	0.602	0.712	
共鸣性 R	R2 通过体验该服务活动，我更加投入到消费体验中	0.746	0.544	0.694	0.782
	R1 通过体验该服务活动，我感觉与服务人员之间的情绪相互感染	0.618	0.474	0.761	
	R4 通过体验该服务活动，我学到了新的知识	0.586	0.471	0.768	

4.5.3 内部一致性评估

同样根据 Cronbach's α 系数和 CITC 来进一步优化服务仪式量表的测量题项，优化的标准和研究三保持一致。数据表明 13 个题项均符合标准，因此，在这个过程中没有进行题项的删除。如表 4-7 数据分析结果所示，Cronbach's α 系数均高于 0.7，表示服务仪式的测量量表具有比较高的内部一致性（Hinkin，1998）。

4.5.4 验证性因子分析

为了进一步检验保留下来的价值共创下的服务仪式测量量表的题项，本书再次收集了数据以进行高阶验证性因子分析。本次总共发放了问卷 330 份，其中有效样本为 288 份，有效率为 87.27%。然后进行数据分析。

验证性因子分析结果表明，四因子模型与样本数据拟合较好（$\chi^2 = 386.677$，df = 235，RMSEA = 0.084，NNFI = 0.087，CFI = 0.785）[①]。所有题项在一阶因子上载荷都在 $\alpha = 0.001$ 水平显著（$t>4.65$，$p<0.001$）。四个一阶因子与二阶因子的路径系数也全部在 $\alpha = 0.001$ 水平显著（表 4-8）。

表 4-8　基于价值共创的服务仪式验证性因子分析

构念	题项	标准化因子载荷	标准误	t 值	p 值
流程性 P	P2	0.812			<0.001
	P1	0.619	0.06	6.44	<0.001
	P3	0.829	0.07	9.26	<0.001
独特性 U	U2	0.832			<0.001
	U1	0.719	0.12	11.84	<0.001
	U3	0.627	0.12	14.55	<0.001
	U5	0.768	0.16	7.85	<0.001
寓意性 I	I1	0.772			<0.001
	I2	0.706	0.14	7.94	<0.001
	I3	0.812	0.08	8.59	<0.001
共鸣性 R	R2	0.775			<0.001
	R1	0.652	0.06	11.23	<0.001
	R4	0.754	0.08	13.38	<0.001
基于价值共创的服务仪式（SR）	P*	0.713			<0.001
	U*	0.728	0.12	12.38	<0.001
	I*	0.634	0.14	9.85	<0.001
	R*	0.617	0.10	10.56	<0.001

*代表二阶因子

4.6　研究五：量表验证

为进一步验证服务仪式的量表，下面对服务仪式量表的信度、聚合效度、区分效度和法则效度、同源方差进行验证。

① 自由度（degree of freedom，df）指的是计算某一统计量时，取值不受限制的变量个数。通常 df = $n-k$。其中，n 为样本数量，k 为被限制的条件数或变量个数，或计算某一统计量时用到其他独立统计量的个数；χ^2（chi-square）检验，一般用 χ^2/df 作为替代性检验指数，χ^2/df<3 表示模型整体拟合度较好，χ^2/df<5 表示模型整体可以接受，χ^2/df>10 表示整体模型非常差；RMSEA，root mean square error of approximation，近似均方根误差；NNFI，non-normed fit index，非规范拟合指数；CFI，comparative fit index，比较拟合指数。

4.6.1 提出假设

为了验证量表的法则效度，本书基于前面的文献研究和消费者深度访谈数据，提取了四个构念并进行了分析，确定了两个前因变量（消费者涉入度、消费者情绪）和两个结果变量（消费者满意度、消费者幸福感）。

1. 前因变量：消费者涉入度、消费者情绪

消费者涉入度是指消费者投入的情感程度（Prexl and Kenning，2011），在服务互动过程中，消费者的涉入度强度与服务仪式程度正相关。Prexl 和 Kenning（2011）指出消费者涉入度的高低水平对消费者的信息加工与消费决策有重要影响。消费者涉入度越高，越会积极地进行信息加工，与服务人员互动程度越高，而消费者涉入度越低，越不容易融入服务场内，较难与服务人员进行互动并参与服务仪式。同时，在服务接触场景中，消费者涉入度越高，对新奇的服务活动接受度越高，更加关注与服务人员的互动质量，侧重于在服务场景中的持续感受与创造的价值。

因此，本章提出以下假设。

假设 4-1：消费者涉入度越高，服务仪式程度越高。

情绪包括正面和负面两种，都会影响仪式程度，除了正面积极情绪提升个体参与仪式意愿，影响仪式程度（Vohs et al.，2013）以外，负面情绪也会影响仪式程度。但对于服务仪式而言，只有消费者正面情绪会影响服务仪式程度。原因是，对于消费者来说，服务是为了放松身心，相对负面情绪，正面情绪会增强服务仪式强度。一方面，正面情绪如乐趣和爱好会增强与服务场的互动，加强体验，从而提升情感共鸣，感受仪式的魅力；另一方面，不同于品牌仪式，负面情绪在服务场内，如饭店，嘈杂的环境会加剧内心的焦躁等，对符号资本共鸣性较低。

因此，本章提出以下假设。

假设 4-2：消费者的正面情绪越高，服务仪式程度越高。

2. 结果变量：基于消费者的关系绩效（消费者满意度、消费者幸福感）

已有研究表明，对企业绩效的衡量已经从传统的总体指标转向以消费者为中心的测量指标（于洪彦等，2017）。基于价值共创的服务仪式的核心是在服务接触中通过仪式化行为与消费者通过持续互动提高消费者体验，进而共同创造价值；而价值的创造也会促使企业的资源升级，提升企业绩效。根据已有文献和消费者所述的资料，本书仅研究两个特定的关系绩效指标：①消费者满意度；②消费者幸福感。

消费者满意度是衡量消费者与企业的关系的重要指标。Prahalad 和 Ramaswany（2013）研究指出，企业与消费者互动创造价值收获体验的过程可有效提升消费者

的满意度。Grönroos（2011）的研究也表明，企业利用自身资源与消费者进行深层次的互动，可以丰富消费者的消费体验。在服务接触中，企业通过仪式化行为与情感能量，与消费者进行深层次、多角度的互动，打造别致的体验，提升消费者满意度。

消费者幸福感是消费者对消费整个过程的主观评价，联结了消费和幸福。在服务消费情境中，创建积极情绪和情感能量的服务仪式可能是消费者幸福感的关键（卫海英和毛立静，2019）。首先，服务仪式的多层次符号刺激消费者感官，促使消费者产生积极情绪；其次，人类作为仪式化的物种，参与服务仪式会拉近与服务人员及其他消费者之间的距离，人际和谐进一步提升幸福感知；最后，服务仪式的符号资本与情感能量帮助品牌传递文化理念，消费者参与其中获得情感与文化价值等"链"的传递，持续收获幸福体验。由此推测，服务仪式很可能会提升消费者幸福感。

因此，本节提出以下假设。

假设 4-3：服务仪式程度越高，基于顾客的关系绩效（消费者满意度、消费者幸福感）越高。

4.6.2　测量量表

本书所用量表均来自权威文献。"消费者涉入度"（consumer involvement，CI）的三个指标参考 D'Souza 和 Taghian（2005）的量表。"消费者情绪"（consumer emotion，CE）的三个指标参考 Richins（1997）等的量表。"消费者满意度"（consumer satisfaction，CS）的两个指标参考 Ramani 和 Kumar（2008）的量表。"消费者幸福感"（consumer well-being，CW）的两个指标参考 Fredrickson 等（2017）和 Major 等（2018）的量表。

量表验证数据采用的是 4.5.4 节中获取的数据，包含 288 份数据，接下来进行数据分析结果的陈述。

4.6.3　数据分析

1. 聚合效度与区分效度

本书使用 AMOS 进行验证性因子分析。数据分析结构表明测量模型与数据拟合良好（$\chi^2=315.426$，df = 134，RMSEA = 0.082，NNFI = 0.897，CFI = 0.907）。所有题项的标准化因子载荷都是显著的（$t>4.13$，$p<0.001$），因子载荷都较高，在 0.579～0.821，高于标准。详细数据如表 4-9 所示。

表 4-9　各个构念的验证性因子分析（N=288）

构念	题项	标准化因子载荷	标准误	t 值	p 值
服务仪式 SR	P 流程性	0.732			<0.001
	U 独特性	0.684	0.08	7.83	<0.001
	I 寓意性	0.719	0.11	8.55	<0.001
	R 共鸣性	0.801	0.12		<0.001
消费者涉入度 CI	CI1	0.718			<0.001
	CI 2	0.725	0.13	10.95	<0.001
	CI 3	0.579	0.09	13.88	<0.001
消费者情绪 CE	CE1	0.761			<0.001
	CE2	0.594	0.13	9.94	<0.001
	CE3	0.821	0.11	13.19	<0.001
消费者满意度 CS	CS1	0.793			<0.001
	CS2	0.643	0.09	11.34	<0.001
消费者幸福感 CW	CW1	0.789			<0.001
	CW2	0.694	0.13	12.95	<0.001

数据表明量表的聚合效度可以被接受，构念的组合信度（composite reliability，CR）都在 0.7 以上（表 4-10）；此外，各个构念 Cronbach's α 系数也都高于理想值 0.7。根据平均提取方差（average variance extracted，AVE），各个构念也都高于理想值 0.5。总体而言，量表的聚合效度可以被接受。数据分析表明量表的区分效度较好，如表 4-10 所示，AVE 平方根均高于与其他构念的相关系数。

表 4-10　量表信度与效度检验

	平均值	SR	CI	CE	CS	CW
服务仪式 SR	4.83	0.715				
消费者涉入度 CI	5.24	0.412**	0.731			
消费者情绪 CE	4.85	0.493**	0.316**	0.749		
消费者满意度 CS	5.16	0.354**	0.387**	0.513**	0.844	
消费者幸福感 CW	4.92	0.478**	0.342**	0.439**	0.620**	0.750
Cronbach's α		0.789	0.842	0.816	0.784	0.812
CR		0.756	0.772	0.793	0.881	0.792
AVE		0.511	0.534	0.561	0.713	0.562

注：表格对角线上的值为平方根，对角线左下方为构念之间的相关系数

**表示 p<0.01

2. 法则效度

法则效度使用结构方程模型进行检验。数据分析的结果表明，模型与数据拟合较好（$\chi^2 = 312.775$，df = 107，RMSEA = 0.079，NNFI = 0.883，CFI = 0.906）。

数据分析的详细结果如表 4-11 所示，消费者涉入度（$\gamma = 0.5$，$p < 0.001$）、消费者情绪（$\gamma = 0.55$，$p < 0.001$）对基于价值共创的服务仪式程度有正向影响，也即假设 4-1、假设 4-2 成立。基于价值共创的服务仪式程度对消费者满意度（$\gamma = 0.5$，$p < 0.001$）、消费者幸福感（$\gamma = 0.5$，$p < 0.001$）有正向影响，也即假设 4-3 成立。

表 4-11　结构模型假设检验

假设	标准化估计值	t 值	p 值	结论
假设 4-1：消费者涉入度→服务仪式	0.127	6.705	＜0.001	成立
假设 4-2：消费者情绪→服务仪式	0.284	6.985	＜0.001	成立
假设 4-3：服务仪式→基于顾客的关系绩效	0.202	7.019	＜0.001	成立

根据上述结构方程模型对数据分析的结果，验证了基于价值共创的服务仪式量表具有一定的法则效度。

基于上述完全中介作用，本书参考 Ramani 和 Kumar（2008）的研究，对比检验了竞争模型与假设模型数据结果，来进一步验证量表的法则效度。在竞争模型中，基于价值共创的服务仪式不再作为中介变量。

竞争模型较为复杂：$\chi^2 = 287.631$，df = 105，RMSEA = 0.081，NNFI = 0.872，CFI = 0.891。卡方检验结果如表 4-12 所示，通过数据得出竞争模型是不可取的。如果不考虑因子载荷，假设模型的路径系数显示 100%显著（3/3 = 100%），而竞争模型的路径系数显示只有 60%显著（3/5 = 60%），也即新增加的另外两条路径均没有通过检验，证明了假设模型更好验证了量表的法则效度。

表 4-12　假设模型与竞争模型比较

模型	χ^2	df	RMSEA	NNFI	CFI	$\Delta\chi^2$(Δdf)的 p 值
假设模型	312.775	107	0.079	0.883	0.906	＞0.1
竞争模型	287.631	105	0.081	0.872	0.891	

3. 同源方差

本书采用单因子检验法进一步检验量表的同源方差问题，数据分析结果表明，单因子模型与数据拟合较差（$\chi^2 = 2195.334$，df = 387，RMSEA = 0.085，NNFI = 0.674，CFI = 0.681）。即数据说明了价值共创下的服务仪式测量量表同源方差问题不显著。

4.7 结论与讨论

本章在文献回顾和深度访谈的基础上，对基于价值共创的服务仪式的概念内涵进行界定。界定了基于价值共创的服务仪式可操作性定义，指在服务接触中，企业实施搭建沟通平台、整合互动资源、关注互动质量等一系列仪式行为，让消费者持续地产生良好的感受，构成情感能量，从而与顾客共同创造价值。本书认为，基于价值共创的服务仪式由四个维度构成的二阶构念构成，分别是流程性、独特性、寓意性和共鸣性。通过问卷数据的实证分析表明，基于价值共创的服务仪式程度测量量表具有良好的内部一致性、聚合效度、区分效度和法则效度。

本章的理论贡献有以下几点：①研究结果丰富了价值共创理论的应用。服务仪式作为互动的形式为价值共创提供了参考，Grönroos 和 Voima（2013）指出，价值共创的前提是企业与消费者的互动，服务仪式为价值共创在实践中的实施提供了方向。②研究结果有助于理解服务仪式研究。前人对服务仪式的研究集中在质性研究，阻碍了服务仪式的发展。本书开发的基于价值共创的服务仪式量表，为测量企业实施“服务仪式”观念的执行程度提供了工具。③证实了企业的基于价值共创的服务仪式可以提高基于消费者的关系绩效。初步用数据证实了企业、消费者之间关系的本质是价值的共创。

本章对企业实施基于价值共创理念的服务仪式有一定的指导意义。首先，企业应转变只关注产品本身的思想理念，在服务互动中引入仪式要素，促使消费者获得独特体验，进行价值共创；其次，企业可借鉴本书的模型，搭建互动平台，如歌舞表演等设计更多服务仪式，增强与顾客之间的互动；最后，为企业提升服务人员的专业素养提供参考，企业在培训服务人员时，不仅要注重服务人员自身的专业素养，如工作效率等，更应站在消费者角度思考消费者需要何种服务方式，更喜欢与什么样的服务人员进行互动，帮助消费者与服务人员密切沟通，减少彼此的冲突。总之企业可以利用服务仪式传播价值主张的同时与消费者共同创造价值（Grönroos and Voima，2013）。

本章存在以下不足：①在误差方面，量表的同源方差只采用了 Harman 的单因子测验，未来研究可结合主观和客观测量法获取数据（Ramani and Kumar，2008；石贵成等，2005），进一步验证；②在理论边界方面，虽然问项设计上参考了自我服务仪式下的特征，但样本的限制可能导致问项并不全面，未来需更加关注移动互联网下的虚拟服务的特征，开发更加全面的测量量表；③测量内容方面，本章仅测量的是企业实施服务仪式的程度，至于服务仪式实施效果尚未涉及，也缺乏消费者互动内容的测量，未来研究需基于服务生态系统，引入消费者角色等更多互动主体进一步完善服务仪式量表。

第5章　品牌福祉测度与测量

5.1　研究目的与研究框架

在实践中，越来越多的品牌也着重强调其所带来的幸福和快乐，以赢取消费者长久的支持与信赖。例如，青岛啤酒的“青岛纯生，鲜活人生”着重强调畅爽激昂、兴奋愉悦的快乐体验，长隆集团的“世界欢乐，汇聚长隆”渲染与亲朋共度美好时光的幸福感受，万科地产的“万科·幸福家”、中信银行的“幸福财富”等产品均凸显着品牌对消费者幸福的贡献。在国家政策中，中国政府也愈加重视幸福产业对民生福祉的促进作用，探索富含中国特色的品牌发展之路，实行品牌强国战略，勾勒“幸福中国”的宏伟图景。因此，如何更有效地通过品牌为消费者谋求更多的幸福和长远的利益，进一步发展品牌内涵，是当今时代发展提出的新挑战。

然而，以往的品牌研究仍大多数聚焦在品牌传统的功能与情感层面，极少深入地探讨品牌的福祉作用。以往基于消费者心理感知的品牌构念，可细分为品牌认知、品牌情感、品牌关系和品牌价值四个层面。其中，品牌认知，如品牌个性、品牌信任，侧重于消费者对品牌个性与能力的理性评价（Munuera-Aleman et al.，2003）；品牌情感，如品牌依恋、品牌至爱，聚焦于品牌的情绪表达和情感唤起（Park et al.，2013；Batra et al.，2012）；品牌关系，如品牌社群，更关注消费者与品牌之间多元化、小团体的互动；品牌价值，如品牌资产，则注重品牌所具有的功能性、体验性、象征性价值（Keller，1993）。并且，以上类别并非完全独立，如品牌价值涵盖了情感成分和认知成分（Brakus et al.，2009），而由于价值的抽象性和包容性特征，品牌认知、品牌情感、品牌关系亦可涵盖于品牌的功能价值、情感价值和关系价值之中。

可见，品牌价值乃品牌建设的重中之重，但是目前学者对品牌价值内涵的研究主要聚焦于短暂的欢愉感受与弥补需求缺失方面。例如，不同消费类型如何提升消费时的快乐程度（Schnebelen and Bruhn，2016），如何弥补归属感缺失、控制感缺失、降低焦虑感（Huang et al.，2017；Su et al.，2016；Garvey et al.，2016）。因此，目前研究更多地强调品牌带给消费者短暂的欢愉体验、浅层次的情感满足和小团体的互动（Schnebelen and Bruhn，2016；Park et al.，2013），未能深入地挖掘品牌所带给消费者崇高意义、持久幸福的价值内涵。

如今，中国经济水平跃居世界第二，迎来“站起来、富起来到强起来”的新阶段，人民希望出现一批如华为、联想等既能满足民众美好生活需要，又能激发民族自尊心、国家荣誉感的民族品牌。目前，已有部分学者注意到品牌所具有的国家、民族属性，探讨了来源国效应（汪涛等，2017）、中国国家形象与品牌形象（何佳讯，2015）和消费者民族中心主义（王海忠等，2005）等。本章拟进一步深入挖掘新时代背景下，品牌所蕴含的家国情怀和民族意识，揭示品牌不仅应满足消费者基本功能和情感诉求，提升个体的生活满意度，更应该有时代的烙印与民族的气魄，成为国家实力、民族精神的象征，带给消费者切实利益、长久幸福和崇高价值，最终全面提升民生幸福水平。

本章研究内容如下：①在中国情境下，通过质性访谈和编码，构建品牌福祉的内涵；②进行探索性因子分析和验证性因子分析，形成品牌福祉量表，并验证其信度和效度；③检验品牌福祉与品牌依恋、品牌认同和消费者幸福感的区分效度，并探索品牌福祉对顾客口碑、品牌忠诚和生活满意度的预测效度与增益效度。本章拟弥补以往品牌构念研究中价值内涵的不足，扩展品牌的内涵与外延，为管理者提供一套更加切实有效的品牌管理测量指标。

5.2 研究一：品牌福祉的初始内涵建构

5.2.1 理论性抽样

质性研究是构建新构念的理想研究方法，研究一根据量表开发的流程（Hinkin，1998；Churchill，1979），采取半结构化的一对一访谈，通过深度采访21名被试及文稿编码，探索品牌福祉的初步内涵。

5.2.2 数据收集

本书团队让被访者讲述：①“哪个品牌曾使你在生活、工作、学习等方面的幸福感显著提升？”的真实体验，让被访者回忆一些对其产生了重要影响的品牌。②深入挖掘被访者使用此品牌时的情绪感受、主观评价等内容，与被访者讨论此品牌所蕴含的福祉内涵。

关于被访谈对象和样本量的确定，本书主要采用理论抽样和持续比较的原则。理论抽样要求依据研究目的选择具体的访谈对象。由于质性分析要求被访者清晰地表达自我观点，且能代表目前主流的消费群体，因此在研究中，被访谈者均为本科及以上学历，年龄均为18岁到35岁之间。

在此基础上，本章采取持续比较的原则确定样本量。根据第一轮参与者提供的文本内容提炼框架，修订提问内容；第二轮重复第一轮的数据和分析过程，补充完善理论框架；第三轮验证前两轮的理论发现，直到被访者提供的文本不再产生新的理论贡献，就停止增加样本。因此，第一阶段招募了 4 位全日制博士生进行访谈，确定和调试了访谈框架；第二阶段访谈了 12 位全日制硕士生和本科生，补充和完善理论框架；第三阶段选取了 5 位具有数年工作经验的全日制 MBA 学生，进一步重复验证了前两个阶段的理论发现，达到理论饱和并停止抽样。因此，研究总共进行了 21 次一对一的深度访谈，每位被访者的时间为 60 到 90 分钟。

在正式的访谈过程中，团队成员担任访谈主持人，进行提问和记录，在征得被访谈者同意的情况下使用录音笔全程录音。访谈后，研究团队整理完整的访谈记录，并由访谈主持人核对确认，最终形成 26 万余字的访谈记录，随机选取 3/4 的访谈记录（16 份深度访谈）进行数据编码和模型构建，另外 1/4（5 份深度访谈）留作理论饱和度检验。

5.2.3　编码过程

1. 开放性编码阶段

团队对搜集的所有资料提取相关的概念形成初始概念。团队成员逐字逐句地阅读所有有效的访谈文本，进行初始概念编码。编码的概念必须与品牌福祉有关，每项表达只计入一个初始概念。团队成员一致认可的条目方可纳入初始概念库中，对于意见不一致的概念，经与第三位合作者讨论后才决定是否进入初始概念库中。本书使用 NVivo11 软件作为辅助研究工具，语义编号的顺序为：被访者编号（首字母都为 A）——有效语句的参考点编号。例如，“它（SENO 西服）是免烫的，衬衫它要烫就很麻烦，它一洗就好了，不用烫。”被编码为“便利便捷价值”，此句话的代码为 A01-01，表示第一位被访者在“便利便捷价值”节点下的第一个参考点言论。经过团队讨论、合并相似概念后，本步骤共得到了 15 个初始概念。

2. 主轴编码阶段

本章将相似的初始概念进一步进行合并，形成更大的范畴体系。比如将“便利便捷价值、金钱节约价值、性能卓越价值”提炼为“功能价值”，经讨论后，一共得到 6 个范畴。

3. 选择性编码阶段

将 6 个范畴之间的关系进一步归纳，得到品牌福祉的 3 个维度，分别命名为个体福祉、社交福祉和国家福祉。其中，个体福祉包含功能价值和情绪愉悦，社交福祉中包含社交价值和人际和谐，国家福祉中包含国家价值和家国情怀。

4. 饱和度检验阶段

将剩下的 5 份深度访谈文本进行分析，均未发现新的重要初始概念和关系，范畴之间也没有发现新的关系，由此认为理论上品牌福祉的维度模型已经饱和，详细的编码过程可见表 5-1。

表 5-1　访谈编码过程示例表

维度	范畴	初始概念	示例
个体福祉	功能价值	便利便捷价值	A06-02 我现在换个手机没有负担，就是一个小时的事情，只需要点一个按钮，再点一个按钮，就可以了。
		金钱节约价值	A03-05 想着 5000 块钱左右买一台电脑，性价比比较高的，当时选择了联想。
		性能卓越价值	A02-05 我觉得它不管是煲汤，还是做饭啊，都挺好的。
	情绪愉悦	开心情绪体验	A21-01 新入手的时候，还蛮开心的。
		放松情绪体验	A14-02 我逛宜家的时候是轻松、没有压力的。
社交福祉	社交价值	关系归属价值	A09-01 高中的时候，也有赶潮流的意思嘛。因为大家基本上都是用这两种。
		互动交往价值	A09-08 我和另一个同学都是 AMD（超威半导体公司）的死忠，……并且约定初中毕业一定要组一台全部是 AMD 硬件的电脑……
		他人尊重价值	A06-03 我有拿产品到店里去修过，我就会惊叹于，（很有礼节）自己受到了尊重。
	人际和谐	亲密感	A09-07 它带给我的体验比较好，感觉离不开它们，有一种习惯的感觉。
		温暖感	A03-01 而且你上次没拿的，佰草集下一次积攒着一起给你，我感觉很窝心。
国家福祉	国家价值	国家积极形象	A03-05 华为就是中国的一个比较有特色的东西，能够代表中国电子行业，它做得这么好。
		行业科技进步	A01-03 比如像格力，它制造了一个标准，大家向它看齐，更新淘汰嘛。
		社会责任贡献	A02-01 它（支付宝）确实造福了一些人。
	家国情怀	赞赏钦佩感	A07-01 我还挺佩服格力能在空调领域内做得那么好，而且常年做得那么好。
		民族自豪感	A21-02 就觉得（华为）还蛮有民族自豪感的，因为在欧洲的时候，你看到的都是别人家的东西。

通过深度访谈和编码分析，发现品牌福祉效应主要集中在个体、社交和国家三个层次，品牌福祉不仅包括个体层次上的功能和情感的满足，还包括社交层次上的和谐、乐趣，以及国家层次上的赞赏、自豪等内容。研究一质性分析中仅为初步的内容探索，后续将通过量化研究进一步缩减和细化品牌福祉的具体内容。

5.3　研究二：品牌福祉量表的探索性因子分析

5.3.1　初始测项量表

初始测项量表来源于两部分：①团队提取访谈内容的主要语句观点，修改为测项形式，并请教营销学专家甄别、合并相似意思的测项；②团队查阅以往成熟的概念及量表，如生活满意度量表（the satisfaction with life scale）、积极消极情绪量表（the positive and negative scale）、品牌态度量表（brand attitude scale）、品牌信任量表（Munuera-Aleman et al.，2003）、品牌财富量表（brand heritage scale）等，通过修改相似意义的测项，经团队成员及专家反复的讨论和确认，最终生成 25 个原始测项。

5.3.2　调查对象

本书研究团队将原始测项的顺序打乱后，通过网络发布问卷，对于问卷的有效填写者，给予小额的红包奖励。本次调查一共发放了 570 份问卷，通过筛选题项并且剔除无效样本后，获得有效样本为 389 份，有效率达到 68.25%。其中，男性为 146 人（占比 37.53%），女性 243 人（占比 62.47%）；年龄平均值为 23.40 岁，标准差为 5.09，最大为 69 岁，最小为 17 岁；教育程度为大专的被试为 16 人（占比 4.11%），大学本科的被试为 239 人（占比 61.44%），硕士研究生的被试为 120 人（占比 30.85%），博士研究生的被试为 14 人（占比 3.60%）。

本节采用 SPSS 22.0 作为统计工具。

5.3.3　探索性因子分析结果

1. 信度检验

信度检验包括两点：①利用 Cronbach’s α 系数判断量表整体可靠性。数据分析显示，量表的整体可靠性达 0.95，表明该量表的总体信度较高，量表整体可接受（Guielford，1965）；②利用 CITC 判断单个题项的信度。一般认为 CITC 小于

0.50 的题项应删除（Churchill，1979），数据分析显示，有 1 题项的 CITC 仅为 0.44，因此删除该题项。

2. KMO 和 Bartlett 球形检验

品牌福祉量表的 KMO 值为 0.94，大于判断值 0.7，且 Bartlett 球形检验 0.001 水平下显著，表明适宜进行探索性因子分析。采取主成分分析法，抽取特征根大于 1 的因子，并进行 Promax 斜交因子旋转。在分析的过程中，将跨载荷超过 0.40，主载荷小于 0.50，明显不符合同一因子含义的测项进行逐项删除后，最终保留了 11 个测项。最终量表中每个测项的因子载荷量均在 0.65 以上，3 因子解释总体变异的 70.36%，较为理想，具体如表 5-2 所示。

表 5-2　探索性因子分析中的测项及因子载荷

测项	因子 1	因子 2	因子 3
1. 此品牌能满足我的功能需要。	**0.9005**	0.0305	−0.1832
6. 此品牌给我带来了便利。	**0.8257**	0.0189	0.0267
2. 使用此品牌，我觉得开心。	**0.7969**	−0.0441	0.1033
5. 通过使用此品牌，我提升了我的生活满意度。	**0.7584**	−0.0373	0.1683
19. 此品牌提高了本国品牌的国际形象。	−0.1012	**0.8854**	−0.0024
7. 此品牌令我有民族自豪感。	0.0301	**0.8123**	0.0340
25. 此品牌是有社会责任感、有担当的。	−0.1011	**0.7708**	0.1665
4. 此品牌对社会的贡献程度，令我觉得赞赏。	0.3312	**0.6882**	−0.1579
17. 通过使用此品牌，我能更好地融入朋友之中。	−0.1939	0.0585	**0.9605**
24. 此品牌增添了我与朋友/家人相处时的乐趣。	0.2747	−0.0914	**0.7189**
9. 通过谈论此品牌，我拉近了和朋友/家人之间的关系。	0.1225	0.0872	**0.6962**
因子命名	个体福祉	国家福祉	社交福祉

注：黑体表示因子载荷高于 0.65 的测项

3. 信度分析

根据 Hinkin（1998）的建议，我们在探索性因子分析后，需要对量表进行信度检验。一般采用 Cronbach's α 值衡量量表信度，此值达到 0.70 以上即为量表信度高（Guielford，1965）。量表共包含了 11 个测项，整体的 Cronbach's α 值为 0.88，具有良好的稳定性。由此可表明，品牌福祉的维度得到了初步验证。

5.4 研究三：品牌福祉量表的验证性因子分析

通过验证性因子分析进一步检验品牌福祉量表的效度和信度。为了提高数据获得的效率，将研究三和研究四的调研合并在一套问卷中发放，通过设置分页页码的方式，隔断研究三和研究四的测项，减少一定的干扰。

5.4.1　调查对象

研究三将通过探索性因子分析筛选的 11 个测项，重新编号后发放了第二次问卷。第二次问卷共计发放了 515 份，其中有效样本为 390 份，有效率为 75.73%。其中男性为 133 人（占比 34.10%），女性为 257 人（占比 65.90%）；年龄平均值为 23.79 岁，标准差为 4.42，最大为 55 岁，最小为 17 岁；教育程度为高中及以下的被试为 3 人（占比 0.77%），大专的被试为 23 人（占比 5.90%），大学本科的被试为 235 人（占比 60.26%），硕士研究生的被试为 93 人（占比 23.85%），博士研究生的被试为 36 人（占比 9.23%）。

5.4.2　模型拟合情况

进行验证性因子分析时，本节采用 AMOS 21 作为研究工具，通过比较竞争模型的拟合情况来确定品牌福祉的最佳模型。比较了五个竞争模型：①三因素模型，将个体、社交和国家福祉的相应条目负荷在三个独立的因素上；②二因素模型 A（个体，社交 + 国家），将社交和国家福祉合并为一个因素，与个体福祉共同作为二因素模型；③二因素模型 B（社交，个体 + 国家），将个体和国家福祉合并为一个因素，与社交福祉共同作为二因素模型；④二因素模型 C（国家，个体 + 社交），将个体和社交福祉合并为一个因素，与国家福祉共同作为二因素模型；⑤单因素模型（个体 + 社交 + 国家），将个体、社交和国家福祉合并为一个因素。

研究三使用最大似然估计法，五个模型的拟合情况如表 5-3 所示。数据结果表明，三因素模型的各项拟合指数均符合标准值并且优于其他模型。一般而言，要求自由度 df 越小越好，χ^2/df 在 1 到 3 之间，越接近 1 越好；GFI、IFI、TLI[①]和 CFI 要求大于 0.90，越接近 1 越好；RMSEA 小于 0.05 表示适配良好，小于 0.08 表示适配合理；RMR[②]值在 0 到 1 之间，值越接近 0 越好，小于 0.05 表示拟合度好。就三因素模型而言：χ^2/df 为 2.633，小于 3，GFI、IFI、TLI 和 CFI 均大于 0.90，RMR 小于 0.05，RESEA 值虽然大于最佳值 0.05，但是在 0.05 到 0.08 之间，小

① GFI，goodness-of-fit index，拟合优度；IFI，incremental fit index，成长适配指标；TLI，Tucker-Lewis index，塔克 · 刘易斯指数。

② RMR，root mean square residual，均方根残差。

于 0.10，表明模型拟合度较好。总体而言，三因素模型指标都在可接受的范围内，并且优于二因素模型和单因素模型，说明三因素模型的结构是合理的。

表 5-3 各模型验证性因子分析的拟合指数

模型	χ^2	df	χ^2/df	GFI	IFI	TLI	CFI	RMSEA	RMR
三因素模型	107.953	41	2.633	0.952	0.965	0.953	0.965	0.065	0.030
二因素模型 A（个体，社交 + 国家）	424.465	43	9.871	0.816	0.800	0.743	0.799	0.151	0.079
二因素模型 B（社交，个体 + 国家）	619.639	43	14.410	0.726	0.698	0.611	0.696	0.186	0.078
二因素模型 C（国家，个体 + 社交）	422.652	43	9.829	0.807	0.801	0.744	0.800	0.151	0.084
单因素模型（个体 + 社交 + 国家）	885.591	44	20.127	0.645	0.559	0.445	0.556	0.222	0.097

5.4.3 因子载荷情况

验证性因子分析的因子载荷情况如表 5-4 所示。

表 5-4 验证性因子分析的因子载荷、CR 值和 AVE 值

维度	题项	标准化因子负荷	CR 值	AVE 值
个体福祉	通过使用此品牌，我提升了我的生活满意度。	0.8211***	0.8227	0.5393
	使用此品牌，我觉得开心。	0.7756***		
	此品牌能满足我的功能需要。	0.6860***		
	此品牌给我带来了便利。	0.6411***		
社交福祉	通过使用此品牌，我能更好地融入朋友之中。	0.8654***	0.8046	0.5813
	通过谈论此品牌，我拉近了和朋友/家人之间的关系。	0.7384***		
	此品牌增添了我与朋友/家人相处时的乐趣。	0.6706***		
国家福祉	此品牌对社会的贡献程度，令我觉得赞赏。	0.8702***	0.8781	0.6437
	此品牌令我有民族自豪感。	0.8115***		
	此品牌是有社会责任感、有担当的。	0.7644***		
	此品牌提高了本国品牌的国际形象。	0.7580***		

***表示 0.1%的水平

5.4.4 信度检验

对量表的信度评估主要包括两个方面，量表整体信度和潜变量信度。采用指标 Cronbach's α 值来衡量量表整体信度，该值大于 0.70 则表示量表的信度高（Guielford，1965）。对于潜变量的检验，组合信度（CR 值）一般要求大于 0.60 为宜（Bagozzi and Yi，1988）。结果表明，品牌福祉的整体 Cronbach's α 信度为 0.84，其中个体福祉、社交福祉、国家福祉的分量表 Cronbach's α 信度分别为 0.82、0.80、0.87，均超过推荐值 0.70。潜变量信度方面，品牌福祉的三个维度，个体福祉、社交福祉、国家福祉的组合信度（CR 值）分别为 0.8227、0.8046、0.8781，均超过推荐值 0.60。因此，品牌福祉量表通过了信度检验。

5.4.5 效度检验

本章对量表的效度水平采用内容效度和结构效度来判定。内容效度是测项对预测的内容或行为范围取样的适当程度。品牌福祉的问卷通过深度访谈，并依据自我建构理论分析而成。此外，为了使问卷的内容兼具完整性和清晰性，在问卷初稿完成后，先后邀请了市场营销学方面的专家和博士生就问卷的设计进行了反复的斟酌，并且在问卷中以定量的方式删除了不合格的条目。因此，量表开发采取了严肃认真的方式，量表的内容效度是可靠的。

对于结构效度检验，主要考察收敛效度和区分效度。本节采用 AVE 值判断量表的收敛效度，当 AVE＞0.50 时，量表的收敛效度良好。如表 5-4 所示，个体福祉、社交福祉、国家福祉的 AVE 值分别为 0.5393、0.5813、0.6437，均超过推荐值 0.50，表示量表有良好的收敛效度。对于区分效度，当维度的 AVE 的算术平方根大于该维度与其他维度的相关系数时，表明维度之间的区分效度良好。由表 5-5 可知，品牌福祉各维度的 AVE 值的算术平方根均大于与其他维度的相关系数，有良好的区分效度。因此，品牌福祉三个维度均具有良好的区分效度。

表 5-5　品牌福祉三因素的相关系数

潜变量	个体福祉	社交福祉	国家福祉
个体福祉	（0.7344）		
社交福祉	0.4490	（0.7624）	
国家福祉	0.2496	0.4614	（0.8023）

注：括号内是各维度 AVE 值的算术平方根

5.5　研究四：品牌福祉的区分效度和预测效度检验

研究四是在研究三的基础上，通过相关法、结构方程模型法和限制模型比较法的方式，检验品牌福祉量表与品牌认同、品牌依恋、消费者幸福感量表的区分效度；此外，通过探究品牌福祉对顾客口碑、品牌忠诚和生活满意度的影响程度，检验品牌福祉测量量表的预测效度和增益效度。

为了测量效率，研究三与研究四的人口统计学数据一致。在测量过程中通过设置分页页码的方式，隔断了研究三和研究四的测项。

5.5.1　品牌福祉的区分效度检验

除品牌福祉外，其他变量均采用已有的成熟量表，如下所述。

（1）品牌认同，采用的是 Kim 等（2001）使用的量表，此量表在刘新和杨伟文（2012）的研究中也有应用，具有良好的信度和效度。一共有 5 个测项，例如“我认为此品牌的成功也是我的成功”。量表的 Cronbach's α 信度为 0.84。

（2）品牌依恋，采用的是 Park 等（2013）开发的量表，此量表在蒋廉雄等（2015）的研究中有应用，具有良好的信度和效度。品牌依恋一共有 4 个测项，如“在多大程度上，此品牌代表了您自我的一部分？”。量表的 Cronbach's α 信度为 0.86。

（3）消费者幸福感，采用的是张跃先等（2017）开发的消费者幸福感量表，包含满足感和积极情绪两个维度，一共 11 个测项。其中，满足感维度的信度系数为 0.87，积极情绪维度的信度为 0.89，量表的总信度为 0.92。

（4）顾客口碑，借鉴 Kim 等（2001）研究的口碑量表，一共有 3 个测项，分别是“我鼓励我的朋友、亲人使用此品牌”“他人向我寻求建议时，我愿意推荐此品牌”“我愿意向他人夸奖此品牌”。量表的 Cronbach's α 信度为 0.85。

（5）品牌忠诚，借鉴 Kim 等（2001）所采用的量表，此量表在刘新和杨伟文（2012）的研究中也有应用。一共有 4 个测项，分别为“我愿意继续使用此品牌”“我愿意继续使用此品牌，而不考虑竞争品牌”“我愿意购买此品牌的其他产品和服务”“相对于其他品牌，我更倾向于此品牌”。量表的 Cronbach's α 信度为 0.80。

（6）生活满意度，采用 Diener 等（1985）所开发的量表，一共有 5 个测项，如“我的生活状态是非常好的”。量表的 Cronbach's α 信度为 0.88。

以上变量均采用 5 分利克特量表，1 代表非常不同意，5 代表非常同意。表 5-6 是变量之间的描述性统计和相关性分析。

表 5-6　各变量的平均值、标准差及相关系数

变量	平均值	标准差	1	2	3	4	5	6
1. 品牌认同	3.5426	0.7872						
2. 品牌依恋	3.5750	0.7664	0.6828**					
3. 消费者幸福感	4.0914	0.5153	0.5433**	0.5751**				
4. 品牌福祉	4.0434	0.5012	0.6461**	0.5778**	0.6298**			
5. 顾客口碑	4.1624	0.6204	0.5094**	0.5371**	0.5785**	0.6170**		
6. 品牌忠诚	4.0551	0.5782	0.4885**	0.5192**	0.6028**	0.6264**	0.6683**	
7. 生活满意度	3.4374	0.8088	0.4385**	0.4110**	0.3352**	0.4189**	0.2998**	0.3817**

**表示双尾检验中的 1%显著性水平

按照相关法，以一般的经验法则判断，两个概念间的相关系数如果小于 0.70，即视为具有区辨性（Bagozzi and Yi，1988），由表 5-6 可知，品牌福祉与品牌认同、品牌依恋、消费者幸福感的相关系数分别为 0.6461，0.5778 和 0.6298，均未超过 0.70 的临界值，表明概念具有区辨性。

为进一步验证概念间的区别，本节使用 AMOS 软件，采用结构方程模型法，进行验证性因子分析，通过观察合并概念后的模型拟合指数的变化，检验品牌福祉与相近概念的区分效度。具体的方法如下：首先，将品牌福祉分别与品牌认同/品牌依恋/消费者幸福感/品牌忠诚共同加载在同一个因子上，形成单因子模型。其次，将品牌福祉和品牌认同/品牌依恋/消费者幸福感/品牌忠诚分别加载在两个因子上，形成双因子模型。最后，对比单因子和双因子模型，考察哪个模型的拟合指数更优，从而判断品牌福祉与相似概念的区分效度。由表 5-7 可知，每一个双因素模型的 χ^2/df、RMSEA、RMR 值均比单因素模型的值要小，而 GFI、IFI、TLI、CFI 值均比单因素模型的值要大，表明双因素模型比单因素模型拟合度要好，品牌福祉与相似概念之间的区分度高，因此进一步证明品牌福祉与品牌认同、品牌依恋、消费者幸福感和品牌忠诚具有区辨性。

表 5-7　品牌福祉与相似概念的区分效度

模型	χ^2/df	RMSEA	RMR	GFI	IFI	TLI	CFI
双因素模型（品牌认同，品牌福祉）	10.322	0.155	0.079	0.676	0.672	0.616	0.670
单因素模型（品牌认同＋品牌福祉）	12.074	0.169	0.082	0.645	0.607	0.543	0.604
双因素模型（品牌依恋，品牌福祉）	11.981	0.168	0.086	0.661	0.658	0.594	0.656
单因素模型（品牌依恋＋品牌福祉）	15.058	0.190	0.094	0.621	0.557	0.481	0.555

续表

模型	χ^2/df	RMSEA	RMR	GFI	IFI	TLI	CFI
双因素模型（消费者幸福感，品牌福祉）	7.210	0.126	0.072	0.663	0.724	0.691	0.722
单因素模型（消费者幸福感＋品牌福祉）	8.546	0.139	0.080	0.645	0.662	0.625	0.661
双因素模型（品牌忠诚，品牌福祉）	11.602	0.165	0.081	0.651	0.641	0.574	0.639
单因素模型（品牌忠诚＋品牌福祉）	12.847	0.175	0.090	0.645	0.594	0.523	0.592

最后，本章也采用限制模型与非限制模型比较的方式，验证品牌福祉与其他相似概念的区分效度。本章使用 AMOS 软件进行测量模型的区分效度检验。首先，将品牌福祉与品牌认同/品牌依恋/消费者幸福感/品牌忠诚分别生成两个模型，一个为非限制模型（潜在构念间的共变关系不加以限制，潜在构念间的共变参数为自由估计参数），另一个为限制模型（潜在构念间的共变关系限制为 1，潜在构念间的共变参数为固定参数）；其次，进行两个模型的卡方值差异比较，若卡方值差异量越大且达到显著水平（$p<0.05$），表明两个模型间有显著的不同，潜在构念间具有高的区别效度。其中，卡方分布临界值为 3.84（$p<0.05$）或 6.63（$p<0.01$）。

表 5-8　品牌福祉与相似概念的卡方值差异比较

模型	ΔDF	非限制型卡方值	限制型卡方值	Δ 卡方值	p	判断
品牌认同与品牌福祉	1	1063.206	1315.362	252.156	<0.000	差异显著
品牌依恋与品牌福祉	1	1066.343	1339.840	273.497	<0.000	差异显著
消费者幸福感与品牌福祉	1	1499.770	2330.013	830.243	<0.000	差异显著
品牌忠诚与品牌福祉	1	1032.597	2000.093	967.496	<0.000	差异显著

由表 5-8 可知，品牌福祉与品牌认同/品牌依恋/消费者幸福感/品牌忠诚所形成的限制型和非限制型测量模型有显著的不同，表明品牌福祉与相似概念之间的区别效度较佳。

5.5.2　品牌福祉的预测效度和增益效度检验

1. 关联效标的建立

关于效标效度检验中的结果变量的选择，一般认为其应该具备两个条件：①和研究情景相关；②被广泛研究的理论所建构。除此之外，本节在构建法则网络时，选择顾客口碑、品牌忠诚和生活满意度的原因有：①此三个变量分别代表了品牌福祉对消费者认知、行为及整体生活的改变程度；②此三个变量均具有成熟的量表和良好的信度效度；③研究表明，品牌认同、品牌依恋均对顾客口碑、品牌忠诚有正向影响（Kim et al.，2001；Park et al.，2010），消费者幸福感对生活满意度有正向影响（Sirgy and Lee，2008）。

2. 关联效标的检测

由表 5-6 可知，品牌福祉与品牌认同（$r=0.6461$）、品牌依恋（$r=0.5778$）和消费者幸福感（$r=0.6298$）存在显著正相关，品牌福祉与顾客口碑（$r=0.6170$）、品牌忠诚（$r=0.6264$）和生活满意度（$r=0.4189$）也存在显著正相关。

3. 预测效度的检验

在控制了性别、年龄和教育程度后，将品牌福祉单独对顾客口碑、品牌忠诚和生活满意度进行线性回归。如表 5-9 所示，品牌福祉对于顾客口碑（$r=0.7734$，$p<0.001$）、品牌忠诚（$r=0.7291$，$p<0.001$）和生活满意度（$r=0.6446$，$p<0.001$）均有显著的正向影响，并且相对于性别、年龄、教育程度的增益解释变异达到了 37.47%、38.34%、15.32%，均在 0.001 水平上显著，说明品牌福祉有较好的预测效度，解释力度较大。并且，以上方程中的最大 VIF 值为 1.07，显著小于 10，表明不存在共线性问题。

表 5-9　品牌福祉的单独预测效度

变量	顾客口碑		品牌忠诚		生活满意度	
控制变量	第一步	第二步	第一步	第二步	第一步	第二步
性别	−0.1028	0.0070	−0.0594	0.0441	−0.1964*	−0.1049
年龄	0.0048	−0.0014	0.0093	0.0035	0.0154	0.0102
教育程度	−0.0204	0.0434	−0.0482	0.0119	−0.1099*	−0.0567
R^2	0.0087		0.0112		0.0319	
F	1.1264		1.4521		4.2386	
品牌福祉		0.7734***		0.7291***		0.6446***
ΔR^2		0.3747		0.3834		0.1532
ΔF		233.9799***		243.7937***		72.3693***

*和***分别表示双尾检验中 5%、0.1%的水平

4. 增益效度的检验

在控制了性别、年龄和教育程度后，进一步控制了品牌认同、品牌依恋和消费者幸福感，然后再将品牌福祉对顾客口碑、品牌忠诚和生活满意度进行回归分析，得到的数据结果如表 5-10 所示。

表 5-10　品牌福祉的增益解释效度

变量	顾客口碑		品牌忠诚		生活满意度	
控制变量	第一步	第二步	第一步	第二步	第一步	第二步
性别	−0.0006	0.0192	0.0293	0.0492	−0.0899	−0.0759
年龄	−0.0017	−0.0027	0.0037	0.0027	0.0086	0.0079
教育程度	0.0880**	0.0809*	0.0443	0.0372	0.0076	0.0027
品牌认同	0.1442**	0.0475	0.1053*	0.0083	0.2736***	0.2054**
品牌依恋	0.1865***	0.1553**	0.1463**	0.1149**	0.1786*	0.1566*
消费者幸福感	0.4306***	0.2859***	0.4718***	0.3266***	0.1384	0.0364
R^2	0.4210		0.4215		0.2261	
F	46.4173		46.5037		18.6510	
品牌福祉		0.4121***		0.4134***		0.2904**
ΔR^2		0.0512		0.0593		0.0150
ΔF		37.0655***		43.6437***		7.5304**

*、**、***分别表示双尾检验中 5%、1%、0.1%的水平

由表 5-10 可知，品牌福祉对顾客口碑、品牌忠诚和生活满意度的增益解释率分别为 5.12%（$p<0.001$）、5.93%（$p<0.001$）和 1.5%（$p<0.01$）。并且，以上回归方程中，最大的 VIF 值为 2.34，显著小于 10，表明不存在共线性问题。由此，表明品牌福祉对顾客口碑、品牌忠诚和生活满意度具有良好的预测效度和增益效度。

5.6　结论与讨论

本章研究通过系统的文献回顾和深入的访谈分析，基于扎根理论编码方法，提出品牌福祉概念，界定品牌福祉包含个体福祉、社交福祉和国家福祉三个维度。其次，基于两次大型问卷调查，进行了探索性因子分析和验证性因子分析，开发了品牌福祉测量量表，并验证了品牌福祉量表的信度和效度，证明了品牌福祉与

品牌认同、品牌依恋、消费者幸福感的区分效度，以及品牌福祉对顾客口碑、品牌忠诚和生活满意度的预测效度和增益效度。本章研究的理论贡献如下。

首先，突破了品牌研究原有的功能视角和关系视角的局限，首次提出并构建中国新时代背景下品牌福祉的内涵与结构，赋予品牌更加深厚的民族、国家意义。以往的品牌研究根植于西方个人主义文化，注重品牌对消费者基本功能、情感和社交需求的满足，忽略了品牌的民族、国家属性所蕴含的民族自尊和崇高的国家荣誉感，且研究大多聚焦于某一具体情境。品牌福祉完整、系统地揭示了新时代背景下消费者对品牌的福祉期望，凸显了品牌对国家、社会发展的重要作用，推进了品牌研究与民生福祉研究的交叉融合，为提升民生福祉水平、展开系统性的品牌研究打下了坚实的基础。

其次，首次开发了品牌福祉量表，为品牌提升民生福祉提供了明确的方针指标。品牌不仅应带来生活质量的提升，满足国民对日益美好生活的期待，更应蕴含民族精神和国家气魄，切实提升民生福祉水平。品牌福祉量表基于中国文化情境，更贴合实际的民生福祉内容。品牌福祉量表既衡量了品牌中的产品/服务效用，体现了民生福祉的基础物质性；又测量了品牌在真实社交中带来的集体融入，满足了民生福祉的关系归属需求；更挖掘了品牌承载的家国情怀和责任担当，彰显了民生福祉中的民族、国家意识。此外，品牌福祉量表兼具瞬时性和整体性、切实性和崇高性，全面、多维度地测量了品牌对消费者福祉的贡献程度。

实证与战略篇

从理论角度，品牌仪式的研究起源于消费仪式领域，如日常仪式（如祷告）、个人仪式（McCracken，1986）、群体仪式和节日仪式（如圣诞节）（McKechnie and Tynan，2006）等。学者们指出，与仪式相关的消费通常能唤起独特、强烈且持久的情感能量，进而影响消费者的长期情感和持续行为（冉雅璇和卫海英，2015）。

迄今为止，服务仪式的探讨主要停留在实践层面，众多营销实践者对服务仪式的现象进行了初步的案例讨论（Batra et al.，2012）。有关服务仪式的概念内核和作用效应的关键问题仍处于黑箱之中：首先，服务仪式的形成机制和作用路径是什么？其次，服务仪式如何影响消费者体验？更重要的，服务仪式作为一套动作流程，不同服务类型（享乐型 vs.功能型）和消费者角色（观察者 vs.参与者）通常对动作行为的感知和评价存在差异，如 Mitkidis 等（2017）发现，对于观察者和参与者，同一个宗教仪式行为对其道德行为的影响会有所不同；最后，服务仪式影响品牌福祉的路径如何？本书推测，服务仪式影响品牌福祉的情感与认知路径存在较大差别。

针对以上问题，本篇拟聚焦于服务仪式，旨在拨开其作用路径的面纱，然后在此基础上，探索服务仪式对消费者体验和品牌福祉的作用机制，从而为中国企业的品牌建设问题提供启示。综合运用质性研究方法和实验法，本篇最终期望达到以下几个研究目标。

（1）采用质性研究方法和扎根理论，进行有关服务仪式的消费者访谈，从而明确服务仪式的形成路径及其影响因素，以期回答服务仪式究竟是怎么形成及作用结果的问题。

（2）通过实验法，揭示服务仪式（全面 vs.自我）影响参与消费者品牌体验的效应和机制，挖掘服务仪式的具体作用。

通过实验法，揭示服务仪式影响参与消费者品牌福祉的效应和机制。具体而言，一方面深化“服务仪式对品牌福祉的情感量化分析”的内容，设计一个问卷调研和两个实验研究，调研考察服务仪式对品牌福祉的作用效果，分析消费意义感的中介作用及品牌信息类型的调节作用并排除混淆因素和提供稳健的实验结果；另一方面，深化“服务仪式对品牌福祉的认知量化分析”的内容，设计两个实验研究，实验分析消费者卷入度的中介作用及消费动机类型的调节作用，同时排除混淆因素和提供稳健的实验结果。

第 6 章　服务仪式形成机制及战略指引

6.1　研究目的与研究框架

6.1.1　研究目的

服务生产与消费密不可分的特性，决定了服务接触的普遍性。服务接触也被称为服务互动的“真实瞬间”，是企业进行服务管理的出发点。企业创造与消费者服务接触的机会进行服务传递，消费者在服务接触中获得服务体验，进行服务评价。Bitner（1990）指出，服务接触也即服务互动，不仅仅是简单的消费者与服务人员之间的互动行为，还包含消费者与服务环境中的有形设施（如桌椅布置、墙面装饰等）与无形设施（如音乐氛围、灯光颜色等）的互动。随着服务互动的发展，很多品牌致力于开展一些特色服务活动以引起消费者关注、提升消费者品牌体验。伴随仪式在营销领域的快速发展，许多品牌也开始借助仪式的力量，试图在同行业中脱颖而出，如“熊猫不走蛋糕”的特色送达服务，海底捞、云海山歌的仪式表演服务、悦色手工生活馆的冥想服务等，均深受消费者好评，引发其他品牌纷纷效仿，将仪式与服务相结合以改善与消费者服务互动的不足，提升消费者体验与评价，进而打造自身的竞争优势。

尽管服务仪式在营销实践中已被广泛采用，但其理论发展尚未成熟，如概念界定和影响效果等存在较大分歧。具体而言，主要包含以下几点：①服务仪式的内涵。部分学者认为服务仪式即服务流程，二者没有本质上的差别，都是遵循一定的流程和规范，进行服务人员与消费者的互动，服务仪式只是在互动的基础上增加了一些仪式要素，但核心仍然是服务的传递。②服务仪式的概念区分。部分学者认为服务仪式即仪式（Prexl and Kenning，2011），只是仪式在营销领域的简单应用。一些学者将其解释为特殊节日的仪式消费，如春节仪式中“年夜饭”消费等（Weinberger，2015）。也有一些学者将其界定为品牌仪式的一种，旨在帮助品牌提升消费者满意度，缓解品牌危机等（McKechnie and Tynan，2006）。但服务仪式作为服务人员与消费者之间的仪式化互动，其互动核心、互动程度均与消费仪式和品牌仪式存在较大差距，本质上有着独特的内涵。③服务仪式的影响效果。Otnes 等（2012）认为服务仪式在有效提升客户关系的同时可能也会造成消费者情绪困扰，但仅限于定性分析研究，且内在影响机理尚未阐明和验证。

鉴于服务仪式的研究处于初期，尚存在诸多问题待明晰和检验，包含①服务仪式是什么，有哪些类别？②服务仪式是否以及如何影响消费者品牌体验？③影响效果受到哪些因素影响，这些因素又是如何发挥作用？这些都是本书需要关注的问题。

据此，本章旨在探讨服务仪式的概念内涵及其对品牌体验的影响机制，详细包括以下两个方面的内容：①在价值共创视角下对服务仪式的概念内涵进行解构，利用扎根理论得到服务仪式概念内涵，据此提炼出服务仪式的类别等；②探析服务仪式影响消费者品牌体验的作用路径，利用扎根理论通过现象看本质，揭示服务仪式影响效果背后的核心要素和作用过程。

本章研究思路如下：①确定研究框架，基于已有文献和研究分析“传统服务提供”到“服务价值共创”模式的演变，确定研究框架和研究设计；②提炼服务仪式内涵及类别，对消费者和服务人员进行深度访谈，采用扎根理论进行材料编码，解析服务仪式概念内涵及类别；③探析服务仪式影响消费者品牌体验的路径及影响因素，基于服务仪式的定义，分析服务仪式如何通过情感与认知影响消费者品牌体验进而生成价值，以及作用过程中存在的影响因素。

6.1.2　研究框架

伴随体验经济的来临，消费者逐步参与到企业的生产、营销等过程中，企业为适应市场环境的变化也开始进行了适应性的调整，以提升动态能力。突出表现为两点：一方面，信息技术的飞速进步为消费者决策提供了更多渠道和选择的同时，也为消费者参与到企业的组织行为提供了条件，消费者与企业之间的互动日益频繁；另一方面，互动方式的转变带动企业营销模式的转化，越来越多企业开始逐渐重视与消费者之间的互动，在互动的基础上进行资源的整合和服务的交换（Vargo and Lusch，2011），由传统单纯的“服务提供模式”转向基于互动的“服务价值共创模式”探索。本章在前人研究（肖静华等，2014，2018；吴瑶等，2017）的基础上，分析了“传统服务提供”到“服务价值共创”模式的演变。

1. 企业与消费者交易的服务提供模式

在传统营销环境中的服务提供模式的主要特点就是“产品主导逻辑”，企业单向提供服务。企业首先识别消费者需求，然后协同与整合资源设计和生产产品与服务，最后进行服务传递（Vargo and Lusch，2011）。在传统营销时代，企业提高绩效获取竞争力的关键是“生产好产品”（刘江鹏，2015），主要基于商品交易的目的进行 4P 组合策略的设计，企业营销的视角主要在于商品和服务交易，目的是整合优化自身资源满足消费者功能需求，提升企业绩效，忽视了与消费者互动的优势及消费者创造价值的能力（Dinner et al.，2014）。然而，随着品牌升级和互联网的飞速发展，新时代的消费者不再是单纯的理性决策者，更看重品牌除了功能价值以外的情感与社会价值，缺乏与消费者互动的产品导向服务已经不再能满足消费者的个性化需求。同时，互联网的快速发展让消费者有机会参与品牌的产品与服务设计、帮助品牌进行创新和升级（Xie et al.，2016），已经成为价值创造的主体（Dinner et al.，2014）。

2. 企业与消费者互动的服务价值共创模式

价值共创是解释企业与消费者互动的重要理论（Vargo and Lusch，2011）。价值共创是在服务主导逻辑基础上发展而来，相比之下，与传统营销中产品主导逻辑的区别如表 6-1 所示。①基础假设的不同。价值共创认为互动是价值创造的基础，发生在消费者与服务人员的互动中。强调“价值是以消费者为中心、由企业和消费者共同创造”的思想（Bettencourt et al.，2014）。传统服务提供模式认为企业最重要的是将产品提供给消费者，服务只是价值传递的手段。②资源识别的侧重点不同。价值共创模式更侧重于无形资源，企业是在已有资源的基础上进行服务设计，在服务接触过程中加强与消费者的充分互动，促使消费者利用企业已有平台与资源和自身知识技能进行价值的创造（Yngfalk，2013）。在传统服务提供模式中，更加侧重于有形资源，企业的视野也更聚焦于提升自身的产品与服务质量，缺乏与消费者的有效沟通。③价值创造主体不同。价值共创模式价值创造主体是消费者，企业参与价值创造过程。传统服务提供模式中，认为价值是由企业创造，服务只是帮助企业将价值传递给消费者（Grönroos and Voima，2013）。

表 6-1　服务提供模式与服务价值共创模式的区别

	服务提供模式	服务价值共创模式
基础假设	产品是一切经济交换的基础	服务是一切经济交换的基础
资源识别	侧重有形资源	侧重无形资源
价值创造主体	企业	消费者

但总体而言，对于“企业与消费者互动的服务价值共创模式”这一理念在企业中的战略实施很少有人研究。现实中，企业缺乏科学的服务设计，难以做到与消费者进行深层次的互动。服务仪式作为结合仪式与服务要素的互动行为，为“服务价值共创模式”带来新的契机，成为实现营销转型的可能。因此，本章基于价值共创对服务仪式进行诠释，对指导企业实施互动战略非常必要。

基于上述内容的探讨，本章提出如图 6-1 所示的服务仪式作用消费者品牌体验的研究框架。本章的研究思路遵循服务仪式中，服务人员与消费者之间的互动过程，也即涉及“准备阶段—互动阶段—结果阶段”三阶段。首先，对准备阶段的服务仪式设计进行分析。其次，通过分析企业与消费者交互关系的演变，从情感和认知两条路径探讨服务仪式影响消费者与服务人员的互动过程。最后，探析服务仪式通过影响消费者的品牌体验生成的仪式价值。

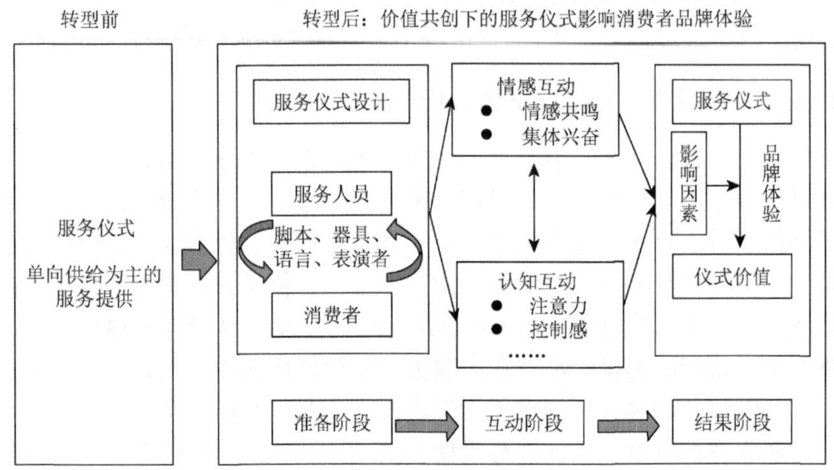

图 6-1　服务仪式价值实现的路径研究框架

本章借鉴前人主要采用协同演化视角来探析多主体间的互动和动态演化过程（Murmann，2013），探析“服务仪式—品牌体验”作用过程中的主体互动情况。具体而言，本章包括以下三点研究内容：①分析企业和消费者作为协同演化主体的互动机制，包括服务仪式设计、情感与认知互动、消费者品牌体验的形成与价值创造过程；②重点探讨互动阶段，消费者与服务人员之间情感与认知的融合交互；③探讨服务仪式影响消费者品牌体验的结果价值及作用过程中的影响因素，为企业营销转型提供参考。

6.2　研究方法与设计

6.2.1　方法选择

本章将采用非结构化方法，深入访谈服务人员及消费者，获得一手分析资料，进而采用扎根理论编码的研究方法探索服务仪式的内涵、类别及其对消费者品牌体验的作用路径和影响因素。

采用扎根理论探讨“服务仪式—品牌体验”二者关系，主要基于三点考虑，详细如下所述：①服务仪式的概念尚处于肇始期，采用致力于发展理论而非验证理论的扎根理论更加适用，与本章研究目的更加契合；②本章需要探讨企业与消费者的协同演化过程，采用扎根理论更加适合探析服务仪式对品牌体验的影响过程研究（Eisenhardt，1989），充分发挥扎根理论详细阐释过程的优势（Li and Krishnan，2008），解释服务仪式如何进行价值实现以及受到哪些因素的制约，如 Murmann（2013）采用扎根理论讨论行业与环境要素之间的协同演化过程及其影响因素；③本章需探讨多主体的互动关系，探讨服务人员与消费者互动的同时，也要考虑消费者与消费者互动、服务人员与服务人员之间的互动关系。扎根理论方法能够分析多主体间的互动关系，剖析之间的作用过程和因素（Yin，2010），更适合揭示“服务仪式—品牌体验”二者关系外衣下的隐藏路径以及影响因素。

本章采用扎根理论研究方法探讨服务仪式，主要体现在以下两点：①研究是基于价值共创视角下剖析服务仪式的概念内涵及其类别，利用扎根理论在解决此类研究问题方面的显著优势，在对市场上服务仪式现象深入挖掘的基础上提炼服务仪式核心要素和类别；②本章要分析“服务仪式—品牌体验”二者关系和服务仪式作用价值，需要根据市场上服务仪式实施现状外在深入挖掘内在本质，因此利用扎根理论通过现象看本质的优势（Arnould and Price，1993），深入分析服务仪式对消费者品牌体验的影响，提炼服务仪式价值。因此，综合考虑研究涉及概念内涵开发以及期望解决的问题，本章采用扎根理论的质性分析方法，主要包含数据收集和编码两个核心过程。

6.2.2　数据收集

本章将依据 Yin（2010）的研究，在两方面进行数据收集：一方面通过消费者网络数据（如小红书、微博等）初步了解服务仪式涉及的主要领域及消费者对其评价；另一方面，获取一手资料，包括访谈服务人员及消费者、研究者到店实际体验和记录等。数据收集详细情况如表 6-2 所示。

表 6-2　数据收集方式及目的

数据类型	数据来源	数据收集方式	数据获取目的
一手数据	服务人员与消费者访谈	半结构化录音访谈	根据服务人员与消费者对于服务仪式的感受和理解，剖析服务仪式内涵要素及其对品牌体验的影响作用。双方的理解互相补充，互为验证
	研究者实地体验	参与观察服务人员与消费者的仪式化互动行为	丰富访谈内容，记录更为细节的行为表现与环境布置等内容
二手数据	品牌资料	通过品牌官网或媒体报道，收集品牌的价值观、理念等	了解品牌思想理念和服务仪式的理解，探析服务仪式对品牌理念的传递程度
	消费者网络评价	大众点评、微博、小红书等	了解消费者对服务仪式的理解层次，以及服务仪式对消费者行为决策和思想观念的影响程度

（1）二手资料。为了初步了解服务仪式表现形式及实践运用情况，研究团队首先进行二手资料的收集，包括品牌资料收集及消费者网络评价两方面。目的在于：①了解服务仪式在实践中的实施情况，初步判断设计服务仪式的目的（如传达品牌理念、吸引消费者体验等）；②判断消费者对服务仪式的理解（如引起的情绪和行为反应等）；③为一手数据的获得提供方向，通过资料查阅和消费者网络评价，识别筛选实施服务仪式代表性品牌和表现形式，为访谈对象的确定和实地体验提供具体的方向。

（2）半结构化访谈。在前人研究基础上，研究团队经过多轮研讨确定访谈提纲，采取半结构化方法对服务人员和消费者进行深入访谈。目的在于获得研究所需的核心数据资料。基于服务仪式研究相对薄弱，核心要素及价值实现方式尚未厘清，如服务仪式究竟是什么，包含哪些要素？服务仪式是如何实施的，主体间的互动过程如何？服务仪式怎么发挥其价值的，如何影响消费者体验进而实现价值共创？为解决上述问题，本章需结合服务仪式的发起者（品牌）及互动者（服务人员和消费者）对服务仪式的理解和感受深入剖析。

（3）实地体验。实地体验主要是团队成员对访谈中涉及的品牌名单进行归纳，然后进行亲身经历和记录，如奥迪提车仪式、海底捞拉面仪式、小森林阅读仪式等。通过团队成员的实地观察和切身体会，补充访谈材料，目的在于对已有访谈材料进行细节的补充，如环境氛围和互动双方行为感受等，以便进行补充和验证。

基于扎根理论的样本选择并不注重严格的统计意义，而是更侧重采用逻辑重复来选择最终的个案数量（Fournier，1998；McCracken，1986）。本书遵从逻辑重复的原则，通过访谈内容的持续比较，修订访谈提纲和理论框架，直至当新的访谈材料没有产生新的构念和贡献时，则停止对服务人员和消费者访谈的继续增加（王建明和王俊豪，2011）。最终，本章总共获得了 35 份深度访谈材料，每个样本的访谈时间在 12 到 90 分钟不等，被访谈的服务人员与消费者的基本信息如表 6-3 所示。

表 6-3　被访谈者基本信息

编号	姓氏	身份	所属行业	所属品牌	时间/分钟
1	蔡女士	服务人员	服装业	古色	51
2	伍女士	服务人员	服装业	Vero Moda	36
3	车女士	服务人员	文化业	小森林书店	43
4	翁女士	服务人员	汽车业	奥迪	54
5	黄先生	销售顾问	汽车业	奥迪	64
6	广女士	服务人员	酒店业	依云客栈	37

续表

编号	姓氏	身份	所属行业	所属品牌	时间/分钟
7	梁女士	服务人员	珠宝业	钻石世家	63
8	李女士	服务人员	美容业	适怡香氛	35
9	苏女士	服务人员	美容业	源 SPA 美学生活馆	45
10	李女士	服务人员	美容业	佰草集	90
11	郑女士	服务人员	银行业	广发银行	56
12	邓先生	服务人员	餐饮业	外婆家	12
13	李女士	服务人员	餐饮业	漫卡咖啡	25
14	刘女士	服务人员	餐饮业	巴奴毛肚火锅	73
15	许女士	服务人员	餐饮业	海底捞	31
16	陈先生	消费者	汽车业	奔驰	34
17	李女士	消费者	汽车业	捷达	30
18	吴女士	消费者	汽车业	奥迪	20
19	王女士	消费者	零售业	熊猫不走	18
20	王先生	消费者	零售业	空刻意面	24
21	吴女士	消费者	手工业	悦色手工生活馆	52
22	张女士	消费者	美容业	丝芙兰	26
23	孙女士	消费者	美容业	源 SPA 美学生活馆	37
24	王女士	消费者	美容业	丝芙兰	22
25	胡女士	消费者	餐饮业	交通茶馆	35
26	李女士	消费者	餐饮业	山间茶室	42
27	李先生	消费者	餐饮业	海底捞	66
28	李先生	消费者	餐饮业	云朵山歌	36
29	林女士	消费者	餐饮业	海底捞	32
30	林女士	消费者	餐饮业	外婆家	55
31	王先生	消费者	餐饮业	傣翼味	66
32	闫女士	服务员	餐饮业	素韵	33
33	郑先生	消费者	餐饮业	秋	29
34	郑先生	消费者	餐饮业	庆春食堂	22
35	周先生	消费者	餐饮业	1001 新疆餐厅	38

研究团队采取的是启发式访谈方法，主要让被访者叙述，主持人根据被访者的讲述进行提示，以获得详尽真实的材料，具体而言：①被访者主述，也即首先让被访者表达对仪式、服务仪式的理解（包含内涵、特征、作用等），接着请被访者回忆自己经历过的服务场景中仪式行为，并详细描述整个过程。最后根据自己的切身感受描述经历服务仪式过后的情感和行为反应。②主持人适当提示，也即主持人在根据访谈提纲请被试叙述回答以外，也会从被访者叙述过程中形成新的问题，提示被试进一步讲述和分析，以减少信息的不确定性和偏差。一方面主持人根据最初的访谈提纲对被访者进行提问，另一方面主持人根据被访者的回答及思路进行深入追问，避免由于被访者口误或信息不全等带来的信息和表述偏差，同时通过反复深入的叙述，让被试更加清晰地认识服务仪式，以准确回答自身对服务仪式的感受。

在访谈结束后，研究团队会在访谈结束一天内完成所有材料的转录和修订工作。最后本章在 35 份访谈材料中随机选取了 28 份访谈材料进行分析构建理论模型，剩余的 7 份访谈材料进行理论的饱和度检验。

6.2.3 数据编码

数据编码是扎根理论方法的基础，本章依据质性材料扎根理论方法的规范（Eisenhardt，1989），将收集回来的服务仪式访谈资料进行分析与提炼，包括对资料的打碎、整理和重组等过程的反复，整理的过程中挖掘概念、提炼范畴。

本章的数据编码与分析过程可概括为三阶段，也即首先进行数据的整理和清洗，然后对整理后的数据进行分析与表达，最后归纳结论并进行验证，但三个阶段并不是独立存在，而是不断地循环往复以修正模型和已有结论，直至所获结论达到饱和。

本章主要借助 NVivo 11 Plus 工具对文本材料进行编码分析。NVivo 11 Plus 作为质性研究工具，通过节点进行编码，最后各个节点形成从属关系模型。其中，参考点指的是每个基础节点在访谈材料分析中出现的次数。

本章按三级节点进行数据的编码，一级节点主要是围绕服务仪式概念内涵、服务人员与消费者的互动演化路径、服务仪式作用结果和影响因素四个方面展开。节点提出的第一步就是三级节点的提取，也即将 35 份原始访谈材料进行逐字逐句的信息提取，并概要节点内涵，这也是编码的基础节点；第二步是将三级节点的内容进行合并归纳，形成较为抽象的二级节点；最后就是一级节点的提取，也即将同一个范畴的进一步合并为一级节点，最终获得一个三级节点的编码体系。获得的详细结果如表 6-4 所示。

表 6-4　节点及编码参考点结果

一级节点	二级节点	参考点	三级节点	范畴内涵
服务仪式	仪式行为	19	流程性	服务仪式的动作或行为都有一定的方式、顺序和规则
			独特性	服务仪式通过符号要素，传递品牌的文化属性和理念及价值观等，以区分同行业的竞争者、独树一帜，表现自身的独特性
			可模仿模式	服务仪式的仪式可以被其他品牌进行模仿，结合自身品牌理念加以改进，并不是一家品牌独有
			寓意性	服务仪式的要素具有一定的象征意义，通过符号等进行展示
			共鸣性	服务接触中，服务人员与消费者相互影响，达到情感和行为的共鸣
			非直接功能	服务仪式不具备直接目的，也即有无服务仪式对服务传递不造成直接影响
	情感能量	14	情感共享	互动双方因共同经历服务过程获得共同的情绪
			互相关心	互动双方投入到彼此双方的程度
作用路径	情感路径	15	情绪唤起	服务仪式引发消费者的情绪反应，包括积极和消极的情绪
			情感共鸣	服务仪式中的互动主体情感相互影响，彼此感染
			情感聚集	消费者获得的情感不断聚集，形成稳定的情感体验
	认知路径	13	满足秩序需求	服务仪式的流程性让消费者获得有序体验，更具秩序性
			控制补偿	服务仪式的非直接功能的有序互动行为可恢复和补偿消费者的控制感
			认知更新	品牌通过服务仪式向消费者传输文化、价值观等
			学习技能	品牌通过服务仪式向消费者传递知识
品牌体验	感官体验	17	感官刺激	服务仪式要素的独特性、寓意性等刺激消费者感官，引发反应
			感官印记	消费者对服务仪式留下强烈的感官记忆
	情感体验	15	情感共鸣	互动主体共享服务中的重要时刻，情感传递
			情操陶冶	服务仪式的文化象征属性给消费者留下情感激荡，获得情操的陶冶
	行为体验	12	行为互动	互动主体共同经历
			行为规范	由于服务仪式的规则而使互动成员产生行为规范
	智力体验	8	知觉流畅	由于服务仪式的流程性等，消费者信息加工和体验更加流畅
			知识传递	消费者通过仪式互动学习新技能和知识

续表

一级节点	二级节点	参考点	三级节点	范畴内涵
结果价值	情境价值	14	服务传递	消费者通过仪式互动提升服务情境浸入感，获得服务价值
			人际价值	消费者通过仪式互动获得群体联结，获得人际和谐
			品牌忠诚	消费者通过服务仪式深刻感悟品牌理念，提升对品牌的信任感和忠诚度
	文化价值	7	道德价值	服务仪式的礼仪性规范等包含着丰富的道德形态
			文化传承	服务仪式具有很强的文化特性，帮助互动主体拥有共同文化记忆，进而提升共同的文化信仰
	社会价值	6	服务理念宣扬	通过服务仪式宣扬服务理念，提升服务业水平
			品牌标杆	品牌获得竞争优势，在行业内树立典范，提升行业水平
影响因素	消费者因素	9	消费者个体特征	包括消费者的年龄、身份、家庭及经济状况等
			消费者心理因素	对服务仪式的认识过程，包括消费者情绪、情感、意识状态等
	情境因素	13	社会情境	消费者与社会环境的互动关系，包括消费者的社会经历和社会文化历史等
			服务情境	消费者在服务接触中所处环境，包括现场人员、天气等情况
			品牌资产	消费者对品牌的认识，包括品牌认知、品牌知识等
	仪式因素	17	仪式要素	服务仪式构成要素，包括仪式脚本、服务器具、服务语言和表演者等因素
			仪式匹配	服务仪式的匹配程度，包括服务场内的互动主体、环境等

6.3 研究分析与结果

6.3.1 服务仪式内涵及类型

1. 服务仪式概念内涵

结合前人对价值共创、服务仪式的界定和数据编码分析结果，本章将服务仪式定义为：由企业发起的，服务人员与消费者在服务接触中通过整合互动资源、关注互动质量进行的寓意化独特互动行为，以增强消费者体验、实现价值共创。同时，服务人员与消费者之间的仪式互动行为是按照企业预先设定的服务脚本规范实施，通过服务仪式场景、器具、语言和表演者之间的相互作用得以实现。

本章对服务仪式的界定是基于价值共创视角下，对此进行以下说明。

（1）保留仪式的四个核心要素，即脚本、器具、语言和表演者，其中服务仪式的表演者指的是服务人员和消费者。

（2）在仪式可重复性和象征性基础上加以改进，在表达价值与意义的基础上侧重品牌理念的传递。

（3）融合价值共创因素：①由企业和服务人员发起，利用服务资源进行设计；②发生在服务人员与消费者之间的互动过程；③消费者通过独特的品牌体验获得品牌价值。通过以上因素，服务仪式作为价值共创在实践领域的践行，实现了品牌价值与消费者体验的融合。

根据前人文献和数据编码分析结果可知，服务仪式的关键是仪式行为和情感能量（卫海英等，2018），二者相互交织，共同作用下发挥服务仪式的效用。其中，仪式行为融合了多层次的符号，为消费者与服务人员的互动和情感与行为共享搭建了桥梁。情感能量是消费者与服务人员之间共享的情感或者稳定情绪的表达。服务仪式的具体表现（“陈述”）如表 6-5 所示。

表 6-5　服务仪式的具体表现编码统计

表现形式	参考点	节点	“陈述”举例
仪式行为	19	流程性	她会让我按照她的步骤一步一步边放松边做，让我觉得很有秩序，我就不会那么手足无措。（吴女士）
		独特性	条凳一只，清茶一盏，两尺多的长嘴壶在老旧的煤气炉上冒泡，和平常茶馆都不一样，很有成都特色。（胡女士）
		可模仿模式	当天有和我一起提车的，我觉得提车仪式都差不多，都是那样的流程。（吴女士）
		寓意性	服务人员会说“象征人生百态，不过酸甜苦辣”。我觉得这样一说似乎是这个道理，感觉自己不仅仅吃的是饭菜，更是一种生活态度。（郑先生）
		共鸣性	当她在给我进行芳香疗法的时候，她的那种禅意精神也将我代入意境里面，不由得和她一起做动作啊，冥想之类的。（孙女士）
		非直接功能	其实我觉得我们餐厅表演可有可无，大家来这里重点是吃到美味的饭菜，但有了表演会觉得也不错。（邓先生）
情感能量	14	情感共享	他们在表演的时候拉我加入他们，然后他们很热情，一直微笑表演，我也很开心地就跳了一段，他们看见我很享受的样子就更加热情地表演，大家都很开心。（周先生）
		互相关心	服务人员会比较关心消费者的情绪啊之类的，还站在我的角度关心我，设置的生日氛围很温馨，给我留下挺深刻的记忆，受到了关心。（李先生） 通过芳香疗法这样一个简单的环节，我们希望我们的顾客能够感知到我们对他的关心，希望他心境平和，获得放松。（苏女士）

2. 服务仪式类型

通过文献分析和访谈内容可知，服务仪式在实践中有多种表现方式，起的作用也不尽相同，如在服务接触中，消费者可以体验到观赏性的餐厅表演，也可以体验到有规范流程的芳香仪式……面对众多表现方式的服务仪式，需要对其进行类别的划分，以便分析研究服务仪式的影响效应。

本章对服务仪式类别的划分包括两个核心步骤：①结合访谈内容提炼服务仪式的维度，包含参与水平和背景的关联程度；②结合已有文献关于服务互动的研究，进一步在前两个维度上归纳，获得服务仪式可操作类别，分为全面服务仪式和自我服务仪式。详细过程阐述如下。

1）访谈内容数据编码

该过程是在互动特征和仪式概念基础上，结合数据编码分析的结果，确定服务仪式类别区分的两个维度。

第一个维度对应的是消费者的参与水平，有一些服务仪式需要消费者积极参与，如游艇派对服务中的欢庆仪式；有一些体验则只需要消费者消极参与，例如餐厅的表演消费者就可能是被动参与，也即只需简单地观看。一般来说，参与水平越高，体验的价值就越大。例如，在观看一场表演的时候，尽可能地让台下的观众跟着台上的演艺人员一起唱歌跳舞，或者选取部分观众代表上台配合表演更加有效。即使在迪士尼，也是游客自己决定何时何地去哪里玩。当然不是在所有的服务仪式类别中消费者都愿意积极参与，有时候消费者也想做一个旁观者。但是从塑造难忘记忆的角度来说，让消费者尽可能地参与服务仪式会塑造更难忘的记忆。事实上，无论是何种类型服务仪式，都是企业与消费者共同完成的，企业根据自身资源进行科学设计，消费者利用自身技能有效参与，最终通过外部刺激形成内心体验及行为反应，最终形成难以忘记的记忆。

第二个维度代表的是参与者和背景环境的关联。有一些服务仪式能够远距离地吸引消费者，如餐厅歌舞表演、海底捞拉面仪式表演，这就是吸引式的服务仪式。另外一些服务仪式可以让消费者和体验活动变成一个整体，比如芳香疗法、DIY 前的冥想等活动，这就是浸入式的体验。例如，如果你在海底捞观看服务人员的服务表演，那么这种服务仪式就是吸引式的；但是如果你在游艇上感受光影、声音、气味以及配合身边的人一起加油呐喊，那么这就是浸入式的服务仪式。学生在教室里上物理课，这是吸引式的体验，但是学生在物理实验室做实验就是浸入式的体验。

消费者参与水平和参与者与背景环境的关联这两个维度合在一起产生了四种不同的服务仪式，根据消费者体验目的进行详细阐述如下：①娱乐型，消费者参与娱乐型服务仪式是想要寻求愉悦感和放松；②教育型，消费者参与教育型服务仪式是想学习和提高自我；③逃避型，消费者参与逃避型服务仪式是想远离现实生活；④审美型，消费者审美型服务仪式是想体会美好事物带来的各种快感。娱乐型服务仪式的代表是观赏表演等。教育型服务仪式的代表就是规范性仪式，帮助消费者获得更好体验进行的流程规范，如就餐仪式。逃避型服务仪式通常是帮助消费者积极参与并全身心浸入的仪式，如芳香疗法中的静心仪式。审美型的服务仪式主要是提升消费者感官印记，如切合主题的店铺装饰及服务人员动作规范等，如傣族餐厅的傣式服务。

2）归纳类别

服务仪式虽然可以大致按这四类来区分，但是实际上大多数服务仪式都会跨越这样的简单分类。例如，用 VR 技术让线上的服务仪式成为可能，消费者在消费过程中有虚拟服务场景及服务人员，如故宫文创的增强现实（augmented reality，AR）互动让消费者学习历史的同时放松身心，这既是逃避型的又是教育型的，还包括审美型和娱乐型。因此，企业更需要做的是结合自身的品牌价值观容纳娱乐、教育、逃避和审美，协助消费者制造美好的回忆。

互联网的快速发展为互动的发展创造了工具与条件，不同领域不同环境都可以随时随地进行互动，如企业和消费者的互动、消费者和消费者的互动，甚至虚拟环境，如虚拟试妆中的人机互动等。虽然互动的广泛性引起学界与实践界的关注，但相关研究的研究视角存在较大区别。例如，马颖杰和杨德锋（2014）研究表明，人际互动是互动主体间相互作用的过程。Basov 等（2015）研究表明，计算机的快速发展使得计算机服务系统已经具备了和人际沟通一样的功能，消费者可通过人际互动实现沟通、互动和感知，通过与计算机服务系统的信息沟通达到互动，满足服务需求。计算机服务系统的发展促使了企业线上线下服务的融合发展，相比单一的线下服务，人机互动的出现促使服务实现的路径变得更广阔，互动环境也更加复杂。

总之，人际互动与人机互动的融合发展使服务场景及服务互动方式发生了巨大的改变，伴随着整合研究的不断发展与深入，互动的界定也出现一定的变化。例如，肇丹丹（2013）研究发现，多渠道情境互动突出表现是消费者参与服务的生产与传递，消费者与企业共同识别和解决服务互动中存在的问题。大多学者直接根据互动的场景和参与方式的区别，将互动划分为人际和人机互动（马颖杰和杨德锋，2014）。

北欧服务管理学家 Grönroos 和 Voima（2013）针对服务主导逻辑和价值共创提出很多批判性的观点，在 Vargo 和 Lush（2011）基础上将消费者创造价值的方式分为全面服务和自我两种。在自我服务过程中，消费者利用技能和资源自行服务，通过与企业间接互动的方式获得价值（如使用 ATM）；而在全面服务过程中，服务提供者介入了消费者的实践活动，与消费者直接互动，影响消费者的消费过程（如传授消费者技能等）。根据服务系统的观点，消费者无论是开展自我服务还是参与全面服务，都是通过应用自身能力并整合企业所提供的资源（产品、技术、服务过程、员工等）与企业进行价值共创（Chandler and Lusch，2015）。自我服务和全面服务的区别只在于企业融入消费者价值创造过程的程度以及企业与消费者开展互动的方式。直接互动和间接互动都是企业与消费者共同创造良好体验与价值的重要方式（Chandler and Lusch，2015；Dube and Helkkula，2015）。

因此，本章认为服务仪式是消费者借助服务平台与线上线下服务人员进行的高度交互的仪式互动行为。根据参与方式分为全面服务仪式与自我服务仪式：①全面服务仪式是在实际服务接触中寓意化互动行为，也即在线下实体店铺中发生的服务互动，服务人员介入消费者的消费并进行直接的互动，如茶馆的茶艺表演等；②自我服务仪式是在虚拟服务场景中，消费者利用自身技能或资源与虚拟服务人员进行互动，需要借助 AR、互联网平台等媒介，如虚拟试妆等。

全面服务仪式与自我服务仪式二者的区别主要体现在互动主体、互动场所、反馈程度等几方面，如表 6-6 所示。

表 6-6　全面服务仪式与自我服务仪式区别

区别点	服务仪式	
	全面服务仪式	自我服务仪式
定义	在实际服务接触中，服务人员与消费者之间的仪式互动行为	虚拟服务场景中，消费者利用自身技能或资源与虚拟服务人员进行的仪式互动行为
互动主体	人际互动：服务人员↔消费者	人机互动：虚拟服务人员（智能终端等）↔消费者
互动场所	线下，服务接触发生在实体店铺中	线下与线上相结合，可以是线下店铺，如虚拟试衣镜，也可以是线上，如网店的虚拟试妆等
反馈程度	高，服务人员可随时监控消费者的情绪及行为反应，并适当调整互动方式和程度	低，品牌只能根据顾客的需求预先设计服务脚本，互动双方看不到对方的情绪反应，情感交流较弱，仪式作用发挥不够稳定
仪式四要素	脚本、器具、语言和表演者（自我服务仪式为虚拟的）	

6.3.2　服务仪式形成机制

服务仪式通过影响消费者的品牌体验实现价值，其中，影响品牌体验存在情感与认知两条路径。

（1）情感路径。在服务互动中，消费者受到服务场内的情感能量元素的刺激产生情绪唤起、共鸣、聚集等一系列反应，获得品牌体验，收获仪式价值（Maloney，2013）。

（2）认知路径，在服务互动中，消费者利用企业提供的服务资源通过自身的学识和经验，陶冶情操的同时更新认知、学习心得技能等，通过仪式符号的“文化”功能，领悟品牌的价值和知识。例如，苹果体验店结合自身“高端、专注、简约”的品牌个性设计服务环境与服务活动（如教堂、全透明阳光屋），通过环境及服务人员的特色互动提升消费者情绪和对电子产品的认知，进一步提升消费者的品牌体验等。

服务仪式通过囊括一系列品牌相关的符号，影响消费者的情感和认知，进一步深入感悟品牌的理念与价值体系，获得仪式价值。服务仪式影响消费者品牌体验的作用路径及价值生成的具体表现（“陈述”）如表 6-7 所示。

表 6-7　服务仪式价值实现路径的具体表现编码统计

表现形式	参考点	节点	“陈述”举例
情感路径	15	情绪唤起	（云朵山歌服务仪式）我最初是朋友介绍的，听的时候就觉得很有趣，勾起了我的好奇心，当下就很想去立马体验，后面终于亲身体验了，很不错。（李先生） 点一份拉面，会有一个师傅特意过来拉个面给我们看，我第一反应是觉得很有趣，就很惊讶，很有趣。（李先生） 当服务人员端过来花酒，用纳西语言和他们的礼仪祝福我们，我们那个时刻会突然情绪被点起，莫名被击中了一样。（王先生）
		情感共鸣	茶艺师展示茶具的时候，她认真的态度让我觉得泡茶是一项艺术，让我也很重视这件事情。（胡女士）
		情感能量	每次做 SPA 前的芳香疗法让我很放松，情绪也慢慢变得平缓，时间长了，我觉得自己整个人都变得更加平和。（孙女士）
认知路径	13	满足秩序需求	她会让我按照她的步骤一步一步边放松边做，让我觉得很有秩序，我就不会那么手足无措。（吴女士）
		控制补偿	意面上的说明书说得很清晰又很有意义，本来没有（生活）追求又觉得（日子）蛮空虚的时候，（看了意面的说明）有了一点慰藉。（王先生）
		认知更新	原来禅学文化是这样的，感觉刷新了认知，打开了我的新世界。（郑先生）
		学习技能	看他烫毛肚的方式，我感觉自己以前的吃法都是错的。（刘女士）

本书依据价值共创和互动仪式链理论，以质性研究编码的方式揭示服务仪式对品牌体验的作用结果。首先，服务仪式是在服务流程中纳入多层次的符号，通过消费者与服务人员互动传递价值与理念的仪式行为。在服务情境中，企业通过服务仪式使服务资源兼具功能与表演艺术，帮助品牌获得独特优势，引起消费者关注，激发消费者的积极情绪（卫海英等，2018）。其次，人类作为仪式化物种，恰当的仪式可促进人际关系和谐和加深认知（Collins，2004）。企业在服务情境中，使用恰当的服务仪式可凝聚消费者、加深情感互动，提高消费者的服务体验。最后，企业通过仪式符号生成服务的文化意义。企业借助代表某种意义的物品、场

景等传递品牌意义，消费者在情境互动中，通过“链”的可持续性获得体验能量，创造价值。互动主体在仪式体验中，消费者通过与服务人员的互动，帮助自己在互动接触中收获积极情绪和独特体验，然后再利用企业服务资源和自身技能等创造价值；企业开发、设计已有的资源，在互动中传递服务资源，帮助消费者获得独特的体验进而传达价值，最终参与价值的生成过程（卫海英和毛立静，2019）。因此，消费者的品牌体验是实现服务仪式价值的关键，具体表现（“陈述”）如表 6-8 和表 6-9 所示。

表 6-8　服务仪式作用结果的具体表现编码统计

表现形式	参考点	节点	“陈述”举例
感官体验	17	感官刺激	走进丝芙兰店铺，整个设计就让人眼睛移不开，太好看了。（张女士）
		感官印记	条凳一只，清茶一盏，两尺多的长嘴壶在老旧的煤气炉上冒泡，这个给我留下非常深刻的记忆，我朋友当时看见这个也觉得比较有意思。（胡女士）
情感体验	15	情感共鸣	我们观看的过程中，茶艺师展示茶具的时候，她认真的态度让我觉得泡茶是一项艺术，让我也很重视这件事情，自己已经爱上泡茶这件事情了。（李女士）
		情操陶冶	DIY 除了让我放松心情以外，更重要的就是陶冶情操，整个精神都变得不一样，比较有情趣。（吴女士）
行为体验	12	行为互动	他们在表演的时候拉我加入他们，……然后他们很热情，一直微笑表演……我也很开心地就跳了一段，他们看见我很享受的样子就更加热情地表演，大家都很开心，整个过程感觉大家融为了一体。（周先生）
		行为规范	说明书中加上这些文字，除了觉得有意义之外，更重要的是让我注意到文字，每一步都做得很规范。（王先生）
智力体验	8	知觉流畅	有意义的步骤让我能更好地去完成每一个动作，信息很容易消化，也更加容易理解，效果也更好。（吴女士）
		知识传递	我感觉体验过程中，还学到了文化，纳西族文化以前一直不了解，这次有个全新的体验，学到了。（王先生）

表 6-9　服务仪式结果价值的具体表现编码统计

表现形式	参考点	节点	“陈述”举例
情境价值	14	服务传递	通过这个环节，让我更加投入，提升了服务质量。因为他的服务元素（代表了）云南的少数民族，非常具有代表性。（王先生）
		人际价值	我们和很多顾客都成了朋友，逢年过节会给彼此祝福，甚至会有客人专门做了比萨拿给我，即使不买衣服，也会过来和我们聊天之类的。（蔡女士）
		品牌忠诚	海底捞的服务真的很周到，然后特色的活动，比如拉面小哥，还有提供的小礼品等，当我们提起火锅，会不自觉想起海底捞。（李先生）

续表

表现形式	参考点	节点	“陈述”举例
文化价值	7	道德价值	除了感受咖啡文化以外，也为（公益）贡献了自己力量。（史女士）通过感受禅文化，也更加领悟自身的行为应该有所规范。（郑先生）
		文化传承	我们希望将这种读书文化传递给我们的读者，希望借助这种有趣的形式引起更多读者的注意。（车女士）
社会价值	6	服务理念宣扬	我们其实通过一系列的读书日活动，还有就是特色的比如 DIY、咖啡文化等，想告诉读者其实“书中自有颜如玉”，希望将我们“爱书，爱上知识，爱上自然”这种理念传达给读者，希望大家也能感受这种文化理念。（车女士）
		品牌标杆	我觉得在火锅业提到服务好就会想到海底捞，它为火锅业的服务起了模范带头作用吧。因为很多火锅味道很棒，但是服务体验是真的差，海底捞的服务很优秀，其他的火锅店也可以学习这种服务模式。（李先生）

本书通过对服务人员与消费者的深度访谈，运用扎根理论进一步分析服务仪式影响消费者品牌体验，进而实现价值共创的过程，发现该过程包含服务仪式准备阶段、互动阶段和结果阶段三个阶段，详细内容如表 6-10 所示。

表 6-10　服务仪式作用结果即价值实现的具体表现编码统计

<table>
<tr><td colspan="2">服务仪式准备阶段</td></tr>
<tr><td>消费者准备</td><td>品牌资源识别</td></tr>
<tr><td>需求唤醒
▪检索信息
▪需求分析与解决方式
▪制订备选方案

评价备选方案
▪分析备选方案信息
▪综合评分

做出服务购买决策、服务预订</td><td>目标群体分析
▪市场细分
▪目标市场选择
▪市场定位

服务平台搭建

服务仪式设计
▪对服务场所的物理环境、服务器具、服务人员的服饰等进行设计
服务培训
▪对服务人员进行培训，保证服务接触中动作语言的规范化
▪虚拟服务要反复测试并制定失误补救措施等</td></tr>
<tr><td colspan="2">服务仪式互动阶段</td></tr>
<tr><td>消费者获得情感“链”和认知更新</td><td>品牌资源共享</td></tr>
<tr><td>向预订的服务供应商提出服务请求，或者进行自助服务
▪参与或观看服务表演，经历“情绪唤起—情感共鸣—情感聚集”，获得情感体验，收获服务价值
▪参与或观看服务表演，信息加工更加流畅，更新已有认知或学习心得技能，获得新知识及认知，收获服务价值</td><td>资源整合、服务传递
▪企业利用已有服务资源为消费者传递服务功能和服务体验。服务场中的服务人员需要熟悉自己扮演的角色、熟悉服务脚本</td></tr>
</table>

续表

服务仪式结果阶段	
消费者获取资源	品牌交接并升华资源
消费者获得服务传递与体验价值 ▪获取服务资源，获得品牌体验 ▪获得情感能量，提升幸福感等 ▪提升人际价值、群体规范等，提取品牌资源能量 **消费者服务绩效评价** **消费者意愿**	**品牌在资源共享的基础上进一步对接资源** ▪针对互动特征进行资源的适应性调整，提升优势 ▪互动信息及时反馈，与消费者成为合作伙伴 **赢得消费者信任及消费者忠诚** **品牌绩效**

（1）准备阶段：消费者的准备阶段对应品牌的资源识别阶段。一方面，消费者在准备阶段会经历需求唤醒、评价备选方案和做出服务购买决策、服务预订；另一方面，品牌在准备阶段也即资源识别阶段会包含目标群体分析、服务平台搭建（线上和线下）、服务仪式设计、服务培训等环节。服务仪式的准备阶段主要是企业通过对已有服务资源进行识别，结合目标客户群体特点及品牌服务理念设计服务仪式，引起消费者注意，主要发生在消费者服务之前，通过官网、微博和口碑等获取信息或者观看等激发好奇心等形成第一印象。比如“熊猫不走蛋糕”，很多消费者都是通过抖音等社交媒体进行了解，进而引起兴趣想要体验，提高生活中的意义感和乐趣。同样如“丝芙兰”的低调奢华的环境布置符合高雅、快乐、自由的经营理念，吸引消费者到店进一步体验，进而获得美容咨询与帮助，让自己变得更美。因此，服务仪式的准备阶段是服务仪式的预热阶段，帮助消费者进行情绪唤起，为服务互动做足准备，奠定情感基础。

（2）互动阶段：服务仪式的互动阶段主要是企业利用已有资源向消费者传递服务价值与服务体验，消费者进行角色分化（观察者 vs.参与者）进行互动，在情绪唤起（正反馈 vs.负反馈）以后，消费者与服务场人员互动获得情感共鸣，短暂情感不断累积汇聚成情感能量，获得品牌体验，提升品牌忠诚度；同时，消费者与服务场互动，补偿自身控制感、获得行为规范、更新已有认知、获得新知识，进而收获服务价值和仪式意义。因此，服务仪式不仅可以给消费者带来情感能量（卫海英等，2018），更能提升消费者的认知能力（Maloney，2013）：①企业通过服务仪式帮助消费者互动传递情感，包括情绪唤起和共情反应。与传统服务营销不同，互动和仪式要素在传递产品或服务功能以外，更注重与消费者实现共情，以期传递品牌理念，为消费者打造深刻体验（卫海英和毛立静，2019）。②服务仪式的符号资本通过符号传达文化价值观，形成社会规范（Durkheim，1965）。例如，茶叶体验馆通过规划体验店，旨在让消费者学习和体验茶叶氛围的同时加强对品牌的了解。因此，服务仪式通过服务设计加强消费者情感体验的同时，提升消费者认知。

（3）结果阶段：服务仪式的结果阶段主要是企业在资源共享的基础上进一步

对接资源，针对互动特征进行资源的适应性调整，提升优势，与消费者成为合作伙伴，赢得消费者信赖，提升绩效。同时，消费者获得品牌资源，通过丰富的品牌体验获得价值，包括情境价值、文化价值和社会价值。首先，服务仪式更好地传递品牌理念，帮助消费者获得积极服务体验；其次，服务仪式通过一系列具有象征意义的活动向消费者输出文化元素，消费者享受服务的同时还可以陶冶情操，提升知识技能；最后，品牌通过服务仪式自我提升，赢得消费者忠诚的同时为行业树立标杆，带动整个服务业发展，消费者也可在其中潜移默化形成新的消费价值观并规范自己的行为。

仪式作为各个层次符号的集合，为服务接触的发生建立了有效的体验平台。仪式价值是服务仪式的后效，反过来，仪式价值是服务仪式的检验标准。作用主要体现如下所述：①对于企业和品牌，通过消费者的情绪和行为反馈，企业和品牌可进一步改善和优化服务资源；②对于服务人员，消费者的反馈帮助服务人员检验自身的服务质量，根据实际情况调整服务呈现；③对于消费者，通过服务接触中的仪式化互动行为，消费者获得独特体验，包括情感和行为认知等方面。因此，服务仪式主要通过“情感”和“认知”两条路径作用于消费者品牌体验，进而为价值共创的实现创造条件，但全面服务仪式和自我服务仪式在影响机制方面又有所区别，共同作用，相互补充。接下来，将具体分析情感与认知两种不同的互动演化路径。

1. 服务仪式形成路径一：情感协同演化

消费者与服务人员在服务接触中的情感协同演化路径经过“情绪唤起—情感共鸣—情感能量”的三个环节，如图 6-2 所示。消费者的情绪唤起是短期、高强度的情绪感知，主要关注服务过程中自我的感受；情感共鸣是服务人员与消

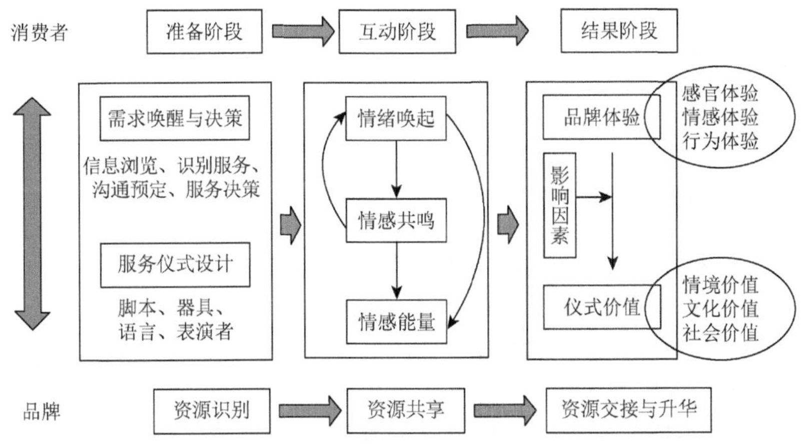

图 6-2 服务仪式情感协同演化路径

费者互动主体间情绪的彼此感染，共享情感；情感能量是消费者在互动过程中获得短暂的情绪经过不断加强和堆积，最终形成持久的情感记忆得以保存，获得丰富的品牌体验。接下来将详细分析每一个环节的具体表现。

（1）首先是情绪唤起。具体而言，消费者经过需求唤醒、评选方案、制定服务决策后进入服务场所时，标志着服务仪式进入了预热阶段。按照服务脚本设计的服务环境、服务人员和服务器具等给消费者留下初步印象，引起消费者情绪的变化。已有研究表明，首因效应对于服务评价有重要影响。在情绪唤起阶段会引起消费者情绪的两端变化，决定了服务仪式的效用，也即成功的服务仪式对消费者情绪起到正向积极作用，失败的服务仪式引起负面作用，当然正向积极作用并不意味着唤醒的都是消费者的积极情绪，消极情绪一样能起到正向的作用，如订制的软糖、威化等零食；一叶菩提的莲花盆景、专属焚香等会引起消费者好奇、舒缓等积极情绪，而失恋疗伤馆、禅意苦修等虽然引起的是消极情绪，但也能提升消费者的积极体验，情绪得以释放。如“店里的陈设让我能快速感受到氛围，觉得很有吸引力，驱动我去尝试”（王女士）。

但一些服务仪式也会引起负向情绪唤起，如受访者表示海底捞的拉面花式虽然看着很有趣，但是会觉得很不卫生，有点哗众取宠，不理解为什么要这样做；也有受访者表示在体验叫花鸡仪式的时候感觉很尴尬，“虽然当时听着比较吉利的话感觉很有意思，但是太多客人看着让人不适，以后不会体验”（刘先生）。可见，积极情绪和消极情绪都会引起负向情绪，进而造成后续互动的不流畅甚至终止，变成失败的服务仪式。

（2）接着是情感共鸣。Collins（2004）的互动仪式链理论表明，处在仪式下的共同群体之间会相互影响，情绪相互传递互相影响。已有研究表明，同一个服务场所内的消费者，通过共同关注一个焦点会获得一致的情感，获得精神和行为的共鸣。服务仪式通过有计划、有步骤的仪式活动，创造服务者与消费者之间交流的机会，提供谈论的话题，强化情感的纽带。情感共鸣不仅发生在服务人员与消费者之间，如“过生日的时候，服务人员点燃蜡烛那一刻，我们都关注那个点，点燃后一起欢呼，共同分享这份喜悦和难忘的时刻，很有意义”（刘先生）。除了消费者与服务人员之间的互动情况，这种情况也发生在消费者与消费者之间，如“在场的好几个人都有欢呼，有不懂的就问”“和朋友特地过来，觉得边吃饭边看表演很好玩”。服务场内的成员彼此之间情感相互感染，并在此基础上提高关系强度、提升个体的主观满意度。

（3）最后是情感能量。服务仪式的情感互动纽带实现仪式价值，过程中情绪唤起和情感互动的不断强化，消费者与服务人员之间的情感链条形成并深化。如“虽然只是一个小的提车仪式，当时只是觉得开心，当有一个仪式让那天与众不同，觉得算是对自己这么多年工作的肯定”（李女士）形成的记忆情感，提示自己慢慢变得成功并不断鼓励前进，“失恋后一直没有摆脱阴影，那天体验了服务以后，慢慢觉得自己才是最重要的，以后要过好自己的每一天”（沈女士）形成的积极能量，让自己摆脱失恋的痛苦，让生活充满希望。可见，积极的情感能量带有明显社会取向（冉雅璇和卫海英，2015，2016），帮助形成群体团结。

至此，通过情感能量路径，服务仪式实现了服务递进的价值网络，让消费者获得情感的满足，实现价值的传递，生成价值。

2. 服务仪式形成路径二：认知协同演化

认知协同演化路径和情感路径存在一定的交集，是基于消费者情绪唤起的基础上引起的一系列认知协同。依据梅拉比安–罗素的“刺激–反应模型”研究结果（图 6-3），有意识和无意识的感知以及对环境的解释会影响人们在环境中的感觉。反过来，人们的感觉也会影响人们对环境的反应和决策。因此，消费者感觉是这个模型的中心，该模型假定感觉驱动认知。

图 6-3　梅拉比安–罗素的“刺激–反应模型”图

综上分析，认知协同演化路径需先经过情感的加工，由感觉驱动认知。如图 6-4 所示，也即消费者通过正向情绪唤起后身体浸入特定的社会和文化情境下，对认知行为产生作用。

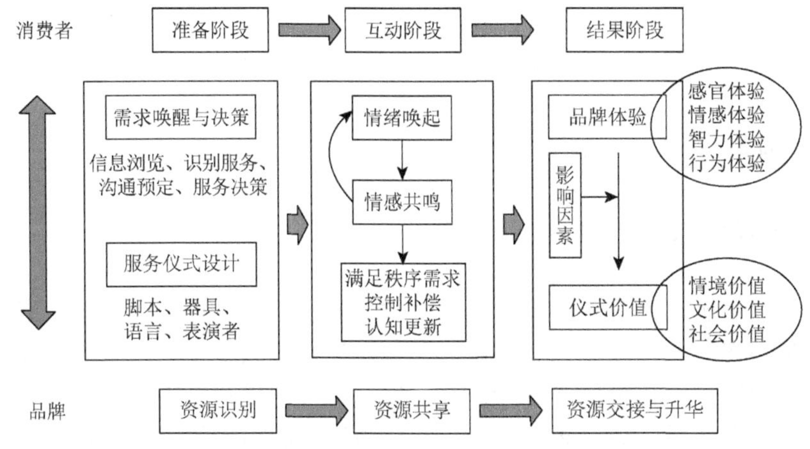

图 6-4　服务仪式认知协同演化路径

（1）满足秩序需求：服务仪式是服务人员按照既定的脚本进行表演，与消费者互动，通常由动作或行为构成，遵循着固定或半固定的操作程式，不论仪式的简单（如鞠躬欢迎礼）还是复杂（如提车仪式、芳香疗法等），都包含一系列有规律的行为和动作，按照脚本实施仪式化动作，规范有序的流程能够满足消费者的秩序需求。如“她会让我按照她的步骤一步一步边放松边做，让我觉得很有秩序，我就不会那么手足无措”（吴女士）。

（2）控制补偿：服务仪式具备非直接功能，也即有无服务仪式，品牌都可以进行服务传递，但服务仪式会帮助服务传递过程变得更加有意义、充满底蕴，从而进一步提升消费者体验，传达价值理念。因此，在服务过程中，不具备直接功能的服务仪式可以吸引消费者注意，从而帮助消费者缓解紧张情绪，排除负面想法和记忆。同时，规律有序的流程性动作可修复消费者认知障碍，恢复控制感。如“意面上的说明书说得很清晰又很有意义，本来没有追求又觉得蛮空虚的时候，有了一点慰藉”（王先生）。

（3）认知更新：根据学习理论可知，个体进行学习是通过外界刺激与行为模仿的结合获得知识技能。服务仪式作为行为动作和象征意义的结合体，可帮助企业传递知识和服务理念、强化消费者感官与情感刺激，实现思考与行为的转变等。例如，“原来禅学文化是这样的，感觉刷新了认知，打开了我的新世界”（郑先生）、“看他烫毛肚的方式，我感觉自己以前的吃法都是错的”（刘女士）。同时，除了消费者可以获得知识提升以外，服务员工也可以从中学习知识，更新已有认知。例如，“我在这个行业做这么久，除了帮助顾客静心凝神以外，我自己也对这个世界有了不一样的看法，更亲近自然，处理事情的时候考虑的方面也不同了”（王女士）。Erhardt 等（2016）研究发现，在餐饮服务场景中，仪式也可以提升服务人员的积极情绪，传达公司关爱员工的理念等。Plester（2015）发现仪式除了可以塑造和传达企业文化以外，还可以提升员工工作热情。不仅对于服务场内人员，Sueldo 和 Streimikiene（2016）研究发现，仪式也可以对其他利益相关者进行认知更新和传递品牌理念。因此，服务仪式除了刺激个体的感官及情感以外，也可以成为传递知识和品牌价值理念的平台与纽带。

6.3.3　仪式效果影响因素

服务仪式影响消费者品牌体验，生成价值的作用过程中受到各种因素的影响，包括消费者、情境和仪式因素。其中，消费者因素包含消费者个体特征和消费者心理因素，情境因素包含社会情境、服务情境和品牌资产，仪式因素包含仪式要素和仪式匹配。影响服务仪式作用过程的因素的具体表现（“陈述”）如表 6-11 所示。

表 6-11　服务仪式影响因素的具体表现编码统计

表现形式	参考点	节点	“陈述”举例
消费者因素	9	消费者个体特征	我不是很喜欢海底捞的服务，觉得过于周到，让我不舒服。但我儿子很喜欢，男孩子，年龄小喜欢看一些有趣的东西。（林女士） 我在和他们一起跳舞的时候，我妈反应更加强烈，年龄大了，可能更喜欢这些东西。（周先生）
		消费者心理因素	我和原来女朋友一起去的，但是后边她说这些其实也都是噱头啦，可能因为她平时就比较理性。（郑先生）
情境因素	13	社会情境	我从小在云南生活过一段时间，有一种别样的情感，所以看到他的服务元素有小时候云南的那种味道，就更加有感情吧。（王先生）
		服务情境	那天天气不太好，加上又是在大堂吃的，看到这些活动我觉得有点烦躁。（林女士） 提车那天感觉店的氛围很棒啊，加上这些仪式觉得很有意义。（陈先生）
		品牌资产	我比较了解奥迪，也是大品牌嘛，所以提车那天他们有特意安排，很棒。（陈先生）
仪式因素	17	仪式要素	通过现场布置和誓言让我觉得很有意义，以前觉得这种没什么意思，但是自己经历了这个仪式后才感觉到这种力量，只是通过现场布置和一些环节就发挥了很神奇的力量。（梁女士） 我们都是通过净手礼啊、饮茶等环节打造仪式的神圣感，代表禅学文化。（闫女士）
		仪式匹配	新疆菜跳这个舞很合主题，如果是普通餐厅就不伦不类了。（周先生）

1. 消费者因素

消费者因素包括消费者个体特征和消费者心理因素。前者包括消费者的年龄、性别、家庭及职业状况等。后者指消费者对服务仪式的认识过程、情绪和情感过程、意志过程。根据深度访谈，女性消费者比男性消费者更容易进行情感互动，加强对服务仪式的理解与感悟，进而增强品牌体验和收获服务仪式价值。消费者消费心理，如服务动机、消费者涉入度等也会影响服务仪式效果。如“我在和他们一起跳舞的时候，我妈反应更加强烈，年龄大了，可能更喜欢这些东西”（周先生）。可见，不同个体特征和不同心理特征的消费者会影响服务仪式效果。

2. 情境因素

情境因素可分为服务情境、社会情境和品牌资产。服务情境是消费者在服务接触中所处环境，包括现场人员、天气等情况。如“那天天气不太好，加上又是在大堂吃的，看到这些活动我觉得有点烦躁”（林女士）。社会情境是消费者与社会环境的互动关系，包括消费者的社会经历和社会文化历史等情况，以及群体压力和面子文化等。如群体压力，有时候不忍心拒绝别人，但是进行互动后又心里不舒服。如“其实我并不喜欢在很多人面前和别人互动，但是大家一致起哄，我就和他们一起进行了饭前感恩仪式”（李女士）。品牌资产是消费者在认知基础上产生的附加价值，表现为消费者对有品牌服务和无品牌服务之间认识和感受的区别，通常对有品牌服务的认识和感受更加积极。比如“丝芙兰大品牌比较值得信赖，虚拟试妆也比较有趣，相比其他试妆的品牌，会觉得这个更好”（王女士）。总而言之，情境因素是服务仪式效果的关键。

3. 仪式因素

仪式因素包括仪式要素和仪式匹配。仪式要素包含仪式脚本、器具、语言和表演者等因素，仪式匹配是服务仪式与品牌理念、消费场景等的一致程度。仪式要素和仪式匹配相辅相成，做到要素及风格统一，才会让消费者感知到服务仪式的魅力，反之则会产生相反的效果。如“我们都是通过净手礼啊、饮茶等环节打造仪式的神圣感，代表禅学文化”（闫女士）。当服务仪式与品牌服务理念、品牌个性保持一致时，服务仪式才会发挥其效用，反之则会显得不伦不类，甚至产生相反的作用。

6.4　结论与战略指引

本章基于价值共创视角，通过归纳相关文献、消费者和服务人员的访谈获取资料，探讨了服务仪式的内涵及类别，提出了服务仪式影响消费者品牌体验的作用路径及影响因素。

主要结论包括：①界定了服务仪式，指服务人员与消费者在服务接触中进行的仪式化互动行为。根据消费者的参与程度和背景，可分为全面服务仪式和自我服务仪式，前者发生在实际服务接触中，后者发生在虚拟服务场景中，消费者利用自身技能或资源与虚拟服务人员进行的仪式化互动行为。②服务仪式通过情感和认知两条演化路径影响消费者品牌体验，进而生成结果价值。两个作用过程独立又有紧密联系，共同作用，通过影响消费者的感官、情感、行为和智力体验生成情境价值、文化价值和社会价值。③服务仪式作用效果受到消费者因素、情境因素和仪式因素的影响。

综上，本章基于价值共创视角围绕服务仪式内涵及作用结果展开研究，一方面将价值共创思想在服务互动中进行有效实施，初步探讨了服务仪式下互动主体间通过协同演化升华资源、获取价值。另一方面，本章围绕服务仪式构建了服务仪式研究的框架模型，为服务仪式的实证研究提供了思路。综上所述，本章的结论明晰了相关概念，构建了研究理论框架，丰富了服务互动视角。

从实践的角度来说，本章的研究结论加强了对服务仪式真谛的认识，为更好地设计和操作服务仪式提供了具体建议和理论指导。本章实践启示如下：第一，企业需要根据自身品牌理念和已有服务资源进行服务仪式设计，对不同的渠道采取不同的模式来吸引消费者；第二，服务仪式互动阶段情绪唤起是仪式效果的基础，无论是情感还是认知路径，只有消费者通过情绪唤起获得正向情感共鸣，才能形成良好的品牌体验；第三，服务仪式效果受到诸多因素影响，对此，企业需发现与自己匹配的服务理念和文化内涵，设计服务仪式脚本并据此布置服务环境和培训服务人员，让服务人员深入了解品牌理念和服务仪式内涵，在此基础上引导服务人员与消费者进行有效互动，科学有效地实施服务仪式，发挥服务仪式对消费者行为的作用。

根据深度访谈和扎根理论研究结果，要设计成功的服务仪式，可参考以下三个步骤。

第一步，主题化。正如好莱坞作家彼得·奥顿（Peter Orton）曾经说的："故事就是我们用来传递信息的鱼钩。"企业首先需要为体验构思一个主题。每一个体验都需要一个贯穿始终的主题，例如拉斯维加斯的罗马集市商场就忠实地贯穿了它的主题，这里的每一个细节都展现了古罗马市场场景，华丽的建筑、大理石地板、纯白的石柱，每一个大门和店面都忠实于古罗马的主题。又如电脑维修公司——奇客小分队的主题就是"板着脸制造喜剧"。在这个荒诞剧的主题下，公司的"特工们"一个个摆出一副严肃的表情。这些"特工"的工作还是普通的电脑维修和安装，但是他们的装扮、道具和台词让人觉得十分好笑。奇客小分队的名称、标记、车辆、徽章和服装都在讲述一个特工执行任务的故事。但莫要贪心，设定太多的主题，各种主题的堆砌让消费者应接不暇，同一时间无法沉浸到好几个故事里面，只会让消费者的投入感大大降低。

第二步，场景化。服务场景是消费者与品牌相遇的地方，是体验发生的环境。很多消费者走进一家餐厅，还没坐好，就可能因为餐厅的环境、气味或者布置而决定离开。场景的重要性不言而喻。富勒称："你不可能改变人，但是如果你改变他们所处的环境，那么他们会随之改变。"除了现实的服务场景以外，VR 技术和 AR 技术为场景打造提供了一种新的可能。现在一些景点或者博物馆都提供了虚拟参观活动，如罗浮宫 3D 虚拟游览服务。事实上，改变场景不但可以改变消费者的体验，还可以改变员工的态度，提升员工的幸福感。

第三步，戏剧化。把真实生活戏剧化，需要模糊真实生活和演出的界限，把很多过去在幕后的工作放到台前展示。例如，午餐肉博物馆、吉尼斯啤酒博物馆、乐高体验中心、喜力啤酒体验中心等，这些体验都是把过去在幕后的工作放到了舞台上。以前的戏剧表演只能在剧场、电影院和主题公园向消费者呈现，现在戏剧表演的竞争对手不但包括餐厅、咖啡厅、电脑游戏和虚拟世界，还包括银行、保险公司、航空公司和餐厅，甚至包括商场。每一家企业都变成了一个舞台。当每一家企业变成了舞台，每一个服务人员也就变成了演员，迪士尼称呼自己的员工为“cast member”，就是演职人员。事实上，派恩和吉尔摩认为，在营造体验的过程中，每一个服务人员的每一件工作都变成了演出。飞机乘务员迎接消费者是演出，厨师在厨房里揉面团是演出，擦鞋匠擦鞋、出租车司机开车也是演出。每一个服务人员都应该积极地做出相应的行动改变，通过表演的方式来影响消费者的感受。每个服务人员都需要用演员的专业精神让自己日常的工作呈现出亮点。一个严肃的工作也可以通过戏剧化的方式来表达，让消费者大开眼界，为消费者制造难忘的记忆。

由此，服务仪式应“充分调动消费者的感官，定格高潮”，美好的开始等于成功的一半，完美的 ending（结尾）是最后的升华。例如，迪士尼的焰火晚会就放到最后一刻，让游客的体验停留在高潮，游客的记忆也就停留在高潮。之前那些大排长龙队伍、炎热的天气、难吃的食物等糟糕的体验，一下子就被五彩缤纷的焰火闪耀得烟消云散了。一个美好的结尾，塑造了美好的记忆。因此，营销者在设计服务仪式时要增强结尾的体验。

第 7 章　服务仪式对品牌体验的影响及战略指引

第 6 章通过探索性研究发现，服务仪式通过作用于消费者品牌体验实现价值的生成，品牌体验是服务仪式价值实现的基础。同时，消费者获得品牌体验，一方面是服务仪式价值实现的必经过程，另一方面也是企业提升消费者满意度，改善客户关系管理的关键。基于此，本章将定量探讨服务仪式对消费者品牌体验的作用，进而为企业实施服务仪式、提升品牌价值提供参考。

依据第 6 章的质性研究结果，服务仪式划分为全面服务仪式和自我服务仪式，二者对品牌体验的作用机制存在一定的差距。因此，本章将详细探讨全面服务仪式（7.1 节）和自我服务仪式（7.2 节）对消费者品牌体验的影响，进而为品牌利用服务资源设计和实施服务仪式，合理进行服务设计提供一定的启示和建议。

7.1　全面服务仪式对品牌体验的影响作用

7.1.1　研究目的

全世界是一个舞台，我们每个人都只是舞台上的一名演员，都有自己的出场和谢幕，同时在扮演多种角色。

——威廉·莎士比亚，1960 年

全面服务仪式如何影响消费者品牌体验？近年来，仪式作为涵盖多种层次的符号与表达意义的聚集体，对个体的生活方式和决策有着重要的作用（卫海英等，2018），引起心理学和消费者行为学等各个领域专家学者的关注。在营销领域，企业已经意识到仪式带来的积极效果，在服务中纳入仪式化互动提升消费者品牌体验，传递服务与品牌价值理念（Anderson et al.，2016）。比如珠宝店为消费者设置的求婚仪式，很多珠宝店在客户购买钻戒的时候询问是否需要求婚设计，根据客户特点设计求婚仪式，为客户留下难忘的体验记忆。

已有文献表明，服务仪式可有效拉近服务场内各主体间（服务人员、消费者、品牌）的关系，增强消费者的幸福感，进而提升服务评价、加强消费者与服务品牌的联系（卫海英等，2018，2020；卫海英和毛立静，2019）。然而，部分企业并没有科学有效地在服务中运用仪式，因而，非但没有提升消费者积极情绪，反而产生相反的效果，如在餐饮店中的一些服务仪式让消费者感觉嘈杂，造成认知负担等。因此，服务仪式提升消费者品牌体验受到诸多因素的影响，科学合理地设计服务仪式才能发挥仪式最大价值，提升消费者的品牌体验。

服务仪式作为服务接触中，服务人员与消费者之间的一系列正式的、表达价值和意义的仪式化互动行为，包含脚本、器具、语言和表演者四要素（卫海英等，2018；卫海英和毛立静，2019）。如果我们基于戏剧角度，探析服务传递过程中的人员分工和互动，那么服务接触中的个体（包括服务人员和消费者）都是按照企业设计的服务脚本扮演各自的角色。斯蒂芬·格洛夫和雷·菲斯克将角色定义为"为了最大限度地实现目标，个体在社会互动、沟通中获得并表现出来的行为模式集合"。在服务互动过程中，只有服务人员和消费者扮演的角色具有高度的一致性，才能更好地完成既定剧本，实现双方目标，服务人员进行服务传递，消费者获得别致的消费体验，提高对服务和企业的满意度。

在戏剧理论中剧本是戏剧表演的基础，规定了演员的角色和表演形式。相对应地，服务仪式中的服务脚本是服务互动双方角色扮演和行为规范的基础，规定了服务场内的环境设置与互动主体间的出场及行为规范。同样，和演员一样，消费者体验的消费次数越多，对服务脚本与互动方式越熟悉，越能融入服务场内。因此，消费者在熟悉某个品牌的服务脚本以后，便会驾轻就熟，以致不愿再转去其他的品牌重新熟悉新的服务脚本，也即科学有效的服务脚本会提升消费者黏性，进而获取竞争优势。但服务脚本的设计要与品牌自身服务理念和消费者角色保持一致，不一致的服务脚本不但不能提升服务仪式效果，反而使消费者和服务人员滋生不满，如要求专业性极强的功能服务企业采用娱乐性极强的服务仪式，或者需要高程度互动接触的服务采用低接触服务脚本，这些不一致的服务仪式设计都会使得服务仪式产生相反的效果。

因此，本书认为，服务仪式对消费者品牌体验的影响作用受限于服务类型及消费者角色的影响。根据前人研究，服务根据内容可划分为享乐型服务和功能型服务两种（Kaushik et al.，1993）。享乐型服务是指消费者通过自身体验可以获得感官和情感上的满足，依赖于消费者的浸入，亲身体验会增强服务仪式的感官印记，进而形成日后谈资的基础，获得良好体验；而功能型服务是指消费者以结果和实用性为主，消费者作为观察者更有利于接受服务知识，从而提升品牌体验。

基于此，本节将围绕"全面服务仪式"展开研究，探析与验证服务仪式对消费者品牌体验的影响作用。详细来说，本章主要探讨以下几个问题：①全面服务仪式程度对消费者品牌体验的影响作用；②"全面服务仪式→品牌体验"的中介机制，剖析全面服务仪式影响消费者品牌体验的内在路径，也即验证感官印记和会话价值的中介作用；③探讨服务类型和消费者角色的调节作用，也即验证对于享乐型与功能型服务，消费者扮演何种角色才能更好发挥服务仪式的积极作用，为企业的服务仪式定位与设计提供更加确实的参考依据。

7.1.2　理论推演与研究框架

1. 品牌体验

1）品牌体验内涵

品牌体验（brand experience）作为消费者对品牌的经历感受，是体验与品牌相结合的概念，指消费者在与品牌接触互动的过程中，对品牌相关事件感受的积累（Gray，2002）。随着体验在品牌相关研究中的不断丰富与演进，不同学者基于不同的角度进行了界定，部分研究如表 7-1 所示。

表 7-1　品牌体验概念界定部分研究汇总

概念界定	代表学者
品牌体验发生在与消费者互动过程中消费者的感受，由品牌的交流者、与消费者的互动、感官上的刺激、品牌环境四个要素构成	Gray（2002）
品牌体验是消费者在整个消费过程中与品牌有关的情感互动和情绪感受等	Bennett 等（2005）
品牌体验是消费者经历和感受的积累，发生在互动体验中，能有效提升品牌形象等	O'Loughlin 等（2004）
品牌体验是消费者在与品牌互动过程中，基于品牌因素，包括品牌本身和相关刺激物如包装等引起的消费者反应	齐永智（2019）

总结现有品牌体验定义研究发现，品牌体验主要由品牌刺激物、消费者互动、感官刺激三个要素构成。消费者在消费过程中不仅在意品牌满足自身功能需求，更看重品牌带来的主观内在情感和社会需求。因此，综合上述品牌体验的界定，本书将品牌体验界定为，在消费者消费的整个过程中，品牌或品牌刺激物给消费者带来的反应，表现为主观性、情感性、个性化内在情感和外在行动。

2）品牌体验影响机制

品牌体验可以是短暂的情感反应，也可以是长期的情感聚集，对品牌维持客户关系有着举足轻重的作用。国内外众多研究者基于不同角度和背景，探索和验证了品牌体验与其他研究变量之间的关系（侯建荣，2016；杨德锋等，2010），汇总分析发现，这些变量可归纳为前因变量和结果变量两类：①前因变量。品牌体验的前因可分为个体因素、品牌因素和匹配性三类。个体因素主要包括个体特征和心理因素，如消费者音乐情感特征（侯建荣，2016）、消费者信任（Chen et al.，2014）和感知有用性（Lundqvist et al.，2013）等；品牌因素主要是品牌创造的氛围和条件，包括品牌价值和品牌刺激物，如事件营销（Whelan and Wohlfeil，2006）、品牌故事（Lundqvist et al.，2013）、品牌标识（Khan and Rahman，2015）等；匹配性主要包括消费者与匹配的一致性和价值共创，如调节匹配（Beverland et al.，2006）、参与品牌共创（Nysveen and Pedersen，2014）和品牌个性一致性程度（侯建荣，2016）等。②结果变量。品牌体验的结果研究可分为消费者决策和品牌关系两类。消费者决策主要包括消费者购买意愿（Ong et al.，2018）、满意度（Terblanche and Boshoff，2006）、感知价值（边雅静等，2012）等；品牌关系主要包括品牌形象（Chang and Chieng，2006）、品牌资产（Kumar et al.，2013）、品牌至爱（杨德锋等，2010）和品牌信任（Nysveen et al.，2014）等。由此可见，品牌体验对企业市场营销的作用愈加重要。

品牌体验作为消费者与品牌互动后感受，对消费者幸福与品牌绩效的提升有着重要作用。然归纳现有前因影响变量，发现前人探究的影响因素主要集中在品牌因素和消费者主观因素，部分学者探讨了匹配性（如品牌一致性等）因素，但缺乏从品牌与消费者互动角度的探讨研究，尤其是引入文化仪式要素带给消费者的非凡体验和传递品牌价值观的研究。

2. 服务仪式与品牌体验

Collins（2004）的互动仪式链理论指出，相互关注和情感能量是仪式的核心机制。仪式通过在器具、语言、脚本和表演者中纳入符号，彰显自身品牌理念，引发个体关注，在互动中实现情感共享和情感聚集。品牌作为传达核心理念的载体与仪式的符号相对应（冉雅璇和卫海英，2016）。因此，基于互动仪式链理论，恰当的服务仪式设计将提升消费者的品牌体验，进而增强参与者的品牌理念感知。消费者的品牌体验是基于消费者与品牌深入的互动，消费者在与产品及服务的互动中凝聚情感、更新品牌认知、收获多层次的品牌体验。显然，企业科学合理地利用服务资源设计实施服务仪式，可帮助消费者收获丰富有价值的品牌体验，并在此基础上以“链”的形式向消费者传递品牌的理念及价值观。

价值共创理论和互动仪式链理论为理解服务仪式如何影响消费者的品牌体验提供了新的解释视角。第一，互动是体验的基础，服务仪式是价值共创的有效实施。在传统服务营销中，企业往往基于自身角度设计服务，向消费者进行服务的传递，沟通方式是“企业→消费者”单向传递，未充分认识到消费者才是价值创造的核心角色（Vargo and Lusch，2011），品牌与消费者之间的关系已经逐渐演变为“传播→沟通→互动”，互动是 21 世纪营销的主要途径（Fournier，1998）。服务仪式是在服务接触中服务人员与消费者之间的仪式化互动，实现了“企业↔消费者”之间的双向沟通，加强了服务资源对消费者的刺激，提升消费者体验（卫海英和毛立静，2019）。第二，服务仪式除了兼具服务功能以外，更侧重品牌价值的表达与核心文化理念的传递。服务仪式借助多种符号与规范行为表达寓意，强烈刺激消费者的感官，加强了消费者的感官印记和情感聚集。第三，价值是体验的最终目标，品牌通过仪式符号生成服务的文化意义（卫海英等，2020）。服务仪式通过不同层次的符号凝结彰显品牌的核心理念和价值内涵，增强了消费者在日后谈论服务仪式的概率，进一步巩固品牌体验，并以"链"的形式不断聚集，提升消费者对品牌的忠诚度。

综上所述，服务仪式作为抽象符号与意义表达的结合体，可能在服务人员与消费者的互动中通过情感能量"链"的涌动与品牌理念的寓意表达提升消费者的品牌体验。第一，服务仪式是囊括多种符号的表达意义性的程序化活动（卫海英和毛立静，2019；卫海英等，2018）。服务仪式使得企业的服务在互动的基础上兼具文化与艺术感，与同行业其他品牌形成鲜明对比，吸引消费者注意，促使互动的发生。第二，人类作为仪式化的物种，恰当的仪式可促进人际关系的和谐和认知的更新（Collins，2004）。企业在服务情境中，使用恰当的服务仪式可凝聚消费者、加深互动主体间的情感互动，提高服务体验。第三，企业通过仪式符号生成服务的文化意义。企业借助代表某种意义的物品、场景等传递品牌意义，消费者在情境互动中，通过"链"的可持续性获得体验能量，创造价值。由此推测，服务仪式很可能会提升消费者品牌体验。

据此分析，本章提出如下假设。

假设 7-1：服务仪式程度影响消费者的品牌体验。

3. 服务仪式影响品牌体验——连续中介机制

本节引入会话价值（conversational value）这一概念，指消费者在社会沟通中谈论到一种消费行为的可能性。高会话价值的消费行为表示该行为被谈论的可能性大，低会话价值的消费行为表示被谈论的可能性小。消费行为的会话价值是至关重要的，可有效增强对共同事件的记忆、获得支持和认可，以及积极体验和提高幸福感（Bastos and Brucks，2017）。本书认为服务仪式、感官印记、会话价值、品牌体验四个变量间存在相应逻辑关系，即服务仪式通过影响消费者感官印记、促使会话价值形成、进而影响品牌体验。

一方面，服务仪式是具有标志性和代表性的服务呈现。首先，服务仪式通过打造文化与意义特点，帮助品牌在千篇一律的服务流程中独树一帜，加强消费者的感官刺激，加深服务体验的记忆点。其次，感官印记唤起交谈欲望。沟通与自己相关的事情是核心部分，也是一种普遍存在的行为（Gainer，1995），当人们相互交谈时，消费记忆会更加突出，深刻的感官记忆再次刺激情感，促使获得的情感进一步加强。正如品牌印象形成于交谈之中，交谈使信息传播成为可能，影响人们购买意愿及情感评价。最后，服务仪式的互动性、观赏性和特殊性也会给消费者留下强烈的感官印记，进一步丰富品牌体验的层次和记忆，增加了情感能量的传递。

另一方面，会话价值可增强品牌体验。体验的核心在于亲身经历与感悟，消费者的品牌选择往往能够代表个人真实自我，个体倾向于分享自身的品牌体验建立积极形象等，同时独特的品牌体验更能引起大众的兴趣，增加会话价值。同时，长期研究表明会话能带来心理调节、身体健康和幸福感。会话可以通过多种方式增加幸福感，比如与他人描述消费体验会获得支持和确认，帮助再次回忆体验细节（Fournier，1998）。因此，通过回忆服务体验和延长服务体验的持续时间能进一步增强品牌体验。

服务仪式程度影响消费者的品牌体验（假设 7-1）是基于感官印记和会话价值，也即服务仪式能增强消费者的感官印记，进而激发消费者沟通意愿，促进会话价值的提升，会话价值越高，越能延长服务仪式带来的情感能量，提升消费者品牌体验。因此，本章构建连续中介模型来解释服务仪式对消费者品牌体验的影响作用。连续中介模型的影响路径是“服务仪式→感官印记→会话价值→品牌体验”。

据此分析，本章提出如下假设。

假设 7-2：服务仪式程度影响消费者的感官印记和会话价值，进而影响消费者的品牌体验。

4. 服务类型、消费者角色的调节作用

服务仪式对品牌体验的影响受到服务类型和消费者角色的影响。对于享乐型服务，消费者是为了满足情感与感官的刺激，相比观察者，参与者融入服务仪式中，会放大感官刺激，增强记忆点，从而提升品牌体验；对于功能型服务，相比参与者，观察者通过观看服务仪式，减少思考的限制和降低焦虑情绪，从而提升品牌体验。

一方面，对于享乐型服务，消费者主要是寻求感官上的体验和快乐（Dhar and Wertenbroch，2000）。根据 Collins（2004）的互动仪式链理论，对于盛况和寻求刺激的活动，聚集人群中身体参与是感官刺激与获得情感能量的关键。个体通过与其他人一起共同参与、共享情感以后，尤其是经历了振奋人心或特别的经历体验以后，会特别想与他人一起分享特别的时刻与情感。甚至对于情感十分强烈的体验，会通过不断地重复与振奋的声音加以表达（Collins，2004）。因此，在享乐型服务中，消费者参与到服务仪式中，如与服务人员一起热舞等，会增强与服务人员的互动，加强彼此的感情交流，提供更多的产生集体情感的瞬间，加强情感能量的聚集，提升消费者品牌体验；相比参与者，消费者作为观察者只是观看

服务仪式，互动的热情被降低，甚至保持沉默，从而降低服务仪式带来的影响效果。

另一方面，对于功能型服务，消费者主要看重结果和实用性，消费者角色会发挥不一样的作用。在功能型服务中，消费者会希望自身能够在服务中满足需求，作为观察者，服务仪式可发挥其流程性等特点，帮助消费者获得与众不同的需求满足。比如“巴奴毛肚火锅”，消费者仅是观看服务人员的（烫毛肚）表演，可学习到更专业吃火锅的方式，从而提升品牌体验；相比观察者，参与者会增加消费者的认知负荷，产生服务干扰的错觉，如消费者在私人定制生活馆学习手工皂 DIY 时，消费者还未学习到制作方法就要求与服务人员一起互动完成芳香疗法等，反而加剧消费者的情绪困扰，降低服务仪式的作用效果。

据此分析，本章提出如下假设。

假设 7-3a：对于享乐型服务，相比观察者，消费者作为参与者，服务仪式程度与消费者的品牌体验正相关。

假设 7-3b：对于功能型服务，相比参与者，消费者作为观察者，服务仪式程度与消费者的品牌体验正相关。

综合以上假设，全面服务仪式对品牌体验影响的理论框架如图 7-1 所示。

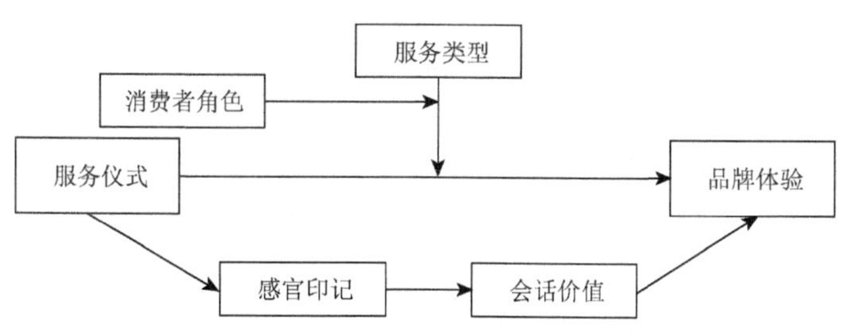

图 7-1　“全面服务仪式—品牌体验”研究框架图

7.1.3　研究设计与数据结果

本节将通过设计四个实验，检验上述概念模型“全面服务仪式—品牌体验”的假设。其中，实验 7-1 是一项田野实验，初步验证全面服务仪式对消费者品牌体验的影响作用；实验 7-2 验证假设 7-2，即验证“服务仪式→感官印记→会话价值→品牌体验”连续中介效应，并排除其他可能性解释；实验 7-3 验证假设 7-3，服务类型的调节作用；实验 7-4 验证假设 7-3，消费者角色的作用。具体的实验安排如表 7-2 所示。

表 7-2 实验安排表

实验序号	实验目的	实验设计	所属行业类别
实验 7-1	①检验假设 7-1 ②提高研究结论的外部有效性	田野实验 单因素组间设计 高程度服务仪式 vs.低程度服务仪式	餐饮业
实验 7-2	①检验假设 7-2 ②排除替代解释	实验室实验 单因素组间设计 高程度服务仪式 vs.低程度服务仪式	零售业
实验 7-3	验证假设 7-3	实验室实验 2×2 的组间设计 （服务仪式×服务类型）	餐饮业和医疗业
实验 7-4	验证假设 7-3	实验室实验 2×2×2 的混合实验设计 （服务仪式×服务类型×消费者角色）	美容业

1. 服务仪式前测——选取服务内容

在四个实验中，本书选取了餐饮业、零售业、医疗业和美容业的服务进行服务仪式设计。事先让 35 名不参与正式实验的被试，对不同服务内容的服务体验（享乐型 vs.功能型）进行评分，得分越高，越偏向享乐型服务，反之，得分越低，越偏向功能型服务。数据结果表明，餐饮业（火锅）（$M=6.32$）＞餐饮业（清真菜）（$M=6.07$）＞餐饮业（自助）（$M=5.74$）＞零售业（护肤品）（$M=5.31$）＞零售业（茶叶）（$M=4.66$）＞美容业（SPA）（$M=4.42$）＞教育培训（新东方）（$M=3.73$）＞医疗业（洗牙）（$M=3.17$）＞金融业（理财顾问）（$M=2.65$）。

在四个实验中，本书采用了自助餐厅（实验 7-1）、茶叶馆（实验 7-2）、清真餐厅和洗牙服务（实验 7-3）和 SPA（实验 7-4）作为目标服务品类。原因一是，大学生对这几种服务相对了解，且在性别上不存在差异；原因二是，相较之下，这几种服务品类在实验中操纵服务仪式相对容易，在实际中具有可参考性。

2. 实验 7-1：服务仪式程度对消费者品牌体验的影响

1）实验设计

实验 7-1 是为了初步验证服务仪式程度对消费者品牌体验的影响，即检验假设 7-1。实验 7-1 采用田野实验，也即采用服务仪式程度（高 vs.低）的单因素组间实验设计。因变量为消费者品牌体验，有效被试 84 名。

实验地点为素满香素食餐厅。素满香是一家极具亲和力的平价素食餐厅，其经营模式是自助式。素满香风格简洁但蕴含丰富的文化内涵，用智慧给餐厅以独特的服务仪式设计，增强消费者愉悦体验，传达茹素的品牌理念。素满香蕴含的服务仪式体现如表 7-3 所示。

表 7-3　实验 7-1 实验设计蕴含服务仪式体现情况表

服务仪式四要素	内容
脚本	消费者入店&服务人员欢迎→消费者付钱领餐盘→消费者挑选自己喜欢的食物&服务人员服务→消费者就餐→将餐盘放到指定位置→用餐结束
器具	【环境】充满正能量的空间，素满香的装修风格趋向简洁，但文化的内涵无处不在，餐厅墙面精致有序排列着富含茹素理念的字画、感恩的格言等。 【菜品】开放式厨房清晰展现菜品的加工过程，烹饪完成后，将制作好的主食、菜品、甜点、水果等美味食物依序排列，颜色如彩虹般五彩斑斓，味道纯正。
语言	日常用语：欢迎光临等 特殊时段服务人员集体朗读《饭前感恩词》 感恩天地滋养万物。感恩国家培养护佑。 感恩父母养育之恩。感恩老师辛勤教导。 感恩同学关心帮助。感恩农夫辛勤劳作。 感恩大众信任支持。感恩一切的一切。
表演者	素满香的素菜制作者是一帮学餐饮专业的大学生，专业的烹调技能，良好的职业道德，以及丰富的社会实践经验，加上年轻人的活力、创造力、执行力、行动力，以及丰富的想象力，使每一道菜都是一种超越，一种提升，乃至是一种对美好生活的描绘与向往。 服务人员着统一服装，为消费者打造一份美妙的就餐体验。

素满香餐厅的布置和服务蕴含丰富的文化内涵，其中《饭前感恩词》仅在开始营业时由所有服务人员统一站在店内，虔诚地朗诵。因此，不同时段的消费者感受店内的氛围不同，自然分为服务仪式高低两种表征方式，也即体验到《饭前感恩词》的消费者经历高服务仪式，没有体验到的消费者经历低服务仪式。

2）实验流程

本实验总共获得了 93 份问卷，实验流程如表 7-4 所示。首先与素满香的经理进行协商，对前来就餐的消费者发放问卷。餐厅经理同意以后，选择中午和晚上就餐时间向消费者发放问卷，请他们单独作答相关问题。问卷收集过程由实验负责人一人完成。在被试用完餐以后邀请被试填写问卷，可获得餐厅新开发的甜点一份。问卷包含两部分，分别是品牌体验测试及有效性测试。

表 7-4　实验 7-1 流程及被试情况

实验流程	被试情况
①实验准备：问卷材料准备和餐厅经理沟通； ②被试就餐，体验服务仪式； ③填写品牌体验相关问项； ④有效性测试和人口统计信息。	实验 7-1 获得有效问卷 84 份，其中男性 32 位，女性 52 位

品牌体验测量采用 Brakus 等（2009）开发的量表，共 8 个题项，具体包括“我觉得这个品牌给我带来深刻的印象/感官上很有趣/唤起了我的情感/我的身体获得了某种体验/是一个情感品牌/我参与了某种行动或行为/进行了大量思考/激发了

我的好奇心”。所有问项均采用 7 分利克特量表，1 分表示完全不同意，7 分表示完全同意，一致性 Cronbach’s α 系数是 0.783。

服务仪式程度操纵检验采用研究团队开发的服务仪式量表，共 13 个题项，包含流程性、独特性、共鸣性、寓意性四个维度，根据本节的服务场景进行改编。

为排除菜品本身的干扰，被试在最后需填写“请问您是否满意素满香的口味”，如果被试回答“是”，保留数据；反之，被试回答“否”，数据无效。团队选择在 2020 年 7 月 9 日至 11 日进行为期 3 天的数据收集，共发放了问卷 93 份，排除填写错误和不完整等问卷，最后有效问卷 84 份。其中，体验到《饭前感恩词》的被试（高服务仪式组）的问卷总数为 46 份，没有体验到的被试（低服务仪式组）的问卷总数为 38 份，其中男性占比 38.1%。

3）实验结果

实验 7-1 首先采用 G*Power 软件计算样本的统计检验力，结果为 0.82，说明实验参与人数是有效的。接着对样本进行方差同质性检验，数据显示样本离散情形并无明显差别（$F = 3.676$，$p = 0.131$）。最后，独立样本 t 检验的结果表明高服务仪式组得分（$M = 4.74$）显著高于低服务仪式组得分（$M = 3.69$），$t(1,82) = 9.545$，$p = 0.00$。结果显示，服务仪式程度的操纵成功，详见表 7-5 和图 7-2。

表 7-5　实验 7-1 操纵检验结果

操纵变量		t 值	df	p 值	均值	SD 值	操纵结果
服务仪式程度	低	9.545	82	0.00	3.69	0.503	通过
	高				4.74	0.496	

注：SD 表示标准偏差（Std Dev，standard deviation）

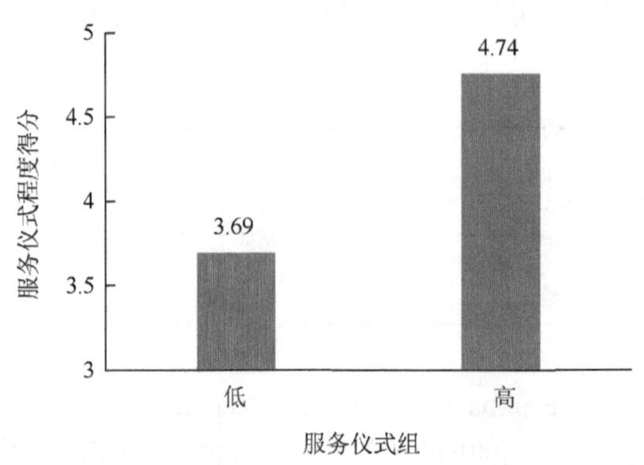

图 7-2　实验 7-1 服务仪式程度操纵检验

实验结果如图 7-3 所示，高服务仪式组（$M=4.52$，SD = 0.631）、低服务仪式组（$M=4.06$，SD = 0.401）在消费者品牌体验的得分存在显著差异[$F(1, 82) = 14.359$，$p<0.001$]。说明服务仪式程度影响消费者品牌体验，结果初步验证了假设 7-1。

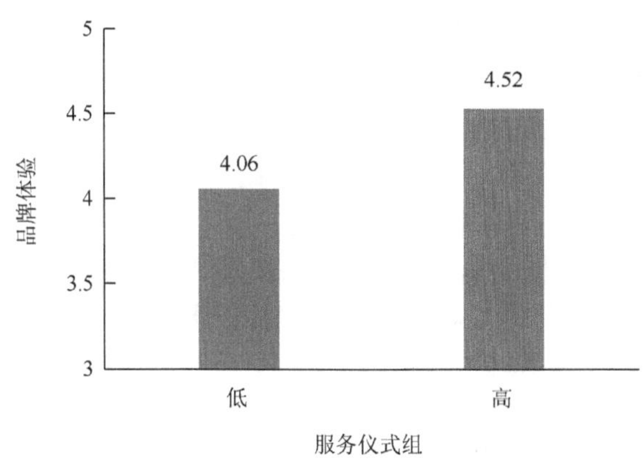

图 7-3　实验 7-1 服务仪式影响消费者品牌体验关系图

3. 实验 7-2：服务仪式影响效应的中介机制

1）实验设计

实验 7-2 目的在于探讨全面服务仪式程度影响消费者品牌体验的中介机制。实验 7-2 采用实验室实验，也即采用服务仪式程度（高 vs.低）的单因素组间实验设计。因变量为消费者品牌体验。实验被试是 120 名大学生（其中男性占比 46.7%，本科生占比 70%）。实验被试的召集是通过被试群公开招募的方式，所有参与的被试会得到现金 3 元和茶包试用装的报酬。

实验 7-2 选择了一个虚拟的茶叶实验室作为实验情境模拟，纳入实践中普遍采用的一些仪式要素设计服务仪式程度的高低。实验情境的设计如下所述：泽木茶叶是一家简约清新的时尚茶叶体验店，店铺兼具体验与零售，引来很多消费者到此打卡，寻找内心的一方净土的同时放松身心。

泽木茶叶是中国茶连锁领先品牌，“知茶、择器、旅行、光影”是泽木一直秉承的观念。为加强用户体验，感受品牌的茶韵文化，打算新开一家体验店，兼具体验与零售。消费者可在这家温暖清新的店铺体验各种茶的灵魂，选择适合自身的茶叶。近期，您刚好想购入一款新的茶叶，无意中得知在文化广场新开了一家泽木茶叶实验室，据朋友说是一个舒缓的茶空间，没有多余的装饰，却能弥漫出茶香浸染的情怀。于是您决定前去体验感受，满意的话可能选择一款适合的茶叶。

走进泽木茶叶体验店，您发现店内氛围清新舒适，颠覆了您以前对于茶叶店的认知，不同于大多茶叶店的古香古色，泽木体验店充满了现代与时尚的气息。店内的服务人员轻声细语为消费者服务，都是穿着白色上衣，普洱茶色的围裙上侧绣着几颗茶叶的图样，简单别致又很温馨。此时，一名服务员走到您身旁，轻声地对您说，“欢迎来到泽木茶叶实验室，接下来由我为您服务”。接着他向您介绍，沏出一杯符合自身需求的好茶需要注意六个关键要点。

A. 操纵高服务仪式组

（1）选茶：服务人员引导你走入茶叶展示区，各个品种的茶叶整齐有序地排开。服务人员向你介绍各个品种的茶叶特性，你从中选择了一款阿里山清香乌龙。

（2）择水：服务人员向你介绍道“泡茶离不开水，水之于茶，有‘水为茶之母’之说。唐代陆羽所著的《茶经》，就明确提出水质与茶汤优劣的密切关系，认为‘山水上、江水中、井水下，其山水拣乳泉，石池漫流者上’。优秀的水具有清、轻、甘、冽、活的特点，这是我们选取的优质水源。”

（3）备器：服务人员引导你来到融入现代时尚元素的茶具展示柜，向你介绍了茶器的种类，包括陶土、瓷器、金属、玻璃、竹木、石器等，并为你推荐了清香乌龙茶最适合的白瓷。

（4）环境：服务人员带你走到环境优雅、安静、灯光柔和、音乐悦耳、舒服的品茶区域。

（5）技艺：服务人员带着你一起完成泡茶部分，包括分茶、煮水、奉茶等步骤，并详细介绍泡茶技巧三要素，即投量、水温、时间。

（6）品茶：一看二闻三品鉴。

您在这里度过一个舒适的午后茶时光，感受闹市区中这份难得的宁静气氛。

B. 操纵低服务仪式组

（1）选茶：服务人员引导你走入茶叶展示区，你从中选择了一款阿里山清香乌龙。

（2）择水：服务人员向你介绍道“这是我们选取的优质水源，具有清、轻、甘、冽、活的特点”。

（3）备器：服务人员引导你走近种类繁多的茶具柜，为你推荐了清香乌龙茶最适合的白瓷。

（4）环境：服务人员带你走到环境优雅、舒服的品茶区域。

（5）技艺：服务人员带着你一起完成泡茶部分，包括分茶、煮水、奉茶等步骤。

（6）品茶：一看二闻三品鉴。

您在这里度过一个舒适的午后茶时光，感受闹市区中这份难得的宁静气氛。

高低服务仪式组均设计沏茶、饮茶的六个关键步骤，排除步骤多少对结果造成的干扰，两组只是在仪式器具等方面加以区分，详见表 7-6。

表 7-6　实验 7-2 的刺激材料

具体设计	刺激材料	
	高	低
物理环境	符合现代美学的精致店铺，简单却不单调，温暖舒适	温暖、舒适、简单的店铺
服装	详细描述简单却精致的服装	简单舒适
仪式器具	融入现代时尚元素的茶具	种类繁多的茶具
仪式语言	赋予文化底蕴，详细介绍茶文化	简单介绍流程
行为方式	充分互动的过程中讲解茶文化知识	互动中介绍饮茶流程

2）实验流程

正式实验之前，为检验材料有效性先进行了预实验。参加非正式实验的有效被试是 50 名本科生，高服务仪式组 25 名被试（其中男生 12 名），低服务仪式组 25 名被试（其中男生 12 名），被试根据材料对服务仪式程度进行 1～7 点评分。我们采用单因素方差分析来检验，被试对高低服务仪式两组感知存在显著差异[$F(1, 48) = 322.079$，$p < 0.01$]，高服务仪式组得分（$M = 5.22$）高于低服务仪式组得分（$M = 4.19$）。证明了本节的实验情境材料具有较强的可信度。

实验 7-2 正式实验共招募了 120 名学生被试，实验地点选择在 2 间空的教室内。为了避免被试之间的相互干扰和商量等，所有被试随机分组，保证被试之间有空的位置间隔。为了保证实验效果，每组被试均选择预先经过培训的团队成员担任实验负责人和助手，以控制实验进度，保证实验有序进行。

正式实验开始之前，请被试保持内心平静并向其介绍本实验的实验目的（引出真实目的，避免引导被试作答），为一家茶叶商家开店设计提供建议，并详细解释所有信息均被保密。被试将拿到一份邀请函，并按照实验负责人规定的流程进行阅读。邀请函内容分为三部分，包括问候语、店铺描述和相关问卷。首先让被试打开邀请函，并请被试阅读邀请函上的问候语。

“各位同学好，此函由泽木茶叶店发出。一片树叶，落入水中，改变了水的味道，今后有了茶。在茶和水的遇见里我们遇见了你，泽木茶叶让茶与水天然的联合为您带来内心的充盈，我们在与茶的遇见里，腾空的内心才是一种草木的满足。因此，我们将要在重庆观音桥开设一家体验店，特向您发出这份邀请函，希望您百忙之中帮助我们完成此次调研，提出您的建议，为表达对您的感谢，我们为您准备了一个小红包和茶叶试用装，祝您生活愉快。”

然后实验负责人让被试想象自身要去体验店体验并购买茶叶，阅读邀请函上的店铺材料和体验流程（操纵材料），反复想象自己处在泽木茶叶体验店中，并进行了上述一系列的体验。

接着，实验负责人请被试在阅读材料后，填写品牌体验相关问项，同实验 7-1。

同时填写感官印记与会话价值相关问项。感官印记的测量参考吕兴洋等（2019）和钟科等（2016）的研究并结合服务场景进行修改，包含三个题项，“我对泽木茶叶的服务互动中的服务人员装扮/店铺布置/服务步骤印象深刻”。感官印记量表的一致性 Cronbach's α 系数是 0.854。会话价值的测量参考 Bastos 和 Brucks（2017）的量表并做了修改，包含三个题项，“通过体验泽木茶叶的服务互动会促成我和朋友的一次愉快谈话”“通过体验泽木茶叶的服务互动对我来说是个交谈的好话题”“我渴望和人们谈论这次泽木茶叶的服务互动”。数据结果表明，会话价值量表的一致性 Cronbach's α 系数是 0.848。

最后实验负责人请被试完成服务仪式操纵检验、场景熟悉度检验、注意力检测和人口统计信息填写。①服务仪式操纵检验。操纵检验采用研究团队开发的服务仪式量表，根据服务场景进行删减改变，共六个题项。具体包括“该服务活动是有序进行的/环境和形式很独特/通过体验该服务活动，我领悟到了该品牌传达的价值观/我与服务人员之间的情绪相互感染/学习到了新知识/更加投入到消费体验中”。服务仪式测量量表的 Cronbach's α 系数是 0.746。②场景熟悉度检验。被试需回答“请问您是否熟悉实验场景的元素及文化内涵？”。场景熟悉度检验量表的一致性 Cronbach's α 系数是 0.825。③注意力检验。所有被试需要回答“请问，您选择了什么茶叶？”。④人口统计信息，包括年龄、性别等。

3）实验结果

本实验共招募被试 120 人，通过排除填写不完整及注意力检测后，最终获得有效数据 112 份。

实验 7-2 首先采用 G*Power 软件计算样本的统计检验力，结果为 0.86，说明实验参与人数是有效的。接着对样本进行方差同质性检验，数据显示样本离散情形并无明显差别（$F = 2.774$，p =0 .124）。

然后进行操纵检验，首先，检测实验情境的元素了解程度，数据显示场景熟悉度得分为 5.13，也即说明被试较熟悉实验情境的设置，能够很好地将自己代入实验情境。最后，独立样本 t 检验的结果表明高服务仪式组得分（$M = 4.71$）显著高于低服务仪式组得分（$M = 3.74$），$t(1,110) = 7.298$，$p = 0.00$。结果显示，服务仪式程度的操纵成功，详见表 7-7 和图 7-4。

表 7-7　实验 7-2 操纵检验结果

操纵变量		t 值	df	p 值	均值	SD 值	操纵结果
服务仪式程度	低	7.298	110	0.00	3.74	0.727	通过
	高				4.71	0.195	

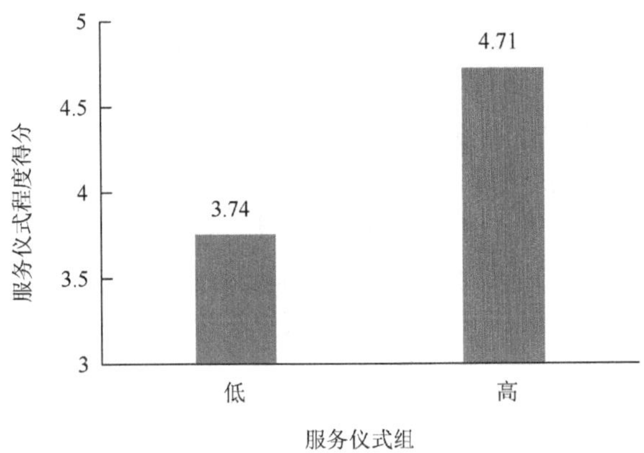

图 7-4　实验 7-2 服务仪式操纵检验

随后，进行了关于消费者的品牌体验的 Bootstrap 样本量为 1000 的方差分析。结果显示，高服务仪式组（$M = 5.21$，$SD = 0.553$）、低服务仪式组（$M = 4.07$，$SD = 0.527$）在品牌体验的得分存在显著差异[$F(1, 110) = 124.660$，$p = 0.00 < 0.05$]。说明服务仪式强度影响消费者品牌体验（详见图 7-5），与田野实验结果一致，也即进一步验证了假设 7-2。

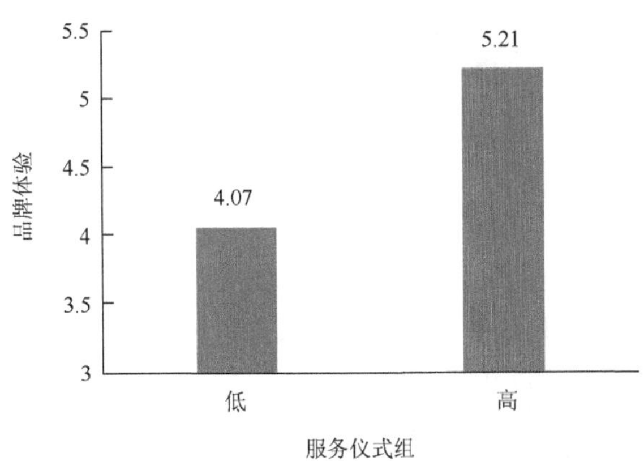

图 7-5　实验 7-2 服务仪式影响消费者品牌体验关系图

连续中介作用的检验分两步进行，首先检验服务仪式对感官印记的影响，在此基础上再检验感官印记和会话价值的连续中介作用。首先，检验服务仪式对感官印记的影响。将感官印记进行单因素（服务仪式）方差分析。结果显示，高服务仪式组的感官印记（$M = 5.39$，$SD = 0.571$）显著地大于低服务仪式组的感官印记（$M = 4.44$，$SD = 0.625$），$F(1, 110) = 71.489$，$p = 0.000$。然后，检验连续中介的作用。按照 Bootstrap 连续中介检验程序（Hayes et al.，2010），估计模型的回归系数。

如图 7-6 所示，首先，服务仪式对消费者的品牌体验的直接效应系数分别为 0.4700（SE = 0.1071，p = 0.000）。接着在模型中加入感官印记和会话价值连续中介变量后，服务仪式对品牌体验的回归系数为 0.0412，不再显著（SE = 0.115，p>0.1），验证了服务仪式程度显著地影响了消费者的品牌体验，消费者的感官印记和会话价值发挥连续中介作用，也即假设 7-2 成立。

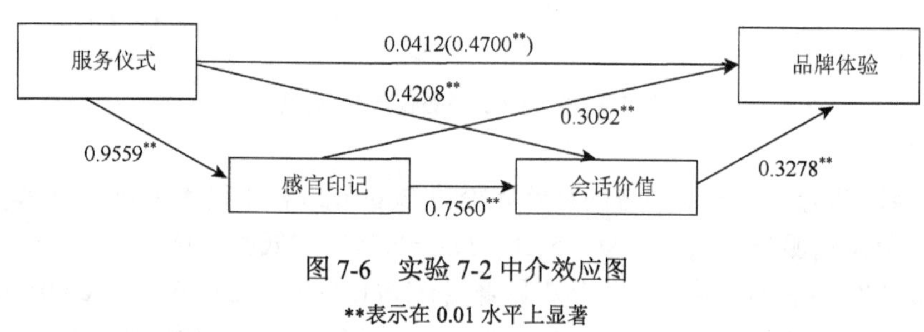

图 7-6　实验 7-2 中介效应图

**表示在 0.01 水平上显著

实验 7-2 的结果支持了假设 7-2 的观点。服务仪式显著地影响了消费者的品牌体验。实验 7-2 构建了两个连续中介模型来检验连续中介作用的存在。在服务仪式对消费者的品牌体验的影响关系中，感官印记和会话价值起着显著的连续中介作用。

4. 实验 7-3：服务类型的调节作用

1）实验设计

实验 7-3 目的是探讨服务类型在服务仪式影响消费者品牌体验效应中发挥的调节作用。采用 2（服务仪式程度：高 vs.低）×2（服务类型：享乐型 vs.功能型）双因素组间实验设计。因变量为消费者品牌体验。根据前测，享乐型服务选择了餐饮业的歌舞表演，功能型选择了医疗业的洗牙服务。

实验对象同样是在校的大学生，共计 180 名（其中男性占比 53.3%，本科生占比 78.9%）。实验 7-3 采用在被试群进行公开招募的方式，所有参与的被试会得到 8 元现金报酬。

A. 享乐型服务——清真餐厅

享乐型服务选择了一家虚拟的清真餐厅作为实验情境模拟，结合实践中较常见的清真餐厅的特色要素进行服务仪式的设计。实验设计（表 7-8）如下：色兰（译为平安、和平）是一家传统的清真餐厅，您现在要和朋友一起到该餐厅进餐。

表 7-8　实验 7-3 刺激材料表

具体设计	刺激材料	
	高	低
物理环境	四幅图片显示色兰的内部场景，概括介绍餐厅的整体外貌特色，同时，用详细的文字描述色兰餐厅的环境布置等特色	两幅图片显示色兰的内部场景，概括介绍餐厅的整体外貌特色
服装	详细描述新疆特色服装和配饰	概述新疆特色服饰
仪式器具	充满新疆气息的餐具和装饰	无描写
仪式表演	现场歌舞表演	歌舞表演视频

a. 高服务仪式组

色兰是一家主打新疆特色食物的清真餐厅，餐厅将店铺设计定义为“阿凡提进喀什”，根据新疆喀什的风土人情和建筑特色进行设计和装饰，色兰在店铺装饰、服务人员的言谈举止及餐具等方面进行了精心设计，以激发消费者身临其境的就餐体验感。向被试介绍，色兰整体以黄土色为主要基调，让消费者产生坐在喀什街头就餐的感觉，墙面上用原木材料制成的精美摆件，展示喀什人民使用的工具和厨具。厨房是开放式设计，身穿新疆喀什特色服饰的美味制作家有条不紊地烹饪食物，完成后由身穿绣花衣的服务人员用雕花的餐盘缓缓端上餐桌，井然有序地为顾客服务，其中在餐厅中间的空地上，几位妙龄新疆女子为顾客献上新疆歌舞，表达对顾客的尊重。在灯光交织下，配着民族音乐，有股塞外风情的豪迈。

b. 低服务仪式组

色兰是一家主打新疆特色食物的清真餐厅，餐厅将店铺设计定义为“阿凡提进喀什”，根据新疆喀什的风土人情和建筑特色进行设计和装饰，色兰在店铺装饰、服务人员的言谈举止及餐具等方面进行了精心的设计，激发消费者产生身临其境的就餐体验感。向被试介绍，餐厅的服务人员穿着具有新疆特色的服饰，井然有序地为顾客服务，其中在餐厅的屏幕上放映着新疆歌舞，表达对顾客的尊重。

为检验材料有效性，先进行了预实验。参加非正式实验的有效被试是 33 名本科生，高服务仪式组 18 名被试（其中男生 6 名），低服务仪式组 15 名被试（其中男生 4 名），被试根据材料对服务仪式程度进行 1～7 点评分。我们采用单因素方差分析来检验，被试对高低服务仪式两组感知存在显著差异[F（1,31）＝96.551，$p<0.01$]，高服务仪式组得分（$M=4.86$）高于低服务仪式组得分（$M=4.03$）。证明了实验情境材料具有较强的可信度。

B. 功能型服务——洗牙服务

功能型服务选择了一家虚拟的口腔医院作为实验场景。实验设计如下。

奈尔斯口腔医院是一家以“专业、舒适、自在”著称的高端口腔医院，技术和口碑都广受称赞。与其他传统口腔医院不同，奈尔斯在以高端技术打造优势的同时，通过医院的装饰布置和人文服务理念帮助患者减缓内心的不安，降低“讳疾忌医”的抵触情绪。您现在要和朋友到该口腔医院洗牙。

a. 高服务仪式组

您和朋友走进奈尔斯口腔医院，首先发现医院门口摆满了错落有致的绿植，环境清新雅致，精心设计的接待处充满浪漫的氛围，接待室采用的是绝美玻璃屋，您逐渐减缓了看牙医引起的内心焦虑感。

护士接待后，安排了超声波洗牙项目。告知操作时长约 30 分钟，正式洗牙之前先进行舒缓准备。先播放舒缓的音乐，之后点上柠檬香薰，沁人心脾。然后请消费者慢慢躺下，进行三次深呼吸，并告知消费者“不要紧张，让我们的牙齿开始一次变美的旅行哦”。

操作过程中医生很温柔，操作过程很细心，并耐心解释和告知日常生活中牙齿护理知识。

b. 低服务仪式组

您和朋友走进奈尔斯口腔医院，接待处舒适轻松的氛围减缓了您内心的焦虑感。

护士接待后，安排了超声波洗牙项目，告知操作时长约 30 分钟，正式洗牙之前先进行舒缓准备，进行三次深呼吸。

操作过程中医生很温柔，操作过程很细心，并耐心解释和告知日常生活中牙齿护理知识。

为检验材料有效性，同样进行了预实验。参加非正式实验的有效被试是 46 名本科生，高服务仪式组 23 名被试（其中男生 11 名），低服务仪式组 23 名被试（其中男生 9 名），被试根据材料对服务仪式程度进行 1～7 点评分。我们采用单因素方差分析来检验，被试对高低服务仪式两组感知存在显著差异[$F(1, 44) = 135.147$, $p<0.01$]，高服务仪式组得分（$M = 4.62$）高于低服务仪式组得分（$M = 3.71$）。证明了本实验的实验情境材料具有较强的可信度。

2）实验流程

本实验过程采用线下招募被试的方法，共招募被试 180 人。根据实验组的设计选择四个教室，被试相隔而坐，每组设置两位团队成员，控制实验流程并及时解答实验过程中被试产生的疑问。

正式实验开始之前，实验负责人向被试介绍实验目的，为一家餐厅/口腔医院提供建议，并详细解释所有信息均被保密。

接着实验负责人请被试阅读面前的实验材料并浸入实验情境中。完成后填写消费者品牌体验的相关问项，同实验 7-1。

最后实验负责人请被试完成服务仪式操纵检验、注意力检测和人口统计信息填写。①服务仪式操纵检验。操纵检验采用研究团队开发的服务仪式量表，根据服务场景进行删减改变，共六个题项。具体问项包括“该服务活动是有序进行的/环境和形式很独特/通过体验该服务活动，我领悟到了该品牌传达的价值观/我与服务人员之间的情绪相互感染/学习到了新知识/更加投入到消费体验中”。服务仪式量表的一致性 Cronbach's α 系数是 0.763。②注意力检验是直接问被试实验情境中的相关信息。在享乐型组被试需要回答“请问，餐厅被定义为什么”，功能型组“请问，口腔医院的名字是什么”。③最后被试填写人口统计信息。

3）实验结果

本实验共招募被试 180 人，剔除未经过检测的数据，最终获得有效样本 164 人（其中男性被试占比为 58.54%）。

实验 7-3 首先采用 G*Power 软件计算样本的统计检验力，结果为 0.91，远远高于最小接受值 0.8，说明实验参与人数是有效的。接着实验 7-3 对样本进行方差同质性检验，数据显示样本离散情形并无明显差别（$F = 2.018$，$p = 0.233$）。

最后，独立样本 t 检验的结果表明高服务仪式组得分（$M = 5.11$）显著高于低服务仪式组得分（$M = 3.47$），$t(1, 162) = 14.030$，$p = 0.00$。结果显示，服务仪式程度的操纵成功。服务类型操纵成功，享乐性得分独立样本 t 检验的结果表明享乐组得分（$M = 4.78$）显著高于功能组得分（$M = 2.85$），$t(1, 162) = 12.652$，$p = 0.00$。

实验 7-3 结果如图 7-7 所示，以品牌体验为因变量进行了 2（服务仪式程度：高 vs.低）×2（服务类型：享乐型 vs.功能型）双因素方差分析。结果显示，服务仪式主效应显著，$F(1, 160) = 39.033$，$p < 0.001$，$M_{低} = 3.94$，$M_{高} = 4.39$。服务类型主效应不显著，$F(1, 160) = 0.872$，$p = 0.352 > 0.01$。服务仪式程度与服务类型交互作用显著 $F(1, 160) = 23.159$，$p < 0.001$。对于功能型服务，被试对高服务仪式与低服务仪式的品牌体验差异不显著，$F(1, 82) = 6.901$，$p = 0.345 > 0.01$，$M_{低} = 4.08$，$M_{高} = 4.18$。对于享乐型服务，被试对高服务仪式组的品牌体验显著高于低服务仪式组，$F(1, 79) = 59.445$，$p < 0.001$，$M_{低} = 3.83$，$M_{高} = 4.60$。

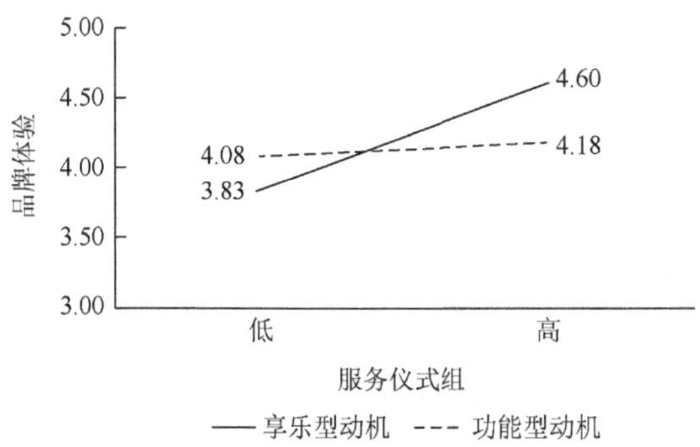

图 7-7　实验 7-3 服务仪式影响消费者品牌体验关系图

5. 实验 7-4：消费者角色的调节作用

1）实验设计

实验 7-4 目的在于探讨消费者角色（观察者 vs.参与者）发挥的调节作用。采用 2（服务仪式程度：高 vs.低）×2（服务类型：享乐型 vs.功能型）×2（消费者角色：观察者 vs.参与者）三因素混合实验设计。因变量为品牌体验。根据前测，服务选择了水疗（SPA）。部分被试认为 SPA 是享乐型服务，帮助人疏解压力、美容美体，部分被试认为 SPA 是功能型服务，帮助人加快代谢、缓解身体疼痛。

为检验材料有效性，先进行了预实验。参加非正式实验的有效被试是 36 名本科生，高服务仪式组 19 名被试（其中男生 5 名），低服务仪式组 17 名被试（其中男生 6 名），被试根据材料对服务仪式程度进行 1～7 点评分。我们采用单因素方差分析来检验，被试对高低服务仪式两组感知存在显著差异 [$F(1, 34) = 129.038$，$p < 0.01$]，高服务仪式组得分（$M = 4.97$）高于低服务仪式组得分（$M = 4.06$）。证明了实验情境材料具有较强的可信度。

享乐型服务选择了一家虚拟的 SPA 店作为实验场景进行服务仪式的设计。实验设计如下：YuSPA（愈舍）是一家养生保健、抗压减压的高端私密养生 SPA 馆。您的朋友恰好获得两张体验卡，特邀请您一同前去体验，缓解身体劳损、美容美体。

一进门，您和朋友就被环境吸引了，整个 SPA 馆将高级未来感与东方艺术完美结合，主色调是治愈橙，清新舒适。

实验材料如下所述。

迎面走来一位服务员，核实了你们的预约信息，将你们带到休息区……

A. 高服务仪式&参与组

（1）一位优雅的技师请你们换上了舒适的藤草拖鞋，喝杯热茶，放上轻柔的音乐。填写一份服务需求和客户基本信息的表格，可标出重点按摩的部位和选择的力度等，让按摩师更了解服务需求。

（2）然后享受来自泰国尊贵的净足礼，经过按摩师调配的蜂王浆浴足海盐牛奶足浴，给足部做了一个 SPA。

（3）接着按摩师拿来四种精油（薰衣草、柠檬、橙子、迷迭香），请你依次闻每种精油的香味并介绍每种精油的功效，让你挑选自己喜欢的精油。然后将精油慢慢滴到你的手心，轻缓接触后双手手指交叉，手心相向放到鼻前，闭上眼睛，深呼吸。慢慢躺下，想象自己悠然地躺在柔软舒适的美丽沙滩上，耳边传来阵阵海浪奏响的美妙声音，似乎想用它们的幸福时光轻轻地拍打着你，你感觉身体放松后慢慢地变得轻盈，跟着海浪的节奏在海面漂浮……伴随音乐结束，你缓缓睁开双眼，感觉身心得到了彻底的放松。

（4）按摩师带领进入 SPA 区，开始 60 分钟的体验，按摩师手法很棒，温柔中发力，按完感觉肩颈和腰椎得到很好的缓解，皮肤变得水润。

（5）结束后，服务人员提供了精致的点心和饮品，并介绍日常生活中一些保养小技巧，请您再次光临。

B. 高服务仪式&观察组

（1）一位优雅的技师请你们换上了舒适的藤草拖鞋，喝杯热茶，放上轻柔的音乐。填写一份服务需求和客户基本信息的表格，可标出重点按摩的部位和选择的力度等，让按摩师更了解服务需求。

（2）然后享受来自泰国尊贵的净足礼，经过按摩师调配的蜂王浆浴足海盐牛奶足浴，给足部做了一个 SPA。

（3）您在享受净足礼的同时，按摩师拿来四种精油（薰衣草、柠檬、橙子、迷迭香），请你依次闻每种精油的香味并介绍每种精油的功效，让你挑选了自己喜欢的精油。然后将精油慢慢滴到你的手心，轻缓接触后双手手指交叉，手心相向放到鼻前，闭上眼睛，深呼吸。同时，休息区的屏幕上放映着一段视频，视频中一位女子慢慢躺下，她躺在柔软舒适的美丽沙滩上冥想，耳边传来阵阵海浪奏响的美妙声音，似乎想用它们的幸福时光轻轻地拍打着她……伴随音乐结束，慢慢地她的身体得到彻底的放松。

（4）按摩师带领进入 SPA 区，开始 60 分钟的体验，按摩师手法很棒，温柔中发力，按完感觉肩颈和腰椎得到很好的缓解，皮肤变得水润。

（5）结束后，服务人员提供了精致的点心和饮品，并介绍日常生活中一些保养小技巧，请您再次光临。

C. 低服务仪式&参与组

（1）一位优雅的技师请你们换上了拖鞋净足，并填写一份服务的表格，可标出重点按摩的部位和选择的力度等，让按摩师更了解服务需求。

（2）接着按摩师拿来四种精油，请你依次闻每种精油的香味并介绍每种精油的功效，让你挑选了自己喜欢的精油。然后将精油慢慢滴到你的手心轻嗅后深呼吸。慢慢躺下，想象自己悠然地躺在沙滩上，耳边传来阵阵海浪的美妙声音……伴随音乐结束，你缓缓睁开双眼，感觉身心得到了彻底的放松。

（3）按摩师带领进入 SPA 区，开始 60 分钟的体验，按摩师手法很棒，温柔中发力，按完感觉肩颈和腰椎得到很好的缓解，皮肤变得水润。

（4）结束后，服务人员请您再次光临。

D. 低服务仪式&观察组

（1）一位优雅的技师请你们换上了拖鞋净足，并填写一份服务的表格，可标出重点按摩的部位和选择的力度等，让按摩师更了解服务需求。

（2）接着按摩师拿来四种精油，请你依次闻每种精油的香味并介绍每种精油的功效，让你挑选了自己喜欢的精油。然后将精油慢慢滴到你的手心轻嗅后深呼吸。同时，休息区的屏幕上放映着一段视频，视频中一位女子慢慢躺到沙滩上冥想，听着海浪起伏的声音……伴随音乐结束，慢慢地她的身体得到彻底的放松。

（3）按摩师带领进入 SPA 区，开始 60 分钟的体验，按摩师手法很棒，温柔中发力，按完感觉肩颈和腰椎得到很好的缓解，皮肤变得水润。

（4）结束后，服务人员请您再次光临。

2）实验流程

本实验过程采用课堂实验的方法，共招募被试 237 人。和前述一样，实验 7-4 同样根据实验组的设计选择四个教室，被试相隔而坐，每组设置两位团队成员，控制实验流程并及时解答实验过程中被试提出的疑问。

正式实验开始之前，实验负责人向被试介绍实验目的，为一家 SPA 生活馆提供建议，并详细解释所有信息均被保密。接着实验负责人介绍这家虚拟 SPA 馆，参考 Botti 和 McGill（2011）的研究，请被试填写 SPA 是哪种服务类型（享乐型 vs.功能型）。相关问项包括“我觉得 SPA 是享乐型/功能型服务、SPA 带给我情感 / 身体的享受”。服务类型一致性 Cronbach's α 系数是 0.781。根据被试的得分按中位数分组。

然后被试想象和朋友一起体验 SPA 项目，阅读面前的实验材料并代入情境。完成后填写消费者品牌体验的相关问项，同实验 7-1。最后实验负责人请被试完成服务仪式操纵检验、注意力检测和人口统计变量统计。①服务仪式操纵检验。操纵检验采用研究团队开发的服务仪式量表，共六个题项。具体包括“该服务活动是有序进行的/环境和形式很独特/通过体验该服务活动，我领悟到了该品牌传达的价值观/我与服务人员之间的情绪相互感染/学习到了新知识/更加投入到消费体验中”，Cronbach's α 系数是 0.729。②被试的注意力检验。被试需要回答“请问，SPA 馆按摩体验的时间是多久”。③最后被试填写相关人口统计信息。

3）实验结果

本实验共招募被试 237 人，剔除未经过检测的数据，最终获得有效被试 223 人（其中男性被试占比为 45.29%）。

实验 7-4 首先采用 G*Power 软件计算样本的统计检验力，结果为 0.87，高于最小接受值 0.8，说明实验 7-4 参与人数是有效的。接着实验 7-4 对样本进行方差同质性检验，数据显示样本离散情形并无明显差别（$F = 1.351$，$p = 0.228$）。

如表 7-9 和图 7-8 所示，服务仪式程度的操纵成功。服务类型按中位数 4 分组（得分 4 分为 31 名被试），高于 4 的为享乐组（86 名被试），低于 4 的为功能组（106 名被试），享乐型得分独立样本 t 检验的结果表明享乐组得分（$M = 5.28$）

显著高于功能组得分（$M = 2.65$），$t(1, 190) = 26.935$，$p = 0.00$。最后，独立样本 t 检验的结果表明高服务仪式组得分（$M = 4.96$）显著高于低服务仪式组得分（$M = 3.54$）。

表 7-9　实验 7-4 操纵检验结果

操纵变量		t 值	df	p 值	均值	SD 值	操纵结果
服务仪式程度	低	26.935	290	0.00	3.54	0.563	通过
	高				4.96	0.808	

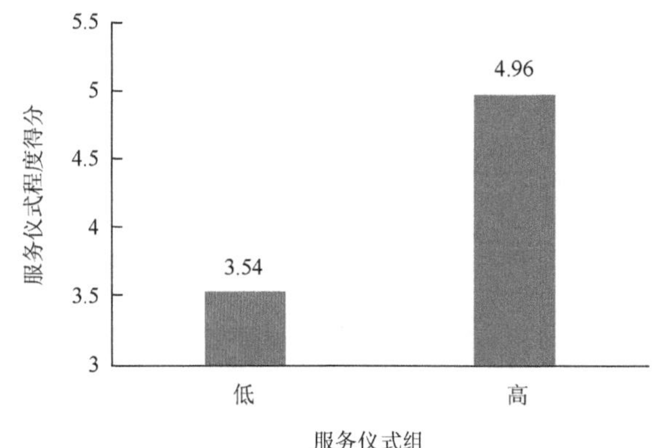

图 7-8　实验 7-4 服务仪式操纵检验

实验 7-4 结果如表 7-10 和图 7-9、图 7-10 所示，以消费者的品牌体验为因变量进行了 2（服务仪式程度：高 vs.低）×2（服务类型：享乐型 vs.功能型）×2（消费者角色：观察者 vs.参与者）三因素方差分析。结果显示，服务仪式主效应显著，$F(1, 184) = 85.193$，$p<0.01$，$M_{低} = 3.91$，$M_{高} = 4.46$；服务类型主效应不显著，$F(1, 184) = 3.286$，$p = 0.116 > 0.01$。消费者角色主效应不显著，$F(1, 184) = 0.012$，$p = 0.965>0.01$。三者的交互作用显著 $F(1, 184) = 31.421$，$p<0.01$。当消费者的角色是参与者时，对于享乐型服务，高服务仪式组的被试的品牌体验高于低服务仪式组，$F(1, 40) = 9.21$，$p<0.01$，$M_{低} = 3.75$，$M_{高} = 5.01$。对于功能型服务，高低服务仪式组的被试的品牌体验差异不显著，$F(1, 52) = 3.47$，$p = 0.24>0.01$。当消费者的角色是观察者时，对于功能型服务，高服务仪式组的被试的品牌体验高于低服务仪式组，$F(1, 50) = 24.284$，$p<0.01$，$M_{低} = 3.94$，$M_{高} = 4.58$；对于享乐型服务，高低服务仪式组的被试的品牌体验差异不显著，$F(1, 43) = 2.529$，$p = 0.12>0.01$。结果支持假设 7-3a 和假设 7-3b。

表 7-10 实验 7-4 的消费者品牌体验比较表

服务仪式	服务类型	观察者			参与者		
		均值	方差	样本	均值	方差	样本
低	功能	3.94	0.41	21	4.00	0.49	23
	享乐	3.92	0.40	21	3.75	0.33	20
高	功能	4.58	0.48	31	4.04	0.57	31
	享乐	4.35	0.40	23	5.01	0.24	22

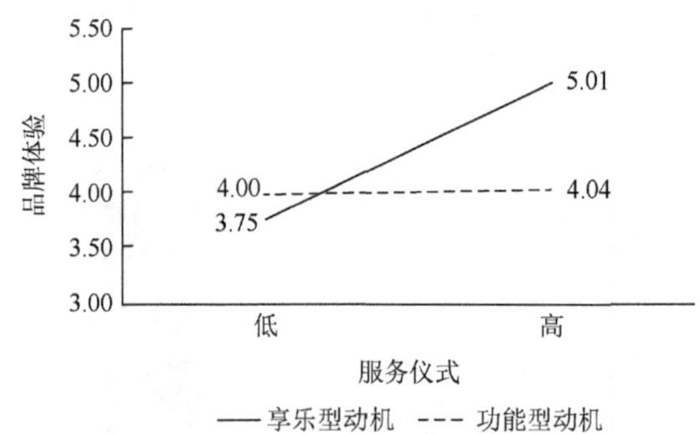

图 7-9 实验 7-4 服务仪式影响消费者品牌体验关系图（参与者）

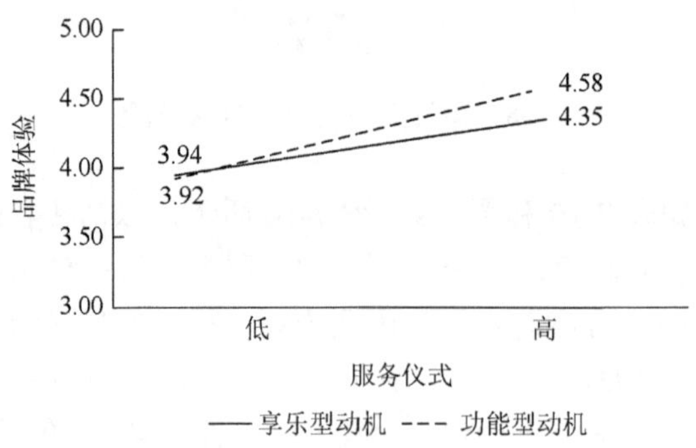

图 7-10 实验 7-4 服务仪式影响消费者品牌体验关系图（观察者）

7.1.4 小结讨论

本节采用田野实验、实验室实验，探讨与验证了全面服务仪式对消费者品牌体验的影响，得到的结论如下：①实验 7-1 验证了服务仪式程度（高 vs.低）对消费者品牌体验的正向作用。该实验采用田野实验，通过自助餐厅操纵服务仪式程度，结果发现，服务仪式程度越高，消费者品牌体验得分越高。②实验 7-2 检验了服务仪式程度影响消费者品牌体验的内在机制。该实验采用情境模拟（茶叶体验馆）的方式操纵服务仪式程度，验证了感官印记与会话价值的链式中介作用，并排除了文化元素的替代解释。③实验 7-3 通过采用情境模拟实验（餐饮业 vs.医疗业）操纵了服务仪式程度，验证了服务类型（享乐型 vs.功能型）的调节作用。④实验 7-4 在实验 7-3 的基础上，同样采用情境实验（SPA）引入消费者角色（参与者 vs.观察者）这一调节作用，证实服务类型的作用并非一直保持不变，受到消费者角色影响。该实验研究发现，对于享乐型服务，相较作为观察者，消费者作为参与者体验服务仪式，服务仪式程度正向影响品牌体验，相反，对于功能型服务，相较作为参与者，消费者作为观察者体验服务仪式，服务仪式程度正向影响品牌体验。

本节研究具有一定的理论贡献。首先，突破了已有消费者品牌体验的前因研究（企业和消费者层面），首次结合服务互动和仪式要素，探析服务仪式对消费者品牌体验的影响。在已有品牌体验的相关研究中，只有少量研究从服务人员与消费者之间的互动关注消费者体验，如价值共创的互动（Nysveen and Pedersen，2014）等。本节研究结合服务互动和文化仪式要素探讨了消费者品牌体验，关注服务仪式对消费者产生的影响，补充了现有品牌体验相关研究；其次，研究成果丰富了服务仪式已有研究。本节研究不仅基于价值共创和互动仪式链理论，初步验证了服务仪式对消费者品牌体验的影响效应，推动了仪式在营销领域的运用。同时，揭示了“服务仪式—品牌体验”的中介机制，从消费者记忆印刻出发，探讨消费者感官印记和会话价值的作用，为服务仪式影响机制研究起到抛砖引玉的效果；最后，提出了服务类型及消费者角色的调节作用，验证了服务仪式对消费者品牌体验的影响效果并非一直存在，为服务仪式对品牌体验的影响效应寻找到有效的边界，为服务仪式设计和客户关系管理相关研究做出一定范围的拓展。

7.2　自我服务仪式对品牌体验的影响作用

承接上一节探讨的“全面服务仪式对品牌体验的影响作用”，本节将探讨在虚拟服务背景下的服务仪式，也即自我服务仪式对消费者品牌体验的影响。本节将从自身认知视角围绕服务仪式的流程性、独特性、寓意性和共鸣性特点，提出控制感的作用，以及消费者自主性对于自我服务仪式影响品牌体验的调节作用，以此提升消费者品牌体验，为企业价值共创的实现、服务系统的设计与实施提供启示建议。

7.2.1　研究目的

自我服务仪式如何影响消费者品牌体验？伴随互联网的飞快发展，线上消费和虚拟品牌社区逐渐成为消费者消费与互动的主要场所。例如，“清语咖啡”

小程序的外卖服务，打造不一样的用餐体验；服装店的“虚拟试衣终端”试衣后的暖心评价为消费者带来便捷的同时，也带给消费者温暖和精致的体验。Sicilia和 Palazón（2008）认为相比线下体验，线上体验不受时间与空间的制约，为消费者互动构建了更加方便的平台，提升了服务互动的频次，同时线上兼具科技与有趣的互动过程更能给消费者带来别致的体验，唤起消费者参与价值共创的意愿。

如前文所述，全面服务仪式与自我服务仪式二者的区别主要体现在：①二者互动主体不同。在全面服务仪式中，消费者主要是在实体店铺内的服务接触中与服务人员互动，而自我服务仪式中是与虚拟服务人员接触，如线上客户或者智能终端。②二者互动场所不同。全面服务仪式中，是在线下实体品牌店内，而自我服务仪式中更多的是依托于互联网资源与智能终端设备。③二者反馈程度不同。在全面服务仪式中，服务人员和顾客的互动质量可进行观测，服务人员可根据消费者的反应及时调整服务资源，同时互动双方因为共同的关注焦点能给彼此带来较强的情感交流和资源共享，而在自我服务仪式中，企业只能根据消费者的需求预先设计服务脚本，互动双方看不到对方的情绪反应，情感交流较弱，仪式作用发挥不够稳定。虽然两者仍存在较大差别，但都对品牌体验有着重要影响，根据服务系统的观点，消费者无论是开展自我服务还是参与全面服务，都是通过应用自身能力并整合企业所提供的资源与企业进行价值共创（Chandler and Lusch，2015；Jaakkola et al.，2015）。

基于此，本节将围绕“自我服务仪式”展开研究，探析与验证自我服务仪式对消费者品牌体验的影响作用。详细来说，本节主要探讨以下几个问题：①自我服务仪式程度对消费者品牌体验的影响作用；②“自我服务仪式→品牌体验”的中介机制，剖析自我服务仪式影响消费者品牌体验的内在路径，也即验证控制感的中介作用；③探讨消费者自主性发挥的调节作用，为企业利用互联网资源进行服务设计和实施服务仪式提供更加确实的参考依据。

7.2.2 理论推演与研究框架

1. 自我服务仪式与品牌体验

移动互联网的快速发展为企业开展与消费者的服务接触提供了更多机会，消费者可以通过网络与品牌和服务人员进行互动。然而，由于网络环境具有信息流过多、强调技术创新的特点，在线服务环境中的信息量丰富且拥挤，网络环境的虚拟性和相关物理线索的缺乏，加剧了服务环境的不确定性和信息不对称（韩心瑜和张向达，2018）。因此，与面对面线下接触相比，网络环境需要更高的控制感（李铁萌等，2014）。研究表明，控制感会影响消费者参与在线体验的意图，缺乏控制感是消费者拒绝与在线品牌持续互动的主要原因（黄静等，2016）。

自我服务仪式作为虚拟服务场景中，消费者利用自身技能或资源与虚拟服务人员进行的仪式化互动行为，需要借助 AR、互联网平台等媒介，如虚拟试妆等。在虚拟服务背景下，服务仪式对品牌体验的影响主要是通过控制感的提升，弥补消费者在与品牌互动时看不见摸不着的控制感。根据社会控制理论，规律有序的行为可以增强社会秩序，强化对社会行为的控制（冉雅璇等，2018）。控制感作为人类的基本需求，指个体能够预测、解释、影响和改变外部事件的程度（Landau et al.，2015）。根据控制补偿理论，仪式信仰是个体修复控制感的一种有效方式。仪式可提升个体控制感基于两点原因，一是仪式包含一系列非功能的动作行为，可转移个体注意力，减缓焦虑；二是仪式中有序动作能够满足个体秩序需求（冉雅璇等，2018；Lang et al.，2015）。

综上，本书认为，在虚拟服务中，自我服务仪式可影响消费者控制感进而影响品牌体验，可能原因有以下几点：①服务仪式具有流程性，Landau 等（2015）提出规律重复的动作可弥补个体控制。智能终端展现的虚拟服务人员通过一系列制定好的躯体动作，能够满足消费者对虚拟环境中的秩序渴求，也即虚拟服务接触中仪式化动作对消费者产生控制补偿。②服务仪式通过符号、语言和装扮传递品牌的理念价值，如“清语咖啡”轻快的背景音乐声和背景装饰，可以转移消费者注意力（Boyer and Liénard，2006），排除对虚拟服务不确定性的负面想法。③服务仪式作为包含了有序规律的行为动作与象征意义的集合，通过融入品牌理念向消费者传递知识和文化理念（卫海英等，2018），如飞科剃须刀的仪式化展示，通过视频讲解服务向消费者传递“超越、价值、科学”的品牌理念的同时，也向消费者传授科学剃须的知识，为消费者带来难忘的品牌体验。因此，在虚拟服务背景下，自我服务仪式通过囊括品牌符号等，提升消费者的控制感，进而影响品牌体验。

据此分析，本节提出如下假设。

假设 7-4：自我服务仪式程度影响消费者品牌体验。

假设 7-5：控制感在自我服务仪式程度对消费者品牌体验的影响中起中介作用。

2. 自主性的调节作用

自我服务仪式的影响效果并非一直存在，消费者的自主性可能影响自我服务仪式对消费者品牌体验的作用效果。自主性指消费者在消费过程中对自身决策和行为的自由程度（Lang et al.，2015；Deci and Ryan，2000）。作为人们的基本心理需求，自主性会影响个体目标表现、坚持、情感体验、关系质量和幸福等各方面（Deci and Ryan，2000），也会对消费行为如品牌参与、企业社会责任（corporate social responsibility）共创行为和态度等产生广泛的影响（樊帅等，201）。自主性高的个人会按照自身的特征或意愿行事，外界环境的规范、信念或期望会造成认知负荷。自主性越低意味着消费者的选择性越小，对外部环境的影响或控制能力更弱，需要通过外界环境进行控制补偿（Lang et al.，2015）。

因此，在特定的服务环境中，消费者是否体验到自主性是影响其在自我服务仪式中是否获得良好品牌体验的重要原因。当消费者自主性低时，消费者对控制感的需求越高（黄韵榛等，2016），此时，自我服务仪式的秩序感可补偿与提升消费者的控制感，进而获得积极的品牌体验；相反，当消费者自主性高时，也即消费者处于正常控制感水平时，服务仪式行为反而会使得个体感知被控制，进而会产生焦躁感，降低消费者的品牌体验。

据此分析，本书提出如下假设。

假设 7-6：自主性会调节自我服务仪式程度对消费者品牌体验的影响。

综合以上假设，自我服务仪式对品牌体验影响的理论框架如图 7-11 所示。

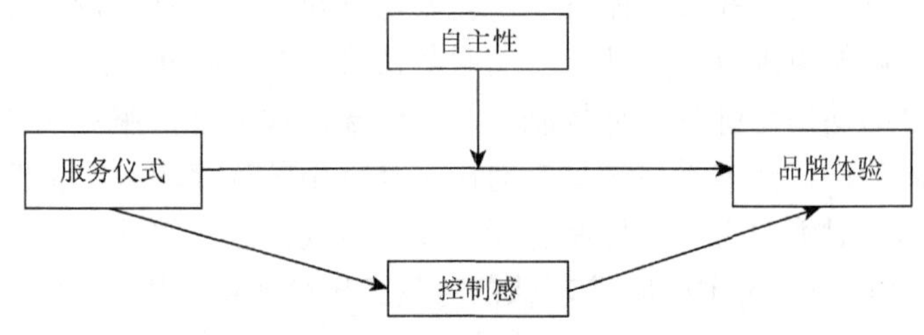

图 7-11　“自我服务仪式—品牌体验”研究框架图

7.2.3　研究设计与数据结果

本节同样通过四个实验验证上述研究框架中的假设。其中，实验 7-5 是一项田野实验，检验自我服务仪式对消费者品牌体验的影响作用；实验 7-6 验证控制感的中介效应；实验 7-7a 和实验 7-7b 验证假设 7-6，也即消费者自主性的调节作用，具体实验安排如表 7-11 所示。

表 7-11　具体实验安排表

实验序号	实验目的	实验设计	所属行业类别
实验 7-5	①检验假设 7-4 ②提高研究结论的外部有效性	田野实验 单因素组间设计 全面服务仪式 vs.自我服务仪式 vs.控制组	美容业
实验 7-6	①检验假设 7-5 ②排除自我效能等的干扰	实验室实验 单因素组间设计 高程度服务仪式 vs.低程度服务仪式	文化体育业
实验 7-7	验证假设 7-6	实验室实验 2×2 的组间设计 （高程度服务仪式 vs.低程度服务仪式×自主性高 vs.自主性低）	服饰业 餐饮业

1. 实验 7-5：自我服务仪式对品牌体验的影响

1）实验设计

实验 7-5 目的在于探讨自我服务仪式对消费者品牌体验的影响，即检验假设 7-4。实验 7-5 采用一项田野实验，也即采用服务仪式程度（全面服务仪式 vs.自我服务仪式 vs.控制组）的单因素组间实验设计进行验证。因变量为消费者品牌体验。

2）实验流程

实验 7-5 的实验地点为丝芙兰（Sephora）店。丝芙兰店铺设置 Beauty Studio（美容工作室），带来全新的专业试妆环境，更有专业的美容顾问团队传授彩妆技巧。丝芙兰最近两年全新升级购物环境和科技装置，推出虚拟试妆装置，云货架的推出更是为消费者带来足不出户的购物体验。丝芙兰店铺经典的黑白配色有种科幻感，让消费者感觉就像闯进盗梦空间一样，特别前卫又充满时髦的气息。在丝芙兰店内，消费者有三种试妆方式可分别对应三种服务仪式程度。

三种试妆方式如下所述：①柜姐帮忙。柜姐对消费者说“变美旅程马上开始了哦”等语言，然后根据消费者外貌特点帮忙试妆，并教消费者如何展示产品和化妆手法。②虚拟试妆。消费者站在虚拟试妆镜前，屏幕显示“你的变美体验就此开始”，然后就可以选择自己喜欢的彩妆产品，如选择口红时，挑选的口红颜色就会智能地出现在消费者嘴唇上，实时看到试色效果。不只是口红，消费者可通过虚拟试妆镜进行全脸试妆，多维度地让消费者“玩美”不设限。③自助试妆。消费者自己动手选择柜台的试用装进行试色，不借助服务人员或者虚拟试妆镜的服务。

三种试妆方式对应三种服务仪式程度，柜姐帮忙对应全面服务仪式，消费者与服务人员面对面接触互动；虚拟试妆对应自我服务仪式，消费者借助互联网装置实现与虚拟服务环境的互动；自助试妆对应无服务互动，全程自助完成购物。

在与商场经理沟通，征得其同意的基础上，在丝芙兰店外向消费者发放问卷，被试完成后将获得兰蔻小黑瓶体验装的回报。请消费者填写关于感知服务仪式程度和品牌体验的相关问题。服务仪式程度测量采用本书研究团队开发的服务仪式量表，共 13 个题项，包含流程性、独特性、共鸣性、寓意性四个维度，根据服务场景进行改编，一致性 Cronbach's α 系数是 0.722；品牌体验同前述实验，一致性 Cronbach's α 系数是 0.761。

为剔除丝芙兰彩妆本身是否满足消费者需求带来的干扰，我们会请被试回答“请问丝芙兰彩妆整体上是否符合您的风格”，回答“否”的被试数据被排除。实验 7-5 的调研时间是 2020 年 11 月 8 日至 10 日，剔除 3 份无效被试以后，获得有效问卷共 72 份。其中，柜姐帮助试妆的消费者（全面服务仪式）的问卷总数为

29 份，虚拟试妆的消费者（自我服务仪式）问卷总数为 26 份，自助试妆和没有试妆的消费者（控制组）问卷总数为 17 份。

3）实验结果

实验 7-5 获得有效被试 72 名，男性 14 名，占比 19.44%，全面服务仪式（29 名）、自我服务仪式（26 名）和控制组（17 名）。首先，实验 7-5 采用 G*Power 软件计算样本的统计检验力结果为 0.82，高于最小接受值 0.8，说明实验 7-5 参与人数是有效的。接着实验 7-5 对样本进行方差同质性检验，结果显示样本离散情形并无明显差别（$F = 1.144$，$p = 0.325$）。

最后，实验 7-5 方差分析的结果表明服务仪式程度操纵成功，全面线下服务仪式组的 $M = 5.13$，SD = 0.833；自我服务仪式组的 $M = 4.88$，SD = 0.771；控制组的 $M = 3.20$，SD = 0.547；$F(2, 69) = 38.023$，$p < 0.001$，操纵情况详见表 7-12 和图 7-12。

表 7-12　实验 7-5 操纵检验结果

操纵变量		F 值	df	p 值	均值	SD 值	操纵结果
服务仪式程度	全面	38.023	69	0.00	5.13	0.833	通过
	自我				4.88	0.771	
	控制组				3.20	0.547	

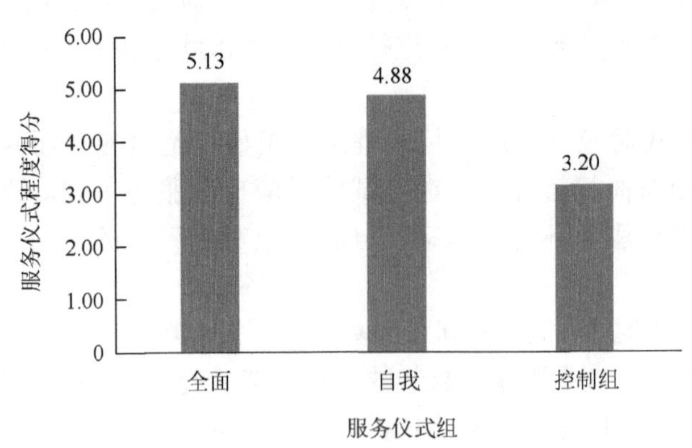

图 7-12　实验 7-5 服务仪式程度操纵检验

实验 7-5 结果如表 7-13 和图 7-13 所示，不同服务仪式程度下的品牌体验均值不同。全面和自我服务仪式组均比控制组表现出了更显著的品牌体验。全面服务仪式组的 $M = 4.98$，SD = 0.826；控制组的 $M = 3.88$，SD = 0.605；自我服务仪式组的 $M = 4.64$，SD = 0.832；$t = 4.747$，$p < 0.001$。以上结果说明服务仪式影响消费者品牌体验，结果初步验证了假设 7-4。

表 7-13　实验 7-5 检验结果

操纵变量		t 值	df	p 值	均值	SD 值	操纵结果
服务仪式程度	全面	4.747	69	0.00	4.98	0.826	通过
	自我				4.64	0.832	
	控制				3.88	0.605	

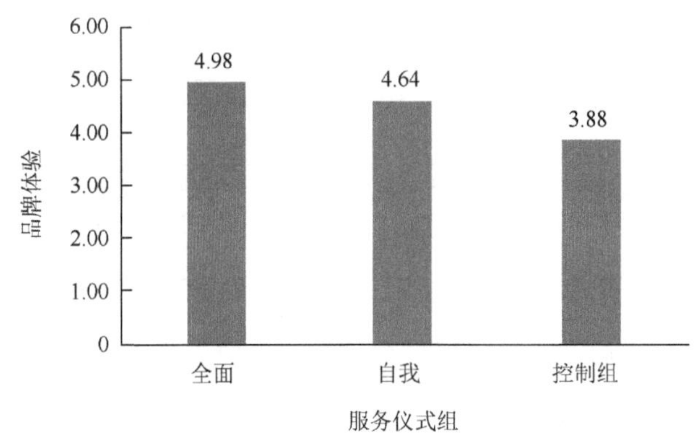

图 7-13　实验 7-5 服务仪式对消费者品牌体验影响图

2. 实验 7-6：控制感的中介作用检验

1）实验设计

实验 7-6 目的在于探讨自我服务仪式程度影响消费者品牌体验的中介机制，即检验假设 7-5。实验 7-6 采用服务仪式程度（高 vs.低）的单因素组间实验设计。因变量为消费者品牌体验。

实验 7-6 的被试是在校本科学生，共获得有效被试 64 名（其中男性占比 44%），服务仪式程度低组 31 人。实验被试仍然是公开招募获得，所有参与的被试会得到现金 10 元的报酬。

实验 7-6 最终选择了 FITURE 智能魔镜作为实验场景进行服务仪式设计。

FITURE 魔镜是成都拟合未来科技有限公司旗下集“硬件 + 内容 + 服务 + AI”的智能健身产品。您的一位朋友和您说想要购置 FITURE 魔镜以实现居家健身，正式购买之前想先去体验一下，特来请你帮忙陪他前去体验 FITURE 魔镜。于是，周末你们一起来到 FITURE 魔镜体验店进行体验。

到达体验店以后，迎面走来一位女性体验顾问进行一对一引导。向你们详细介绍了 FITURE 魔镜的特色，具体如表 7-14 所示。

表 7-14　实验 7-6 实验刺激材料

FITURE 魔镜硬件特色	具体内容
小巧不占地	厚度仅 48mm，可挂墙可落地，无须折叠收纳，不挤占家庭空间
创新镜面屏	真空溅镀工艺，经数百次实验对比，使镜面呈现科学透光折射率，方便用户与镜面中的教练对比并调整动作
科技艺术品	镜面历经上万次测试打磨，平整度媲美高档家居。源于瑞士名表日内瓦纹的设计灵感，打造出优雅的波纹边框。FITURE 魔镜将是你家中又一件艺术品
精湛 AI 摄像	内置广角低畸变 AI 摄像头，能更大范围捕捉用户运动画面，并准确识别用户关节运动情况与幅度，打造更专业的健身体验
非凡影音体验	43 寸 4K 高清屏幕、立体音箱系统及双麦阵列收声模块，为运动过程带来更沉浸的影音体验
人性化设计	为保障安全性，除了在主机背后设计安全扣，为产品提供支撑外，同时，在支架底部及主机背面设计了防滑胶条，经过上万次使用安全测试，有效防止小朋友或宠物误碰造成的产品倾倒

体验顾问介绍完后就让被试想象进行自主体验。你点进 FITURE 魔镜操作界面，仔细浏览了各项运动模式以后，选择了瑜伽模式。接下来 FITURE 魔镜中出现以下画面，并想象自身在 FITURE 魔镜面前跟着互动体验，操纵材料如表 7-15 所示。

表 7-15　实验 7-6 服务仪式操纵材料

自我服务仪式程度	
高	低
温柔舒适的女音，淡淡的背景音乐	运动训练的声音
清理垫子：瑜伽垫是我们瑜伽练习的长期伙伴，我们要对垫子，对自己，对瑜伽保持尊重。请我们将瑜伽垫缓慢铺开，将其摆放整齐 唱诵：请深呼吸，吸气，呼气……让我们一起表达对瑜伽的感谢，唱诵《向帕坦伽利祈祷》……保持内心的平和 静心：请躺在瑜伽垫上，保持头部中正，闭上眼睛，保持身体正直，慢慢体验到稳定、流畅、精妙、深长的呼吸，以及精神世界的平和 练习：睁开双眼，请开始练习……（观看练习视频并代入情境中） 静坐冥想：深呼吸静坐，闭上眼睛让自己的身体摒弃思想中的杂质，用心灵去感知自己	清理垫子：请将瑜伽垫铺开，将其摆放整齐 静心：请躺在瑜伽垫上，保持头部中正，闭上眼睛，保持身体正直 练习：睁开双眼，请开始练习……（观看练习视频并代入情境中） 静坐冥想：深呼吸静坐，闭上眼睛让自己的身体摒弃思想中的杂质，用心灵去感知自己

为检验材料有效性，先进行了预实验。参加非正式实验的有效被试是 40 名本

科生，高服务仪式组 20 名被试（其中男生 7 名），低服务仪式组 20 名被试（其中男生 8 名），被试根据材料对服务仪式程度进行 1～7 点评分。我们采用单因素方差分析来检验，被试对高低服务仪式两组感知存在显著差异[$F(1, 38) = 345.122$，$p < 0.01$]，高服务仪式组得分（$M = 5.07$）高于低服务仪式组得分（$M = 4.22$）。证明了实验情境材料具有较强的可信度。

2）实验流程

本实验过程采用情境模拟实验的方法，共招募被试 72 人。和前述实验一样，被试被随机分配到四个教室中，每间教室由两名团队成员负责整个实验进程，实验过程包括三个阶段，具体如下所述。

第一阶段是准备阶段，包括被试阅读前述知情书、关闭手机、进入实验室休息、告知实验目的等。

第二阶段是正式实验，告知被试本实验的实验目的是为 FITURE 魔镜的推广提供建议，实验包括两个部分，第一部分是“产品体验”，第二部分是“心理测试”。在第一部分中，被试先阅读 FITURE 魔镜的介绍。然后实验负责人在实验室屏幕上展示和介绍 FITURE 魔镜的特点和功能，然后请被试代入体验情境中，想象自己处在 FITURE 魔镜体验厅内，用投影播放视频（实验设计中材料介绍的内容），请被试跟着视频动作想象，其中高服务仪式组用的是舒缓的女性声音播放瑜伽视频，低服务仪式组用的是普通女性声音（类似 keep 教学声音）。第二部分——心理测试（品牌体验问项）。具体包括“我觉得 FITURE 魔镜这个品牌给我带来深刻的印象/感官上很有趣/唤起了我的情感/是一个情感品牌/我的身体获得了某种体验/进行了大量思考/激发了我的好奇心”，Cronbach’s α 系数是 0.804。同时，被试需填写控制感、自我效能相关问项。控制感测量参考 Landau 等（2015）的研究，包含 4 个题项，2 个正向问项“通过体验 FITURE 魔镜的服务互动，我觉得能更好地掌控运动/坚持执行”；2 个反向问项“通过体验 FITURE 魔镜的服务互动，我觉得更无助/无能为力”，一致性 Cronbach’s α 系数是 0.825。自我效能包含 2 个题项，“通过体验 FITURE 魔镜的服务互动，我更容易实现健身计划/更容易放弃健身”，Cronbach’s α 系数是 0.809。

最后实验负责人请被试完成有效性测试：①服务仪式的操纵检验。采用研究团队开发的服务仪式量表，共 5 个题项。具体包括“该服务活动是有序进行的/环境和形式很独特/通过体验该服务活动，我领悟到了该品牌传达的价值观/学习到了新知识/更加投入到消费体验中”，一致性 Cronbach’s α 系数是 0.721。②被试注意力检验需要回答“FITURE 魔镜体验顾问的性别是？”。③被试人口统计信息包括性别、年龄等。

第三阶段是被试退场，为排除需求效应，询问被试是否曾经听说过 FITURE 魔镜以及该实验目的是什么？然后向被试介绍保密原则，最后被试及时离场。

3）实验结果

实验 7-6 首先采用 G*Power 软件计算样本的统计检验力，结果为 0.90，高于最小接受值 0.8，说明实验 7-6 参与人数是有效的。接着实验 7-6 对样本进行方差同质性检验，数据显示样本离散情形并无明显差别（$F = 2.882$，$p = 0.176$）。最后，实验 7-6 独立样本 t 检验的结果表明服务仪式程度操纵成功，高服务仪式组的 $M = 4.84$，SD = 0.751；低服务仪式组的 $M = 3.87$，SD = 0.939；$t(1, 62) = 4.584$，$p < 0.001$。详见图 7-14 和表 7-16。

表 7-16　实验 7-6 操纵检验结果

操纵变量		t 值	df	p 值	均值	SD 值	操纵结果
服务仪式程度	低	4.584	62	0.00	3.87	0.939	通过
	高				4.84	0.751	

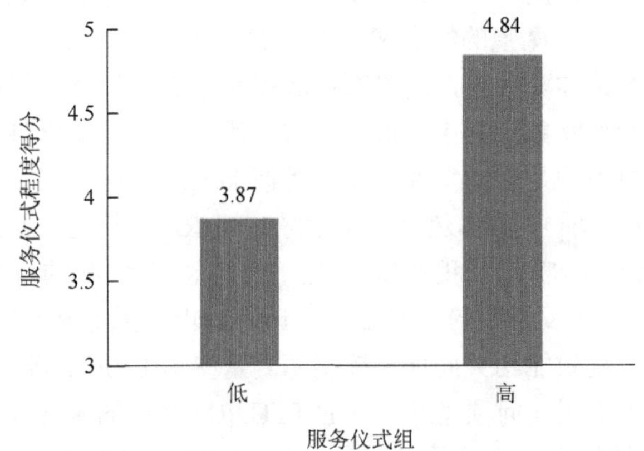

图 7-14　实验 7-6 服务仪式程度操纵检验

实验 7-6 结果如表 7-17 和图 7-15 所示。以品牌体验为因变量，进行服务仪式单因素方差分析。结果显示服务仪式主效应显著，$F(1, 62) = 17.965$，$p < 0.01$，$M_{低} = 3.93$，$M_{高} = 4.77$。

表 7-17　实验 7-6 方差检验结果

操纵变量		F 值	df	p 值	均值	SD 值	操纵结果
服务仪式程度	低	17.695	62	0.00	3.93	0.630	通过
	高				4.77	0.931	

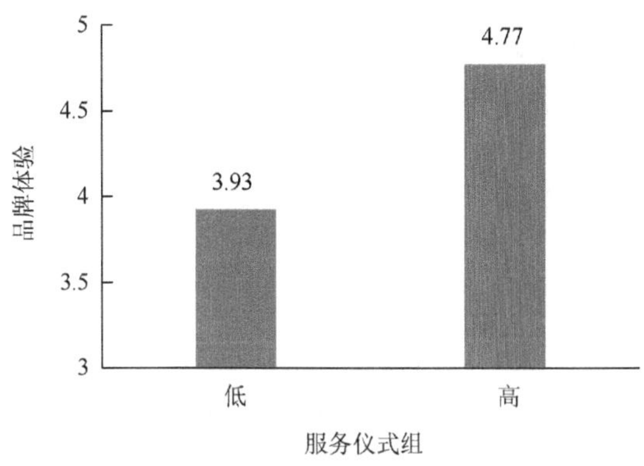

图 7-15　实验 7-6 服务仪式对消费者品牌体验影响图

以控制感为因变量，进行服务仪式程度（高 vs.低）的单因素方差分析。结果显示，服务仪式的主效应显著，$F(1, 62) = 19.30$，$p<0.01$，$M_{低} = 4.70$，$M_{高} = 4.58$。以服务仪式程度为自变量，以品牌体验为因变量，检验控制感的中介作用。采用三步中介回归法所得出的结果如图 7-16 所示。第一步，进行控制感对服务仪式的回归，回归系数显著（$\beta = 0.874$，$p<0.001$）；第二步，进行品牌体验对控制感的回归，回归系数显著（$\beta = 0.971$，$p<0.001$）；第三步，进行消费者的品牌体验对服务仪式、控制感回归，服务仪式系数不显著（$\beta = 0.261$，$p = 0.979$），控制感系数显著（$\beta = 0.848$，$p<0.001$）。因此，结果表明，控制感中介服务仪式程度对消费者品牌体验的影响。

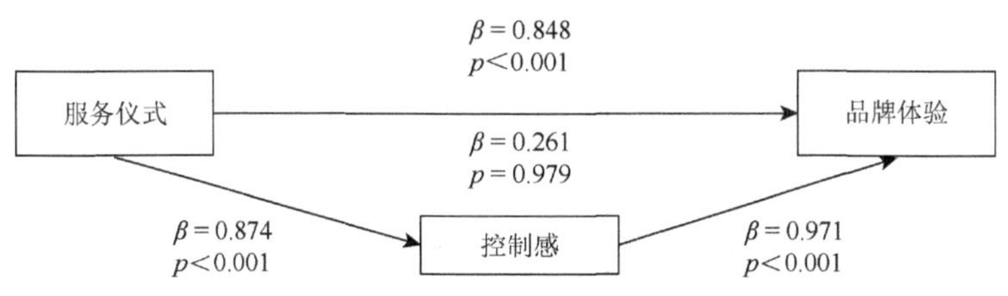

图 7-16　实验 7-6 中介分析图

为进一步检验控制感的中介作用，本节进一步采用 Bootstrap 模型 4 进行检验，结果验证了假设 7-5（95% CI[①]：[0.4868, 1.2054]），控制感作为自我服务仪式与消费者品牌体验的中介作用显著。

以自我效能为因变量，进行服务仪式程度（高 vs.低）的单因素方差分析。结果显示，服务仪式的主效应显著，$F(1, 62) = 13.58$，$p<0.01$，$M_{低} = 3.84$，$M_{高} = 4.67$。

① CI（confidence interval），置信区间，指由样本统计量所构造的总体参数的估计区间。

以服务仪式程度为自变量，以品牌体验为因变量，检验自我效能的中介作用。首先，进行自我效能对自我服务仪式的回归，回归系数显著（$\beta = 0.828$，$p < 0.001$）；接着，进行品牌体验对自我效能的回归，发现回归系数不显著（$\beta = 0.08$，$p = 0.13 > 0.005$），也即排除了自我效能的替代解释。

3. 实验 7-7：自主性的调节作用

1）实验设计

实验 7-7 分为两个子实验，目的在于探讨自我服务仪式程度影响消费者品牌体验的调节效应，即检验假设 7-6。实验 7-7a 通过自主性量表测试被试的自主性程度高低，根据被试所得分数的中位数进行分组，进而检验自主性对服务仪式影响消费者品牌体验的调节作用；实验 7-7b 采用实验室实验操纵被试的自主性程度高低，进一步检验自主性在服务仪式影响品牌体验中的调节作用。

2）实验 7-7a

A. 实验材料

实验 7-7a 的实验服务场景为虚拟试衣间。服务仪式程度描述为高低两种。高服务仪式组中，虚拟试衣镜设计更加精致，且在每组换衣时都会有相应的流程和仪式语句；低服务仪式组中，虚拟试衣镜相对简单，每组换衣过程没有相应流程与仪式语句。

为检验材料有效性，先进行了预实验。参加非正式实验的有效被试是 43 名本科生，高服务仪式组 21 名被试（其中男生 8 名），低服务仪式组 22 名被试（其中男生 6 名），被试根据材料对服务仪式程度进行 1～7 点评分。我们采用单因素方差分析来检验，被试对高低服务仪式两组感知存在显著差异[$F(1, 41) = 542.322$，$p < 0.05$]，高服务仪式组得分（$M = 5.14$）高于低服务仪式组得分（$M = 3.72$）。证明了本节研究的实验情境材料具有较强的可信度。

实验 7-7a 采用自主性量表来测量被试的自主性程度。自主性量表包含 12 个问项，问项包含“我很难说清楚自己到底要什么/通常能够淡忘别人的痛苦/一般情况下我能坚持自己的观点，喜欢规律的生活”等题项。量表 Cronbach's α 系数为 0.852，重测信度为 0.90，也即自我效能量表有较强的稳定性。

B. 实验过程

本实验由团队成员作为实验助手，参与整个实验的数据收集工作。

126 名大学生参与实验（43%男生），实验结束后每人获得现金 10 元的报酬。与上述实验一致，被试平复心情以后进入实验室。

正式实验开始后，同样告知被试实验分为“心理测试”和“产品服务评价”两部分内容。在实验负责人的安排下，被试首先完成第一部分，即心理小测试，目的是测量被试的自主性程度，被试完成问卷的正面部分，完成后举手示意，保持静坐，告知被试切勿翻到背面作答。待所有被试全部完成心理小测试（自主性测量）以后开始第二部分的实验浸入与问项回答。

实验负责人告知被试："圣诞节和春节在不久以后即将到来，为了庆祝节日，您打算在网上购买一些新衣服，这时朋友向您推荐了一家名为'FW studio'的服装店，这家店铺有虚拟试衣的功能，非常方便。您想进去看一下，并挑选自己喜欢的衣服。"

接着请被试根据自己的性别打开 PPT（男生选择男生版，女生选择女生版）。实验助手检查被试打开 PPT 的情况。实验负责人告知被试，进去店铺浏览。

高服务仪式组发现：店铺首页有序装饰着雪花、小鹿、圣诞老人等，充满节日的氛围，并写着"双节同庆，新衣服等着你"。

低服务仪式组发现：店铺首页写着"双节同庆，新衣服等着你"。

然后实验负责人告知被试，你在店铺精心挑选了 3 套衣服，并选择了店铺内的虚拟试衣进行试穿，帮助自己决定购买决策。然后请被试依次翻阅 PPT 中的 3 张幻灯片。其中，两个组的 PPT 风格有区别。

高服务仪式组：幻灯片展示框用圣诞元素装饰。

低服务仪式组：幻灯片无装饰。

其次，两个组在点击完每张图片以后显示的文字不同。

高服务仪式组：亲爱的客户您好，接下来我们开始试衣，您选的全套衣服已经在试衣间准备好了，请您确认所选择的衣服，一会儿您将看到不一样的自己。首先请您闭上双眼，深呼吸，数数 1、2、3。屏幕出现特效星光，然后看到衣服试穿效果。然后屏幕显示，客户宝宝，新的搭配开启新的一天，与众不同的你一定会拥有丰富美满的生活，带走我让我们一起开始新的幸福生活吧！

低服务仪式组：亲爱的客户您好，接下来我们开始试衣。被试依次点击 PPT 浏览衣服。点击后屏幕显示，客户宝宝，您的搭配很优秀，快把我带走吧！

试衣环节结束以后，实验负责人请被试回忆刚刚的体验服务情境，然后根据自身感受填写问卷背面的产品服务评价（品牌体验问项）。具体包括"我觉得 FW studio 这个品牌给我带来深刻的印象/唤起了我的情感/是一个情感品牌/我的身体获得了某种体验/进行了大量思考/激发了我的好奇心"，量表一致性 Cronbach's α 系数是 0.761。

最后实验负责人请被试完成服务仪式操纵检验、注意力检测和人口统计变量：①服务仪式操纵检验。操纵检验采用团队开发的服务仪式量表，根据服务场景进行删减改变，共 5 个题项。具体包括"该服务活动是有序进行的/环境和形式很独特/通过体验该服务活动，我领悟到了该品牌传达的价值观/学习到了新知识/更加投入到消费体验中"，一致性 Cronbach's α 系数是 0.717。②被试注意力检验需要回答"FW studio 虚拟试衣包括几套衣服？"。③人口统计信息与上述实验相同，包括年龄等问题。

与上述实验一样，为了排除需求效应，被试需要回答是否曾经听说过 FW studio 以及该实验目的是什么？最后给予被试实验报酬并请被试有序及时离场。

C. 实验结果

对于实验目的，没有被试提及仪式且均通过注意力检测，我们没有删除数据，最终获得高低服务仪式组各 63 名被试。为了确保实验参与人数的有效性，实验 7-7a 采用 G*Power 计算统计检验力，结果显示检验力为 0.92，符合要求。接着实验 7-7a 对样本进行方差同质性检验，数据显示样本离散情形并无明显差别（$F = 4.378$，$p = 0.229$）。

实验 7-7a 独立样本 t 检验的结果表明高服务仪式组得分（$M = 4.62$）显著高于低服务仪式组得分（$M = 3.24$），$t(1, 124) = 9.051$，$p = 0.00$。结果显示，服务仪式程度的操纵成功，详见表 7-18 和图 7-17。

表 7-18　实验 7-7a 操纵检验结果

操纵变量		t 值	df	p 值	均值	SD 值	操纵结果
服务仪式程度	低	9.051	124	0.00	3.24	0.623	通过
	高				4.62	0.869	

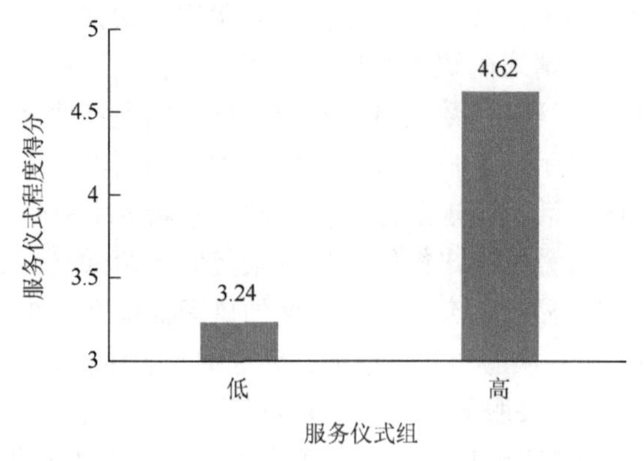

图 7-17　实验 7-7a 服务仪式程度操纵检验

接下来根据被试自主性得分，根据被试得分按照中位数分为两组，高低两组分别为 63 名被试。独立样本 t 检验的结果表明，高自主性组的得分显著高于低自主性组的得分（$M_{高} = 4.94$，$M_{低} = 3.89$，$t(1, 124) = 10.981$，$p < 0.01$）。

实验 7-7a 以品牌体验为因变量进行了 2（组间变量：服务仪式程度高 vs.服务仪式程度低）×2（组内变量：自主性高 vs.自主性低）的双因素方差分析。结果如表 7-19 和图 7-18 所示，服务仪式主效应显著，$F(1, 122) = 28.71$，$p < 0.01$，

$M_{低}=3.66$，$M_{高}=4.41$。自主性主效应不显著，$F(1, 122)=0.06$，$p=0.81>0.01$。服务仪式程度与自主性交互作用显著 $F(1, 122)=34.30$，$p<0.01$。对于自主性低的被试，被试对高服务仪式的品牌体验得分显著高于低服务仪式组得分，$F(1, 61)=74.41$，$p<0.01$，$M_{低}=3.18$，$M_{高}=4.73$。对于自主性高的被试，得分差异不显著，$F(1, 61)=0.108$，$p=0.744$，$M_{低}=3.95$，$M_{高}=3.88$，结果验证了假设 7-6。

表 7-19　实验 7-7a 结果表

自主性	服务仪式程度	均值	方差	样本
低	低	3.18	0.75	24
	高	4.73	0.68	39
高	低	3.95	0.88	39
	高	3.88	0.69	24

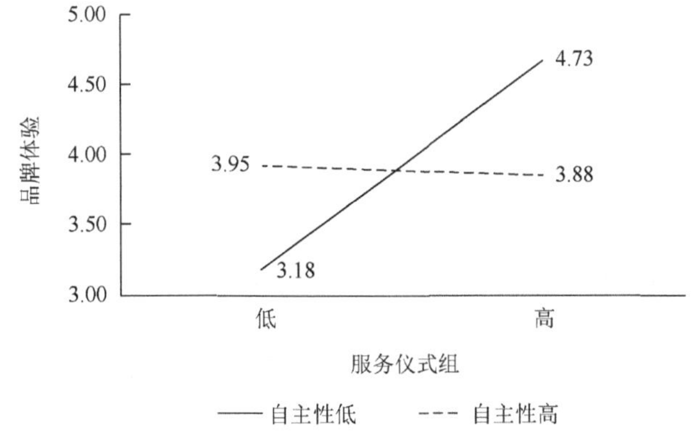

图 7-18　实验 7-7a 调节效应分析图

3）实验 7-7b

A. 实验材料

实验 7-7a 采用测量法测量被试的自主性，实验 7-7b 采用实验室操纵被试自主性的方式进行检验。实验 7-7b 的实验服务场景为速食意面。服务仪式程度被描述为高低两种：高服务仪式组中，在意面煮熟制作过程中加入仪式要素；低服务仪式组中，只是简单的制作流程。

自主性程度也描述为高低两个场景：高自主性描述为主动选择意面，选择余地大，且对意面有一定的了解并且熟悉意面的操作；低自主性描述为被动选择意面，且选择余地小。实验首先进行了预实验以检测实验材料。

参加预实验的有效被试是 32 名大学本科生，高自主性组 17 名(其中男生 8 名)，低自主性组 15 名(其中男生 6 名)，被试根据材料对自主性程度进行 1～7 分点评。预实验采用单因素方差分析检验，统计结果表明，被试对高低自主性两组感知存在显著差异[$F(1, 30) = 176.32$，$p < 0.05$]，高自主性组得分（$M = 5.03$）高于低自主性组得分（$M = 3.77$）。也即本实验的实验情境材料具有较强的可信度。

B. 实验过程

实验 7-7b 的数据收集是向一家专业的在线调查公司付费购买样本，该公司的样本库超过 260 万人，被试均经过双重验证，真实性较高。调查方式为随机在样本库中抽取样本发放问卷，共回收 184 份问卷（回收率 42.59%），经过严格的无效问卷剔除程序（如填答时间过短、注意力检测不通过等），最终获得了有效问卷 157 份（有效率 85.3%），其中，男性占比 49.04%，本科生占比 61.78%。

首先，请被试先阅读实验引导语，为“空意”速食意面体验调查，请被试想象以下实验情境。

低自主性组将阅读到：

经过半天的忙碌后，你感到饥肠辘辘，十分渴望饱餐一顿，为自己的能量充值。你搜寻家中食材过后，发现只有一盒速食意面，且是之前逛超市无意拿的你不是特别喜欢的味道。你没有别的选择只能选择煮意面充饥。

高自主性组将阅读到：

经过半天的忙碌后，你觉得需要一顿美食来享受一下清闲的时光，你走进厨房发现可以选择的食材很多，浏览过后，你看到了前几天才从超市挑选的自己最喜欢的味道的速食意面。煮意面对于你来讲已经驾轻就熟，水煮沸后加入自带海盐与橄榄油后，再加入意大利面煮 8～10 分钟，煮到 Q 弹为止，将意面控水捞出，倒掉煮面水后，加入料包酱翻炒一分钟，出锅装盘撒上乳酪和欧芹粉就完成了。于是你决定煮这包美味的意面犒劳自己。

然后被试将看到意面的盒子，包装上写着食用方法。

低服务仪式组，地道意大利面体验只需 4 步：①沸水中加入海盐与橄榄油后再放入意大利面煮 8～10 分钟；②将意面控水捞出，倒掉煮面水后，加入真材实料面酱翻炒 1 分钟；③装盘后根据个人口味加入干酪撒粉、欧芹和黑胡椒碎；④开启大餐时光。

高服务仪式组，浪漫意大利面体验只需 4 步：①（所见即所得的产品开箱）沸水中加入海盐与橄榄油后再放入意大利面煮 8～10 分钟；②（诚实地面对万丈红尘，享受每一寸光阴的滋味）将意面控水捞出，倒掉煮面水后，加入真材实料面酱翻炒 1 分钟；③（平凡生活美味不平凡）装盘后根据个人口味加入干酪撒粉、欧芹和黑胡椒碎；④（换着花样浪漫）开启大餐时光。

请被试再次回忆意面食用方式，然后根据自身感受填写问卷（品牌体验问项）。具体包括“我觉得‘空意’速食意面这个品牌给我带来深刻的印象/感官上很有趣/是一个情感品牌/我的身体获得了某种体验/进行了大量思考/激发了我的好奇心”，一致性 Cronbach's α 系数是 0.703。

最后被试完成服务仪式操纵检验、自主性操纵检验、注意力检测和人口统计变量。①服务仪式操纵检验。操纵检验采用研究团队开发的服务仪式量表，根据服务场景进行删减改变，共 5 个题项，具体包括“该服务活动是有序进行的/环境和形式很独特/通过体验该服务活动，我领悟到了该品牌传达的价值观/学习到了新知识/更加投入到消费体验中”，一致性 Cronbach's α 系数是 0.711。②自主性操纵检验，参考 Ryan 和 Connell（1989）的研究，共 4 条问项，包括“在体验‘空意’速食意面过程中，我感觉我是自由的/被限制的/被约束/可选择的”，一致性 Cronbach's α 系数是 0.822。③被试注意力检验需要回答“请问，‘空意’速食意面食用方式包含几步？”④与前述实验一致，请被试填写人口统计信息包括性别等信息。

C. 实验结果

为了确保实验参与人数的有效性，实验 7-7b 采用 G*Power 计算样本的统计检验力，结果显示检验力为 0.86，符合要求。接着实验 7-7b 对样本进行方差同质性检验，数据显示样本离散情形并无明显差别（$F = 1.792$，$p = 0.181$）。

实验 7-7b 独立样本 t 检验的结果表明高服务仪式组得分（$M = 4.63$）显著高于低服务仪式组得分（$M = 3.39$），$t(1, 155) = 15.631$，$p = 0.00$。结果显示服务仪式程度的操纵成功，详见表 7-20 和图 7-19。

表 7-20　实验 7-7b 操纵检验结果（一）

操纵变量		t 值	df	p 值	均值	SD 值	操纵结果
服务仪式程度	低	15.631	155	0.00	3.39	0.494	通过
	高				4.63	0.500	

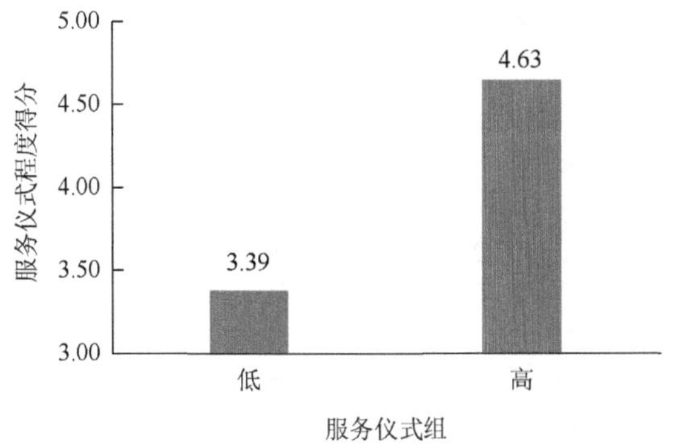

图 7-19　实验 7-7b 服务仪式程度操纵检验

自主性操纵成功，高自主性组的 $M = 4.86$，SD = 0.687；低自主性组的 $M = 3.06$，SD = 0.673；$F(1, 155) = 17.171$，$p < 0.001$，详见表 7-21 和图 7-20。

表 7-21　实验 7-7b 操纵检验结果（二）

操纵变量		F 值	df	p 值	均值	SD 值	操纵结果
自主性程度	低	17.171	155	0.00	3.06	0.673	通过
	高				4.86	0.687	

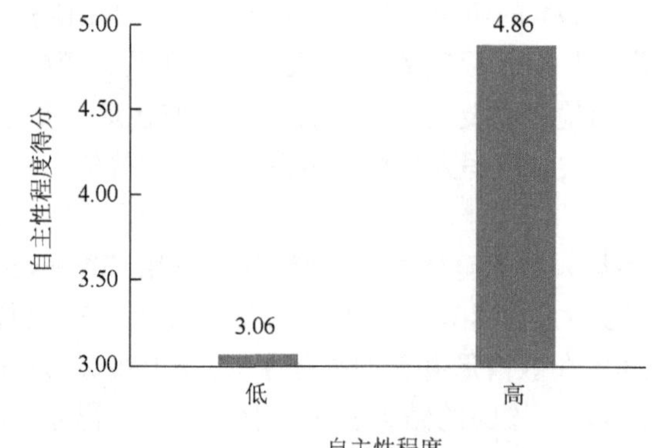

图 7-20　实验 7-7b 自主性程度操纵检验

实验 7-7b 以消费者品牌体验为因变量进行了 2（组间变量：服务仪式程度高 vs.服务仪式程度低）×2（组内变量：自主性高 vs.自主性低）的双因素方差分析。结果如表 7-22 和图 7-21 所示，服务仪式主效应显著，$F(1, 153) = 20.19$，$p < 0.01$，$M_{低} = 3.66$，$M_{高} = 4.43$。自主性主效应不显著，$F(1, 153) = 0.281$，$p = 0.15 > 0.01$。服务仪式程度与自主性交互作用显著，$F(1, 153) = 12.556$，$p < 0.01$。对于自主性低的被试，被试对高服务仪式的品牌体验得分显著高于低服务仪式组得分，$F(1, 83) = 81.859$，$p < 0.01$，$M_{低} = 3.43$，$M_{高} = 4.71$。对于自主性高的被试，被试对高低服务仪式的品牌体验得分不显著，$F(1, 70) = 1.267$，$p = 0.264$，$M_{低} = 3.91$，$M_{高} = 4.07$。结果验证了假设 7-6。

表 7-22　实验 7-7b 样本分布情况

自主性	服务仪式程度	均值	方差	样本
低	低	3.43	0.668	41
	高	4.71	0.643	44
高	低	3.91	0.637	37
	高	4.07	0.497	35

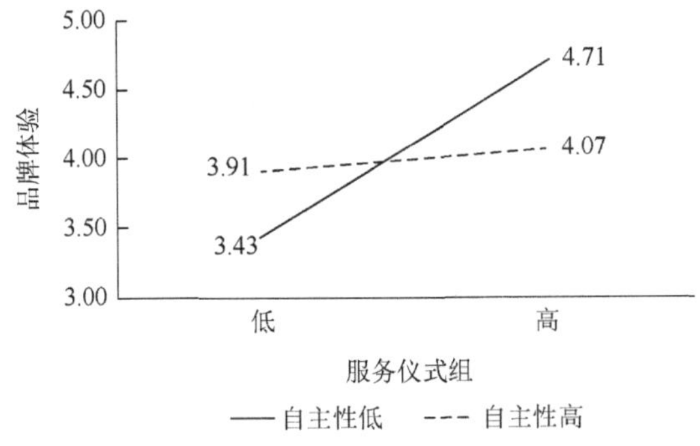

图 7-21　实验 7-7b 调节效应分析图

7.2.4　小结讨论

本节采用田野实验、实验室实验，探讨并验证了自我服务仪式对消费者品牌体验的影响作用，得出如下结论：第一，实验 7-5 验证了自我服务仪式对消费者品牌体验的正向作用。该实验采用田野实验，通过试妆方式操纵服务仪式程度，结果发现，相对于控制组，全面和自我服务仪式都提升了消费者的品牌体验，也即验证了自我服务仪式对品牌体验的正向作用。第二，实验 7-6 检验了自我服务仪式程度影响消费者品牌体验的内在机制。该实验采用情境模拟的方式操纵服务仪式程度，验证了控制感的中介作用，并排除了自我效能的替代解释。第三，实验 7-7 验证了消费者自主性的调节作用，证实自我服务仪式作用并非一直保持不变。该实验发现，对于自主性低的消费者，服务仪式程度正向影响品牌体验，相反，对于自主性高的消费者，自我服务仪式对品牌体验的作用不再显著，甚至起到反作用。

本节研究首次关注到自我服务仪式对消费者品牌体验的影响，加深了学界对服务仪式的认识。服务互动除了发生在与产品、现场互动之外，还可以借助互联网平台等通过虚拟服务互动，创造出独特的感受而形成品牌体验。虚拟服务主要是依托于互联网平台，借助 AR 等技术实现服务互动。虚拟服务环境下，消费者既可以参与产品与服务的设计开发等，又可以参与消费、共享经验。本节分析了虚拟服务环境下的服务仪式对品牌体验的影响，拓展了服务仪式的影响效应，为企业全面设计服务系统提供参考。

7.3　结论与战略指引

本章定量验证了全面服务仪式对消费者品牌体验的作用。具体而言，服务仪式程度影响消费者的品牌体验，原因是企业通过服务仪式使服务资源具有服务传递功能的同时兼具表演和文化特性，帮助品牌在同行业中脱颖而出，吸引消费者关注和参与互动，进而激发消费者的积极情绪，促进消费者人际关系和谐和加深对品牌的认知，加深消费者与服务人员之间的情感互动，提高服务体验的层次和丰富程度。同时，企业通过仪式符号生成服务的文化意义进行传递，消费者在与服务人员接触过程中，通过“链”的可持续性获得品牌带来的能量，创造并获取价值。也即全面服务仪式通过增强消费者的感官印记，进而激发消费者沟通意愿，促进会话价值的提升，会话价值越高，越能延长服务仪式带来的情感能量，提升消费者的品牌体验。但全面服务仪式效果并非保持不变，对于不同的服务类型和消费者角色，全面服务仪式对消费者品牌体验的影响效果有所不同：①对于享乐型服务，相比观察者，消费者作为参与者时，全面服务仪式程度与消费者的品牌体验正相关；②对于功能型服务，相比参与者，消费者作为观察者时，全面服务仪式程度与消费者的品牌体验正相关。

在虚拟服务环境中，自我服务仪式也能提升消费者的品牌体验。自我服务仪式对消费者品牌体验的影响主要是通过控制感的提升。在虚拟服务背景下，服务仪式的流程性可弥补消费者在与品牌互动时看不见摸不着的控制感。同时，自我服务仪式一方面通过符号、语言和装扮传递品牌的理念价值转移消费者注意力，排除消费者对虚拟服务不确定性的负面想法，另一方面可以成为品牌传递知识的学习平台，向消费者传递知识和品牌理念，为消费者带来丰富难忘的品牌体验。但自我服务仪式的作用受到消费者自主性的调节影响，当消费者自主性低时，服务仪式提升品牌体验；相反，当消费者自主性高时，服务仪式的秩序性反而会使得消费者感知自身的行为被限制，消费者被控制的感觉会使得其远离品牌、降低品牌体验。

本章研究推动了服务仪式的应用发展。本章将服务仪式运用到消费者与品牌的积极互动中，定量检验了服务仪式对消费者品牌体验的影响机制。在通过扎根理论研究方法进行探索性研究的基础上，综合采用实验室实验、田野实验等定量研究方法，验证了服务仪式（全面 vs.自我）对消费者品牌体验的作用。同时探析了服务仪式影响消费者品牌体验的中介机制和边界条件，厘清了服务仪式的适用情境，为拓展服务仪式在服务管理的应用做出一定的贡献。

本章研究拓展了品牌体验的前因研究。通过探析服务仪式对品牌体验的影响，进一步拓展了品牌体验研究。前人对品牌体验的前因研究分为外界客观因素[如企业氛围、品牌刺激（标识、包装）等]和消费者主观因素（如感知有用性、个体特征等）（侯建荣，2016；Khan and Rahman，2015）。本章结合服务互动和仪式两个要素，引入服务仪式这一变量，探析其对消费者品牌体验的影响效应，拓展了品牌体验研究的领域范围，为未来品牌体验研究和品牌管理实践指明了可行的研究方向。帮助企业在“服务经济”初期，为企业提升服务质量和品牌建设、合理进行服务设计提供参考。

本章结论为企业设计服务系统、管理服务流程、服务仪式设计等方面提供了重要启示。研究结果将指导服务企业从战略的高度重视品牌管理中的服务互动理念；促进企业采用有效的科学方法改善服务流程，提升消费者对品牌服务理念的认知；帮助企业构建全面的服务仪式体系，结合线上和线下服务资源构建品牌核心能力和企业可持续竞争优势。

首先，企业应从战略的高度重视品牌管理中的服务互动理念。服务生产与消费的同时性决定了服务接触的普遍性。通过消费者与服务人员的有效接触互动，企业才能进行服务传递与品牌理念的输出，消费者获得独特体验，增强与品牌之间的联系，促进企业绩效的提升。因此，服务仪式作为服务传递和品牌理念传输的有效形式，对服务经济转型初期的品牌管理具有十分重要的作用。品牌与消费者的良性互动不仅可以满足消费者的功能需求，更能为消费者带来情感寄托和精神慰藉（卫海英等，2018）。本章证实了服务和仪式的融合对品牌管理的重要性，恰当的服务仪式设计可提升消费者的品牌体验和对品牌文化的感知。

其次，企业应采取科学有效的服务仪式改善服务流程。对于消费者来说，服务仪式增强体验；对于企业和品牌来说，服务仪式是帮助消费者创造体验的过程，也是整合及优化服务资源的过程。在消费者与服务人员接触与互动中，科学有效的服务仪式给消费者带来愉悦体验，获得服务传递、文化价值等。但拙劣的服务仪式设计可能会起到相反的效果，降低消费评价，失败的服务仪式一般是嘈杂、困扰消费者的服务。与此同时，这些不合理的服务仪式也会降低服务人员的工作热情，甚至引起服务失败的情况。因此，企业必须结合自身服务类型和品牌理念科学有效地设计服务仪式，根据本章研究结论，科学有效的服务仪式设计包括以下几个阶段：①识别服务资源，结合品牌价值观和服务理念，归纳分析现有服务基础资源（如器具、环境、员工素质等）。②绘制服务仪式蓝图。服务仪式蓝图定位于消费者、服务人员以及服务系统交互。重要的是，它展示消费者从服务之初到服务结束的整个仪式过程，这将包括很多步骤以及不同部门的员工。服务仪式蓝图中需包括顾客能够看到的细节和服务流程中潜在的失误点。③服务仪式再造。随着时间推移，服务仪式将会过时，技术、消费者需要、附加的服务特征、新的提供物等方面的变化，可能使得现有服务仪式不能流畅运转。通过服务仪式再造，在提高服务质量的同时也能提高生产率。

最后，企业可构建全面的服务仪式体系。全面的服务仪式体系是通过对实体服务、电子商务服务和移动电子商务服务整合，为消费者提供更丰富的服务接触平台，高效满足消费者日益丰富的功能与情感需求。伴随信息的飞速发展，线上线下融合的价值共创行为已经成为趋势。根据研究结论，服务仪式是价值共创实施的有效途径，且研究证实全面服务仪式和自我服务仪式都可提升消费者品牌体验，但实现路径存在一定差别，对此，品牌可从以下几点考虑。

（1）从服务产品、服务互动、体验环境三个层面提升服务仪式效果。全面服务仪式设计应更加注重体验环境和服务互动的设计，着重刺激消费者感官进行情感的链接，提升会话价值；自我服务仪式要更加注重服务产品，强调服务仪式的流程性，提升消费者控制感。总之，品牌设计服务仪式能够提升消费者的消费经验和能力认知，提升消费者参与共创能力，消费者收获独特体验和服务资源，品牌获得消费者信赖与竞争优势。

（2）提升与消费者之间的人际互动和人机互动水平。如提升服务人员的业务技能和社交技巧，使服务人员掌握丰富的知识来回应消费者的需求。但不同服务类型应注重和消费者互动的方式，对于享乐型服务，应致力于促使消费者参与服务仪式互动，但对于功能型服务，应给消费者营造良好的观看环境，进而提升消费者的情感共鸣和认知感染；自我服务仪式应更加注重人性化设计，提升技术以实时满足消费者需求。总之，不论是全面还是自我服务仪式都需与品牌价值观和服务理念保持一致。

（3）重视体验价值共创过程中的资源整合与消费者参与。在服务接触中，企业应及时丰富与消费者沟通的渠道，让消费者接触必要的信息与资源，对消费者进行资源应用培训，让消费者有效掌握和使用资源，从而提高消费者价值共创能力。但不要过分设计太多服务仪式主题，以免造成消费者认知混乱，产生“画蛇添足”的效应。

总之，服务仪式是为企业弘扬自身品牌理念和进行服务传递而服务，企业要与消费者开展积极对话，积极搭建线上线下互动体验情境主题活动平台并为消费者安排合适的角色，提升消费者参与度。

第 8 章　服务仪式对品牌福祉的影响及战略指引

8.1　服务仪式对品牌福祉的情感量化分析

8.1.1　研究目的

第 8 章采用了定性访谈的方式，使用扎根理论编码的方法，探讨了服务仪式影响品牌福祉的内在机制及其边界条件。质性分析的方式适用于初始的、开放性的探索研究，能细微地捕捉现实生活中丰富复杂的营销实践并构建初步理论模型，为后续的量化研究奠定基础。然而，其不足之处在于，营销实践环境较为复杂，出现的混淆变量较多，如仪式创设时间、消费者对品牌的认同感程度、访谈时的需求效应（Adams-Quackenbush et al.，2019）等都可能会影响到服务仪式对品牌福祉的实际作用和效果，甚至会出现反向因果关系或者相关关系，较难清晰地验证两者之间直接因果联系。

因此，本章拟依据量化分析的分析范式，通过问卷调查和实验研究的方法，进一步厘清服务仪式影响品牌福祉的作用途径和机制，为服务仪式和品牌福祉之间的因果关系提供确切的研究支持。依据互动仪式链理论视角，服务仪式所体现出的仪式要素对于服务仪式增进品牌福祉具有重要作用。同时，质性访谈分析发现，服务仪式可从情感印刻的路径影响品牌福祉。因此，本章拟从情感印刻的路径切入，基于消费意义感分析服务仪式对品牌福祉的作用机制。具体而言，本章拟探讨以下问题：第一，服务仪式对品牌福祉的直接影响；第二，探讨消费意义感的中介作用，诠释服务仪式对品牌福祉的情感作用机制；第三，探讨品牌信息类型的调节作用，探究品牌如何运用品牌故事背景为服务仪式背书，以此提升消费意义感和品牌福祉。

8.1.2　理论推演与研究框架

仪式主要的功能在于精神的强化。在特定的仪式场所和仪式时间，通过使用神圣化、特殊化的器具和物品，对文化传统、宗教信仰等无形精神进行特殊化和崇高化，从而强化仪式信仰和仪式行为（Lee et al.，2017）。同理，服务仪式作为仪式在服务行业中的延展和应用，也应具备仪式的相关特点。企业实施服务仪式不仅仅是为了增加企业与顾客之间的接触点，更是希望在双方接触的过程中，赋予互动更多深切的情感和丰富的内涵（Gainer，1995），从而促使顾客在服务仪式中更多地感受到企业精神和企业关怀，进而提升顾客感知的品牌福祉程度。

仪式之所以区别于普通的日常生活，是因为仪式创造了一个超脱于日常生活的“神圣时刻”，令人能暂别生活中的琐碎小事和柴米油盐，通过触碰仪式中独特的精神内涵，将自身与值得珍视的精神情感相联结，进而提升自身的福祉感知。例如，在宗教仪式中，通过定期上教堂，听牧师讲道，向上帝祈祷和忏悔等仪式行为，信徒从中与上帝建立联系，体会到敬畏、感激、崇高、仁慈等宗教精神，从而提升信徒的生活满意度和道德感（饶婷婷等，2019）。同样，在世俗生活中，民俗仪式也发挥着与更崇高的意义感相连接的作用，例如在传统的春节仪式中，吃饺子、贴春联、放爆竹、年夜饭等仪式不仅强化了个体与家人、个体与朋友之间珍贵的情感联系，更是重申了中华大家族的生生不息的民族自豪感和荣誉感。服务仪式是仪式在服务领域内的拓展和延伸，品牌福祉也是消费者在与品牌互动中所得到的积极、美好而崇高的幸福体验，因此，消费意义感极有可能成为连接服务仪式与品牌福祉的关键一环。

意义感是人类抵抗人生的虚无假设，创造人生价值感的重要方式。无论是西西弗斯神话中对永无止境无意义生活的诘问，还是哈姆雷特对生存还是死亡的深刻发问，都显示了人类对于何谓有意义的生活的深刻思考。以往的研究认为，不同于享乐主义所强调的快乐、愉悦和短暂的幸福（Choi et al.，2017），实现主义更多地关注如何获得一种令人满意的、实现人生潜能的持久幸福（Deci and Ryan，2000），实现人生意义。Rudd 等（2019）认为人会从三个不同维度上感知意义感，分别为对自身目标的意义感、对人际互动中的意义感和对外在世界的意义感。对自身目标的意义感包括个体对自身生活的方向、目标和使命的感知，如自身的人生目标，人生经历中的成长；对人际互动中的意义感则包括个体是否对他人而言是有价值和重要的，如个体在抚育后代时的积极情绪和意义感知；对外在世界的意义感则是世界多大程度上是可预测和可理解的，如感知宇宙或世界是存在内在运行的规律和法则，而非完全的不可预测和失序（Steger，2011）。可见，人类对于意义感的探索不仅囊括了个体层面和人际层面的考量，还涉及外在社会和更高秩序运行的感知，这与仪式在人类社会中的功效不谋而合。

仪式发展的最初目的之一就是抵御外在世界的不可控性，尝试建立人类社会的规范与价值体系，引导个体感知到更高层次的秩序和更大程度的意义。例如，在原始的海神崇拜仪式中，为了抵抗不可预测的险恶天气，渔民们通过海神信仰和祭祀仪式，希望获得海神的保佑，降低不确定性感知。在日常竞技比赛中，个体在通过做出与好运相关的行为（如手指交叉做祈祷状），提升自我效能感，增强个体对任务的自信心，从而进一步提升成绩表现（Damisch et al.，2010）。可见，仪式能有效地降低焦虑感，并提升自我效能感，仪式行为的有效性将进一步强化个体对仪式的信仰和意义感知。

同时，社会通过将仪式纳入社会规范的方式对仪式予以强化和升华，赋予其更大程度的意义感知。例如，告别仪式中对已故亲人的哀悼，通过仪式化行为（如葬礼、亲友哭丧和告别等仪式），进行符合社会规范的表达，既能充分宣泄个体的悲痛情绪，也能以此作为截断点，重新获得对生活的掌控感，赋予负面事件更深层次的意义感，并有所成长（Norton and Gino，2014）。此外，仪式不仅能传递社会约定俗成的价值观和规范取向，还能紧密团结社会中的个体（Hobson et al.，2017），提升人际联结程度，搭建角色转换和意义感知的重要桥梁。例如，在毕业典礼中身着学士服、毕业合影、校长寄语等一系列仪式活动，既表达了社会对毕业生的殷切希望，又强化了同学情谊中的可贵、不舍和珍惜等情感，提升了毕业典礼的价值感和意义感。

同理，服务仪式作为仪式与服务相结合的产物，通过服务中的仪式化互动，促使消费者感受到更高程度的文化象征意义和更加亲密的人际联结，从而获取更高层次的意义感知。服务仪式的特点在于其仪式行为是内嵌在社会共同意识中的，仪式意义是得到广泛认可和承认的，并具有独特的象征符号和社会价值。例如，云朵山歌的民俗敬酒仪式中，服务员唱着云南少数民族的特色山歌，穿着云南少数民族的特色服饰，进行敬酒仪式活动，借助这一系列外在的仪式要素，消费者能更快地领会到敬酒仪式中包含的尊敬和热情的文化含义，促使消费者在敬酒仪式中感受到更大程度的消费意义感。此外，服务仪式还能借助已有的仪式象征要素，进一步启发消费者对当下的生活进行思考，与自身产生更加深层次的内在联结，从而增加消费者的意义感知。例如，小森林书店的春季旅行仪式所包含的读书会、节气旅行等，通过借助亲近大自然和探索精神世界的仪式活动，脱离了日常生活的喧嚣，促使消费者与内心自我相联结，与广阔的大自然相联结，进而产生更高程度的消费意义感知。

以往的研究表明，意义感有助于提升消费者的生活满意度和幸福感（Allan et al.，2019）。相比及时享乐型活动，美德相关的活动更能提升意义感，进而提升生活美好度感知（Steger et al.，2011）。即使是艰苦的工作，个体也能通过赋予其意义感的方式，从中获得新的感悟和成长。更为重要的是，拥有更高生活意义感的个体，报告了更高程度的生活满意度（Steger et al.，2011）。可见，意义感能有效提升个体的积极情绪和生活幸福度。品牌福祉是品牌带来的积极、持久和崇高的幸福感受，更高程度的消费意义感，也将带来更高程度的品牌福祉感知。从而本书提出如下假设。

假设 8-1：服务仪式正向影响品牌福祉。

假设 8-2：消费意义感中介服务仪式对品牌福祉的正向影响。

此外，本章提出品牌故事（vs.服务信息）会调节服务仪式对品牌福祉的作用。正如个体可以通过讲故事的方式梳理自身经历、解释事件和表达意义，品牌也能以故事的方式呈现自身遇到的困难和发展的经历，表达自身的目标和价值观（Escalas，2004），同时以生动形象的方式增强品牌说服力。著名的品牌故事如微软创始人比尔·盖茨辍学创业的故事、苹果的创始人乔布斯的传奇故事，都给消费者留下了深刻的印象并传递了品牌的精神。研究显示，品牌故事能引起消费者更多的情感共鸣和意义联结，如具有故事性的品牌广告增加消费者对品牌的信任，并且促进消费者与品牌的联结，最终增加消费者对品牌的支持。通过讲故事的方式，品牌甚至可以转劣势为优势，如在资源或能力方面不足的品牌，在展现自身的外部资源不足的同时，强调自身对达成品牌目标的坚定和渴望，从而唤起消费者对品牌的高度认同，并转化为对品牌的同情和有力支持。

同样地，当品牌以故事的方式阐述品牌宗旨和品牌理念时，品牌故事为服务仪式提供一个良好的解释性氛围，有利于消费者从服务仪式中得到更大程度的消费意义感知。根据象征性互动理论（symbolic interaction theory），互动的本身并不能表达意义，只有在双方都认可的情况下，特定的互动才代表特定的含义。例如，在初次见面时的握手，在过生日时吃生日蛋糕等行为本身没有任何意义，是由社会共同赋予了这些动作特定的含义后，这些动作才被感知为是一种仪式并具有意义。同样地，仪式如果脱离了特定的含义解释也可能成为一堆奇怪零散的怪异行为（Turner and Turner，1970）。例如，只有理解了宗教中的救赎和归属基督的含义后，宗教的洗礼仪式才脱离了只是简单地用水在手上和额头上画一个交叉的动作，而具有了神圣和荣耀的仪式意义。服务仪式也是如此，从第 3 章的访谈可知，为了令消费者更好地理解服务中的仪式行为，企业往往采用已经被广泛认可的仪式要素，例如在提车仪式中的大红花和列队祝贺，在生日仪式中的鲜花和生日蛋糕，在酒店服务仪式中的手写贺卡和时令花茶等。企业希望借助仪式要素本身所具有的象征意义，令消费者在服务仪式中感知到更大的意义感。

同时，在服务仪式中，消费者也会对品牌的意图进行目的性推断。从第 3 章的消费者访谈的内容可得知，当消费者认为品牌采用服务仪式的目的是卖出更贵的产品，以此为噱头招揽更多的消费者时，消费者并不认为服务仪式是有意义的。企业的营利性推断也将增加品牌的贪婪性感知（Lee et al.，2017），不利于消费者感知到品牌福祉。如果品牌使用故事叙述的方式，将自身的使命和愿景与服务仪式的设计思路相结合，以品牌故事的方式向消费者解释仪式缘由，不仅能满足消费者探究为什么要实施仪式的好奇心，更能主动向消费者传递自身的价值观，唤起消费者对品牌之间更大的情感联结和身份认同（Escalas，2004），从而令消费者能更好地理解服务仪式所承载的品牌精神和仪式目的，产生更大程度的消费意义感知，最终感知到更高程度的品牌福祉。

因此，品牌通过讲述品牌故事的方式阐述服务仪式的初衷和缘由，能够为服务仪式创造一个良好的解释性氛围，进而有利于消费者感知到更大程度的消费意义感和品牌福祉。单纯呈现服务的一般性信息，如开业时间、菜式介绍等信息，并不能正向调节服务仪式与品牌福祉的关系。

假设 8-3：品牌故事（vs.服务信息）正向调节服务仪式对品牌福祉的关系。

本章的理论框架如图 8-1 所示。

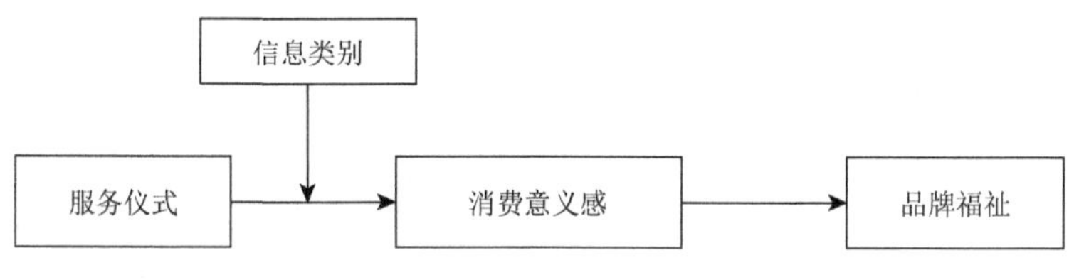

图 8-1　“服务仪式—品牌福祉”情感影响的理论框架

8.1.3　研究设计与数据结果

本章拟采用 1 个问卷调查和 2 个行为学实验，验证服务仪式对品牌福祉的影响效应，并探索消费意义感的中介作用，品牌故事（vs.服务信息）的调节作用。具体的实验安排如表 8-1 所示。

表 8-1　实验设计安排

序号	实验目的	实验设计
实验 8-1	检验假设 8-1 和假设 8-2	服务类别（服务仪式 vs.控制组）
实验 8-2	1. 检验假设 8-3 2. 排除服务仪式中的信息量干扰	服务类别（服务仪式 vs.控制组）×信息类别（品牌故事 vs.服务信息）
实验 8-3	1. 排除品牌故事中的信息量的干扰 2. 验证结论的稳健性	服务类别（服务仪式 vs.服务步骤 vs.控制组）×信息类别（品牌故事 vs.服务信息）

本节研究具有如下特点：①采用量化研究的范式，为验证服务仪式影响品牌福祉的因果关系提供证据。②采用层层递进式的验证方式，实验 8-1 首先验证服务仪式与品牌福祉的直接关系，实验 8-2 和实验 8-3 继续验证中介和调节效应，并采用不同的刺激材料验证结论的稳健性。③排除替代性解释，如服务接触量和品牌信息量的混淆。相比于服务仪式组，控制组中服务员和消费者的接触时间和信息量有所不同，因此本节增设随机动作组和品牌背景信息组，以控制消费者所接触的信息量保持一致。

1. 实验 8-1：问卷调研——服务仪式对品牌福祉的直接作用

1）实验设计

实验 8-1 主要有两个研究目的：①探索服务仪式（有/无）对品牌福祉的影响；②验证消费意义感的中介作用。一共有 81 名被试参与了此问卷调研，问卷结束后每人获得小额现金奖励。所有被试被随机分配到两个调查组，分别为服务仪式组和控制组，问卷采用组间因素设计。

2）实验流程

所有被试随机分配到仪式组和控制组，被试阅读相应的文字资料。

仪式组阅读以下文字：随着仪式化消费的兴起，许多品牌都尝试在服务消费中加入仪式元素，如歌舞类仪式：海底捞的拉面舞仪式、云海山歌的歌舞表演仪式、外婆家的叫花鸡上菜仪式等；生日仪式、求婚仪式：品牌为您举行的生日仪式、赠送生日礼物，或策划求婚仪式等；欢迎仪式：品牌在您入门或离开时，向您表达的欢迎仪式或离别仪式等；提车仪式：在您提新车的时候，为您举行仪式。

请您详细回忆，您之前参与过的让您有仪式感的服务消费经历，如您在餐饮业、服装业、珠宝业、酒店业等的消费内容；请您详细写出品牌名称、让您觉得有仪式感的事件，您当时的感受、您和服务员的互动情况等内容。

控制组阅读以下文字：请您详细回忆您上一次的服务消费行为，如您在餐饮业、服装业、珠宝业、酒店业等服务消费行业内的消费经历。例如，您外出就餐、购买衣物以及珠宝首饰、入住酒店、外出旅行、手工制作等服务消费行为。

请您详细写出品牌名称、您当时的消费情景、您的感受、您和服务员的互动情况等内容。

变量测量：①品牌福祉。此部分采用研究团队开发的品牌福祉问卷测项，一共 11 条，包含个体福祉、社交福祉和国家福祉三个维度，根据服务场景进行改编，如“此品牌能满足我的功能需要”“接受此品牌服务时，我能更好地与服务者进行互动”“此品牌提高了本国品牌的国际形象”等测项。问项均采用 9 分利克特量表，1 分表示完全不同意，9 分表示完全同意，一致性 Cronbach's α 系数是 0.86。②品牌态度评价。根据 Aggarwal（2012）的研究进行改编，一共 3 个测项，例如，“您多大程度上喜欢这个品牌”“您多大程度上满意这个品牌”“您多大程度上认为这个品牌是不错的”。一致性 Cronbach's α 系数是 0.89。③支付金额。问卷询问“您为此次消费支付了多少钱？”。④消费意义感。根据 Rudd（2019）的研究进行改编，包括 3 个测项，如“我觉得此次消费经历是有意义的”“我觉得此次消费经历是值得珍视的”“我觉得此次消费经历是值得回忆的”。问项均采用 9 分利克特量表，其中 1 分代表非常不同意，9 分代表非常同意，一致性 Cronbach's α 系数是 0.87。⑤服务仪式操纵检验。包括 2 条测项，分别是“我觉得此品牌的服务过程含有仪式行为”和“我觉得我参与了此品牌的某种服务仪式”。采用 9 分利克特量表，1 分代表非常不同意，9 分代表非常同意，两条问项的相关系数 r 是 0.89。仪式组设置为 1，控制组设置为 0。⑥情绪程度。询问被试“请问您现在的心情是？”采用 9 分利克特量表，1 = 伤心/消极/沮丧，9 = 开心/积极/愉悦，一致性 Cronbach's α 系数是 0.97。⑦性别。本调研将男性设置为 1，女性设置为 2。⑧教育程度。本调研共设置 5 个教育程度分级，1 为高中程度，2 为大专程度，3 为本科程度，4 为硕士程度，5 为博士程度。

3）实验结果

本次实验设置了注意力检测项目，一共有 10 名被试未通过此筛选，因此其数据在后续分析中被剔除，最后仪式组为 36 人，控制组为 35 人。其中，仪式组剔除 5 人，控制组剔除 5 人，两组的剔除人数未有差异。人口统计学结果如下：有效数据 71 人，其中男性 12 人，女性 59 人。高中学历 1 人，大专学历 21 人，本科学历 37 人，研究生学历 12 人。样本的平均年龄为 24.10 岁，年龄标准差为 4.02。

为了确定样本数量的可靠性，本实验选择 G*Power 软件进行事后检验力检测，选择 F 检验，效应量 f 为 0.4，显著性水平 α 为 0.05，总样本数为 71，组数为 2，G*Power 的结果显示检验力为 0.91，大于 0.80，因此统计检验力通过。描述性统计分析如表 8-2 所示。

表 8-2　实验 8-1 的描述性统计表

	服务仪式组	控制组
服务仪式操纵检验	7.47（1.25）	4.90（2.11）
品牌福祉	6.59（0.79）	6.12（1.09）
品牌态度	7.09（0.92）	6.90（1.29）
支付金额	260.30（156.02）	172.58（137.41）
消费意义感	6.92（1.29）	6.00（1.49）
情绪状态	6.42（1.92）	6.44（1.38）
性别	1.83（0.38）	1.83（0.37）
年龄	24.83（4.10）	23.39（3.86）
教育程度	3.71（0.95）	3.44（0.69）

注：表格中的数字格式表示 M（SD），虚线上为因变量，虚线中为中介变量，虚线下为控制变量

A. 服务仪式操纵检验

一共有两个服务仪式操纵检验测项，本节将其加总平均。相比于控制组（M = 4.90，SD = 2.11），仪式组的服务仪式测项得分更高（M = 7.47，SD = 1.25），存在显著差异[$F(1, 69) = 38.40$，$p = 0.00 < 0.05$]。因此，本实验的服务仪式操纵成功，详见表 8-3。

表 8-3 实验 8-1 的操纵检验结果

操纵变量	*F* 值	df	*p* 值	均值	SD 值	操纵结果
服务仪式组	38.40	69	0.00	7.47	1.25	服务仪式操纵通过
控制组				4.90	2.11	

B. 品牌福祉

以品牌福祉为因变量，对仪式组和控制组进行单因素方差分析，如图 8-2 所示。两组别的主效应显著。相比于控制组（$M = 6.12$，$SD = 1.09$），仪式组的品牌福祉水平度更高[$M = 6.59$，$SD = 0.79$，$F(1, 69) = 4.20$，$p = 0.04 < 0.05$]。进一步详细分析可知，相比于控制组，服务仪式组对社交福祉和国家福祉的提升作用显著。其中，在社交福祉维度中，相比于控制组的社交福祉水平（$M = 6.19$，$SD = 1.41$），仪式组的社交福祉水平更高[$M = 6.95$，$SD = 0.92$，$F(1, 69) = 7.14$，$p = 0.01 < 0.05$]；在国家福祉维度中，相比于控制组的国家福祉水平（$M = 5.40$，$SD = 1.43$），仪式组的国家福祉水平更高[$M = 6.29$，$SD = 1.34$，$F(1, 69) = 7.26$，$p = 0.01 < 0.05$]；但是在个体福祉中，控制组（$M = 6.77$，$SD = 1.29$）和仪式组的个体福祉水平几乎没有差异[$M = 6.70$，$SD = 0.97$，$F(1, 69) = 0.08$，$p = 0.77 > 0.05$]。综合讨论，假设 8-1 检验通过。

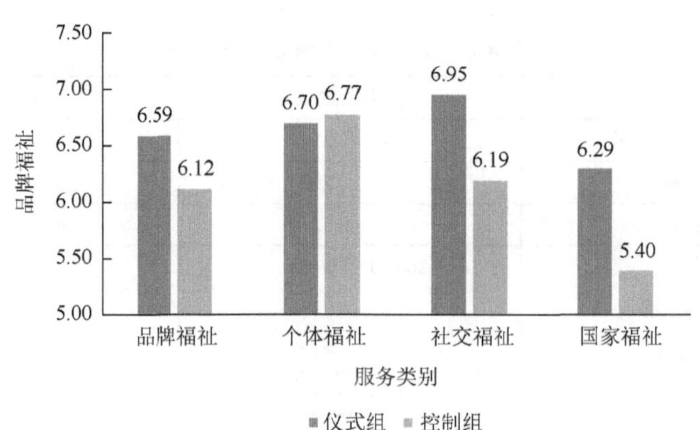

图 8-2 服务仪式（vs.控制组）对品牌福祉的影响

可知，相比于普通的服务流程，服务仪式能提升消费者感受的品牌福祉程度，并且主要提升在社交福祉和国家福祉层面的感受，这与服务仪式中更多的人际联结和仪式象征意义感知有关。

值得注意的是，虽然服务仪式（vs.控制组）对于品牌福祉有显著的提升作用，但是针对个体福祉维度，服务仪式（vs.控制组）并没有显著的差异，可能是因为个体福祉的测项为“此品牌能满足我的功能需要”“此品牌带给我便利”“使用此品牌，我觉得开心”“通过使用此品牌，我提升了我的生活满意度”，聚焦于功能性的满足和个体满意感。并且本实验采用的是回忆法，无论是有服务仪式，还是无服务仪式，消费者往往都对于服务本身满足其基本功能需求的程度感到满意，因此在个体福祉层次上无显著差异。最后，由于本章并不主要探讨品牌福祉三个维度上的差异，因此在后续的研究中，均将品牌福祉的维度合并，进行单一的品牌福祉构念测量。

C. 品牌态度

以品牌态度为因变量，以服务类别（仪式组 vs.控制组）为分类自变量，进行单因素方差分析，发现两组对于品牌态度并没有显著性差异。相比于控制组（$M = 6.90$，SD = 1.29），仪式组的品牌态度并没有显著提高[$M = 7.09$，SD = 0.92，$F(1, 69) = 0.49$，$p = 0.48 > 0.05$]。可能是因为品牌态度仅仅衡量了消费者对于品牌的喜爱、满意等整体感知，并不能体现出消费者在仪式互动中增强的人际联结和民族文化感知等内容，因此有无服务仪式对于品牌态度没有特别大的差异。这也侧面证明了，品牌福祉与品牌态度是两个不同的构念。

D. 支付金额

由于支付金额受到被试回忆的产品类别的影响，并且容易出现极端值，最高的 5 个金额分别为 20 000 元、1190 元、800 元、700 元和 689 元；最低的 5 个金额分别为 0 元、0 元、0 元、7 元和 10 元，令支付金额的数据出现了较大的分析偏误。因此，剔除此 10 个极端值，剔除后，仪式组人数为 31 人，控制组人数为 30 人。

以支付金额为因变量，以服务类别（仪式组 vs.控制组）为自变量，采用单因素方差分析，发现相比于控制组（$M = 172.58$，SD = 137.41），仪式组的支付金额更高（$M = 260.30$，SD = 156.02，$F(1, 59) = 5.40$，$p = 0.02 < 0.05$），具体如图 8-3 所示。

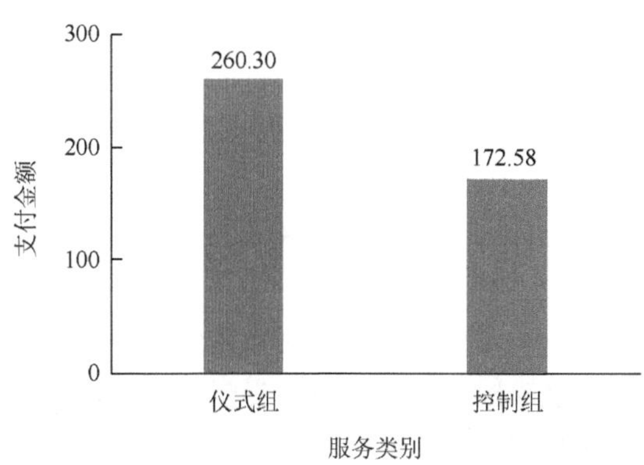

图 8-3　服务仪式组和控制组的实际支付金额

E. 消费意义感的中介作用

方差分析结果表明，相比于控制组（$M = 6.00$，SD = 1.49），服务仪式组的消费意义感更高[$M = 6.92$，SD = 1.29，$F(1, 69) = 7.73$，$p = 0.01 < 0.05$]，结果如表 8-4 所示。

表 8-4 实验 8-1 的消费意义感的方差分析结果

		F 值	df	p 值	均值	SD 值
消费意义感	服务仪式组	7.73	69	0.01	6.92	1.29
	控制组				6.00	1.49

其次，使用 Bootstrap 方法进行中介分析（Bootstrap 1000 次，模型 4）。将服务类别的两个组编码为虚拟变量（仪式组为 1，控制组为 0），以消费意义感为中介变量，品牌福祉为因变量，结果如图 8-4 所示。结果表明，在 95%的置信区间内，消费意义感的中介效应显著（非直接路径效应 = 0.41，SE = 0.17，95%CI：[0.1097, 0.7962]），消费意义感中介服务仪式对品牌福祉的关系，假设 8-2 得到支持。具体而言，相比于控制组，服务仪式增加被试的消费意义感知（$\beta = 0.92$，SE = 0.33，$t = 2.7$，$p = 0.007 < 0.01$），消费意义感的提升增加了被试的品牌福祉感知（$\beta = 0.45$，SE = 0.06，$t = 7.14$，$p = 0.000 < 0.001$）。

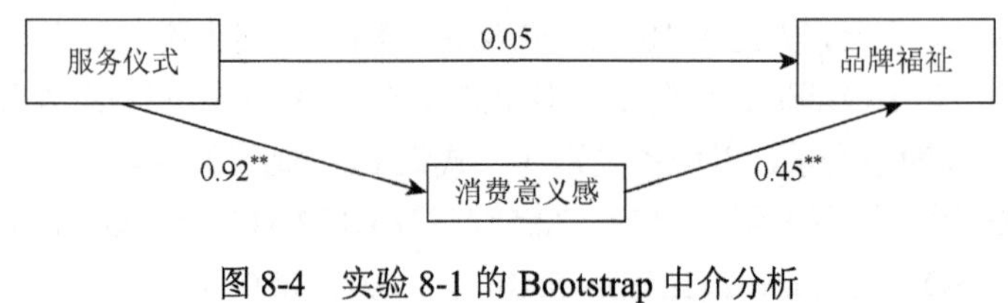

图 8-4 实验 8-1 的 Bootstrap 中介分析

**表示在 0.01 水平上显著

F. 控制变量

本实验还测量了一些控制变量，如情绪状态、性别、年龄、教育程度等。对于情绪状态，仪式组（$M = 6.42$，SD = 1.92）和控制组（$M = 6.44$，SD = 1.38）没有显著差异[$F(1, 69) = 0.004$，$p = 0.94 > 0.05$]。在性别、年龄和教育程度方面，同样没有发现显著差异（$p > 0.05$）。

实验 8-1 结果表明：①相比于正常的服务接触，企业履行服务仪式可提升消费者对企业的品牌福祉感知程度，并支付了更多的金额，但是对于品牌态度并没有显著提升。服务仪式对品牌福祉的提升效果主要集中于社交福祉和国家福祉，可能由于加强了与服务人员的互动，增进了友谊，感知到更多的文化底蕴以及企业的社会责任感和民族自豪感等。②消费中的意义感知是解释服务仪式影响品牌福祉的潜在机制。相比于服务流程，服务仪式能让消费者更多地感知到此次消费经历是有意义、值得珍视和值得回忆的，从而加深了消费者对品牌福祉的感知。

可见，本调研的结果是对第 3 章所构建的理论框架的初步验证和推进。但是，本调研无法排除服务仪式与品牌福祉可能存在第三个未知变量共同影响服务仪式和品牌福祉的问题，并且采用回忆法可能并不能严格在控制组的服务回忆中排除仪式元素，因此本书将在下一个研究中采用实验法，进行情境操纵，并初步探索影响服务仪式与品牌福祉的边界条件，验证品牌故事的调节作用。

2. 实验 8-2：消费意义感的中介及品牌故事的调节验证

1）实验设计

实验 8-2 主要包括三个研究目的：①采用情境实验法，通过操纵服务仪式感知的方式，验证服务仪式对品牌福祉的因果关系；②验证消费意义感的中介作用；③验证品牌故事的调节作用。

本实验为 2（服务类别：仪式组 vs.控制组）×2（信息类别：品牌故事 vs.服务信息）的组间因子设计。我们在 M-turk 网络问卷平台上发放问卷，一共有 257 人参加了此实验，在剔除了未通过注意力检测项目的 48 名被试后，取得 209 个有效数据。所有被试被随机分配到 4 个实验组。

在服务仪式的设计方面，本实验选择餐饮企业所实施的生日仪式作为服务仪式的基本材料，原因如下：①根据前文访谈可知，餐饮业较为普遍地实施了服务仪式，为顾客庆祝生日是服务仪式的常见形式；②每个消费者都在生活中曾经庆祝过生日，也较为普遍地听闻或者经历过餐饮企业中的生日仪式，对生日仪式的流程和仪式要素都比较熟悉。

在品牌故事设计方面，本实验围绕着品牌创始人的成长经历，创始人举行生日服务仪式的初心等方面进行材料设计，原因如下：①创始人本身是品牌的重要代表，是人格化的品牌；②现实生活中存在许多企业通过宣传自身创始人的成长故事，以加强消费者的情感共鸣的案例。并且，为了避免出现品牌信息量的差异，实验 8-2 的控制组为服务信息组，主要用来介绍品牌的服务时间、主要菜式、可供选择的饮食选项和预定信息等。

2）实验流程

所有被试随机分配到品牌故事组或服务信息组，被试分别阅读相应的文字材料。

品牌故事组阅读以下文字材料：

请想象一下，在你住的地方新开了一家餐馆。这家新餐馆是鲍勃先生开的，他成长于一个贫穷的家庭。然而，不管生活有多艰难，他的父母总是想给他最好的，告诉鲍勃他们有多爱他。每次在他生日的时候，他的父母总是给他买一个小生日蛋糕、插上生日蜡烛和戴生日礼帽。他的父母会唱生日歌给鲍勃，大家都非常开心。这对他的童年而言，是一个非常宝贵的回忆。所以，当鲍勃先生开这家餐厅的时候，他希望每一位在这家餐厅过生日的顾客都能在他的餐厅有一个非常好的体验。

服务信息组阅读以下文字材料：

想象一下，在你住的地方新开了一家餐馆。这家新餐馆从早上 9 点开到晚上 8 点。它通常供应美国、加拿大等地方美食。典型的菜肴有鸡肉卷饼、三文鱼挞饼和牛肉汉堡等。有时它也有一些特殊的饮食，包括素食、纯素食和无谷蛋白饮食。你可以随时来这里享用你的早餐、午餐、早午餐和晚餐。如果您想预订座位，请在一天前打电话给餐厅确定您能订到座位。

接着，所有被试想象自己今天过生日。具体信息材料如下：想象今天是你的生日，你要和你的朋友在当地一家新开的餐馆庆祝你的生日。你期望能享受美食，玩得开心。在餐厅坐下后，服务员过来为你服务。在你和你的朋友聊天时，服务员知道了今天是你的生日。

被试分别阅读服务仪式组或控制组的文字材料。

服务仪式组阅读如下文字资料：

一切都很顺利，食物很好，你很满意。突然，你听到餐馆播放了一首“生日快乐”歌。当你转身的时候，你发现服务员微笑着向你走来，她拿着一个生日蛋糕，一些生日蜡烛和一个生日帽子。她来到你的桌子前说：“祝你生日快乐！祝你有一个美好的一天，永远快乐！”她微笑着给了你这些生日礼物。然后她和你的朋友一起，帮助你戴上生日帽，看着你切生日蛋糕，和你的朋友一起唱生日歌。此外，她还帮助你和你的朋友一起拍照纪念这个生日时刻。最后，你非常感谢她，支付账单后，离开餐馆。

控制组阅读如下文字资料：

一切顺利，食物很好，你很满意。吃完饭后，你付了账，感谢了服务员，然后离开了餐厅。

最后被试分别回答品牌福祉、品牌态度、愿意支付的金额、消费意义感知、仪式检验测项、年龄、性别、教育程度和注意力检测项目，同实验 8-1。实验 8-2 的实验设计概括如表 8-5 所示。

表 8-5　实验 8-2 概况

实验情境	实验设计	实验操纵		实验流程	被试情况
餐饮企业	服务类别（服务仪式 vs.控制组）× 信息类别（品牌故事 vs.服务信息）	服务仪式组：被试在餐厅接受生日仪式 控制组：被试在餐厅接受正常的餐饮服务	品牌故事组：品牌创始人的幼年的生日故事 服务信息组：品牌的服务时间、主要菜式等内容	①被试阅读品牌故事或服务信息 ②被试想象自己当天过生日，在此餐厅就餐 ③被试接受生日仪式或正常就餐 ④被试填写品牌福祉、品牌态度、意义感知等测项	共招募了 257 名被试，剔除未通过注意力检验的被试，最终共获得 209 组有效数据。其中，女性占比 58.90%；平均年龄为 39.72，SD = 13.72；高中及以下学历的占比 15.8%，本科学历占比 64.6%，专业学历占比 19.6%

3）实验结果

为了确定样本数量的可靠性，实验 8-2 选择 G*Power 软件进行事后检验力检测，选择 F 检验，效应量 f 为 0.15，显著性水平 Cronbach's α 为 0.05，总样本数为 209，预测变量数为 2，G*Power 的结果显示检验力为 0.99，大于 0.80，因此统计检验力通过。

实验 8-2 各变量的描述性及其相关性统计如表 8-6 所示。其中，意义感知与品牌福祉正相关（$r = 0.77$，$p < 0.01$），价格支付意愿也与品牌福祉正相关（$r = 0.31$，$p < 0.01$）。

表 8-6　实验 8-2 的描述性统计分析

变量	均值（标准差）	品牌福祉	品牌态度	价格估计
品牌福祉	6.50（1.63）			
品牌态度	7.32（1.62）	0.78**		
价格支付意愿	37.01（35.51）	0.31**	0.21**	
意义感知	6.91（1.67）	0.77**	0.78**	0.22**

**表示 $p < 0.01$

A. 服务仪式操纵检验

一共有两个服务仪式操纵检验测项，本节将其加总平均记为服务仪式检测项。相比于控制组（$M = 5.41$，SD = 2.32），仪式组的服务仪式测项得分更高（$M = 6.82$，SD = 2.11，$F(1, 207) = 20.67$，$p = 0.000 < 0.05$），存在显著差异。因此，实验 8-2 的服务仪式操纵成功，如表 8-7 所示。

表 8-7　实验 8-2 的服务仪式操纵检验结果

操纵变量	F 值	df	p 值	均值	SD 值	操纵结果
服务仪式组	20.67	207	0.000	6.82	2.11	服务仪式操纵通过
控制组				5.41	2.32	

B. 品牌福祉

以品牌福祉为因变量，对 2（服务类别：服务仪式 vs.控制组）×2（信息类别：品牌故事 vs.服务信息）进行双因素方差分析，发现交互作用显著，$F(1, 205) = 7.41$，$p = 0.01$）。主效应分析表明，将服务类别作为自变量时，相比于控制组（$M = 6.00$，SD = 1.55），服务仪式组（$M = 7.07$，SD = 1.53）能显著提升品牌福祉[$F(1, 205) = 27.03$，$p = 0.000 < 0.05$]。将信息类别作为自变量时，品牌故事组（$M = 6.60$，SD = 1.62）与服务信息组（$M = 6.43$，SD = 1.64）之间没有显著

差异[$F(1, 205) = 1.90$，$p = 0.17 > 0.05$]。进一步的简单效应分析表明，如图 8-5 所示，在品牌故事情境下，服务仪式组的品牌福祉程度（$M = 7.54$，SD = 1.17）显著高于控制组（$M = 5.86$，SD = 1.55），$F(1, 205) = 32.47$，$p = 0.000 < 0.05$。在服务信息情境下，服务仪式组的品牌福祉程度（$M = 5.86$，SD = 0.19）与控制组（$M = 6.15$，SD = 0.22）没有显著差异，$F(1, 205) = 2.97$，$p = 0.09 > 0.05$。

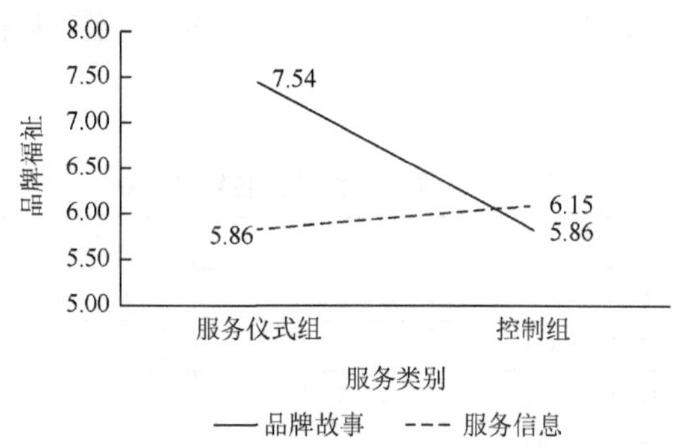

图 8-5　实验 8-2 服务仪式和信息类别对品牌福祉的交互作用

C. 消费意义感的中介效应分析

实验以 2（服务类别：服务仪式 vs.控制组）×2（信息类别：品牌故事 vs.服务信息）为自变量进行双因素方差分析。结果显示，交互作用显著，$F(1, 205) = 4.24$，$p = 0.04 < 0.05$。简单效应分析表明，在品牌故事情境下，服务仪式组的意义感知（$M = 7.77$，SD = 1.17）要显著高于控制组（$M = 6.36$，SD = 1.70），$F(1, 205) = 20.68$，$p = 0.000 < 0.05$。在服务信息情境下，服务仪式组的意义感知（$M = 7.09$，SD = 1.66）与控制组（$M = 6.60$，SD = 1.74）无显著差异，$F(1, 205) = 2.34$，$p = 0.13 > 0.05$。

为了进一步分析消费意义感的中介作用，实验采用了 Hayes（2013）的 Bootstrap 方法对中介效应进行分析。结果表明，服务类型（服务仪式 vs.控制组）通过消费意义感知影响品牌福祉的间接效应显著（LLCI = 0.0878，ULCI = 1.4199，不包含 0）①，说明消费意义感的中介效应存在。具体而言，当在品牌故事情境下，服务类型通过消费意义感影响品牌福祉的间接效应显著（LLCI = 0.6386，ULCI = 1.4750，不包含 0），说明在品牌故事情境下，消费意义感的中介效应存在。在控制了中介效应后，自变量对因变量的直接效应显著（LLCI = 0.0988，ULCI = 0.6855，不包含 0），说明在品牌故事的情境下，消费意义感部分中介了服务类型对品牌福祉的影响，如图 8-6 所示。

① LLCI、ULCI 分别是置信区间的最低和最高值，一般是 95%置信区间。使用 Bootstrap 法判断是否显著不看 p 值，而看置信区间是否包含 0（一个负一个正，就是包含 0，否则不包含），包含 0 则不显著。

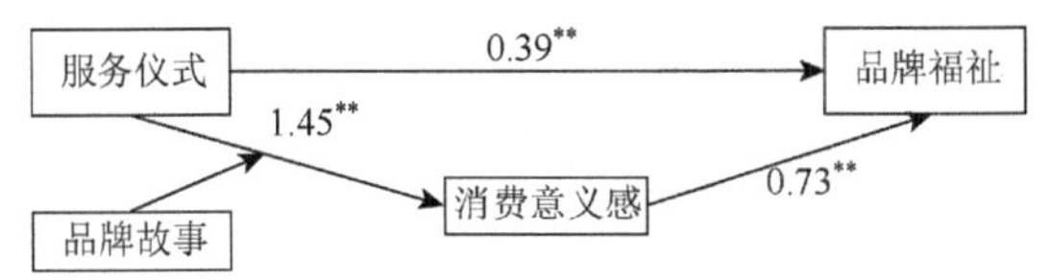

图 8-6　实验 8-2 品牌故事背景下的 Bootstrap 中介分析

**表示在 0.01 水平上显著

在服务信息的情境下，消费意义感的中介效应不存在（LLCI = –0.1697，ULCI = 0.7872，包含 0），说明在服务信息的情境下，消费意义感不能中介服务类型（服务仪式 vs.控制组）对品牌福祉的影响，如图 8-7 所示。

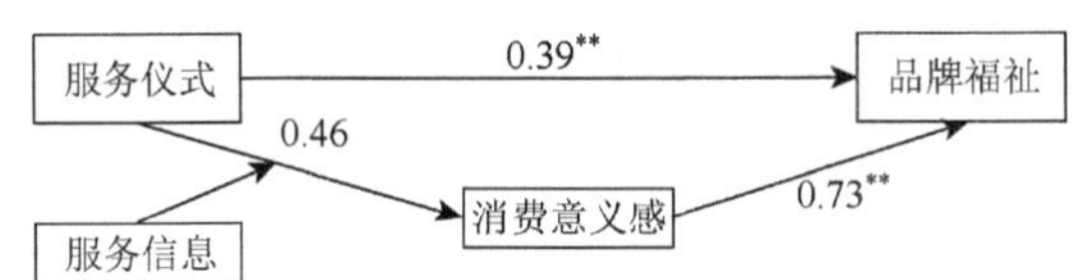

图 8-7　实验 8-2 品牌服务信息下的 Bootstrap 中介分析

**表示在 0.01 水平上显著

D. 品牌态度

以品牌态度为因变量，对 2（服务类别：服务仪式 vs.控制组）×2（信息类别：品牌故事 vs.服务信息）进行双因素方差分析，发现交互作用显著，$F(1, 205) = 8.05$，$p = 0.01$。主效应分析表明，将服务类别作为自变量时，相比于控制组（$M = 7.08$，SD = 1.60），服务仪式组（$M = 7.58$，SD = 1.61）能显著提升品牌态度[$F(1, 205) = 27.03$，$p = 0.02 < 0.05$]。将信息类别作为自变量时，品牌故事组（$M = 7.40$，SD = 1.49）与服务信息组（$M = 7.23$，SD = 1.76）之间没有显著差异[$F(1, 205) = 1.33$，$p = 0.25 > 0.05$]。进一步简单效应分析表明，如图 8-8 所示，在品牌故事情境下，服务仪式组的品牌福祉程度（$M = 8.06$，SD = 1.10）

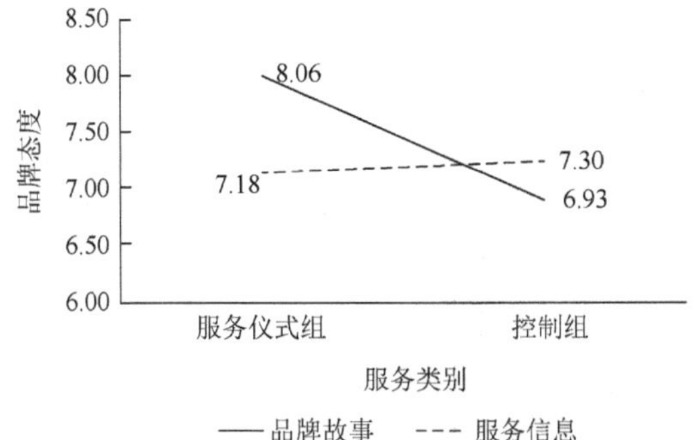

图 8-8　实验 8-2 服务仪式和信息类别对品牌态度的交互作用

显著高于控制组（$M = 6.93$，SD = 1.56），$F(1, 205) = 13.66$，$p = 0.000 < 0.05$。在服务信息情境下，服务仪式组的品牌福祉程度（$M = 7.18$，SD = 1.85）与控制组（$M = 7.30$，SD = 1.66）没有显著差异，$F(1, 205) = 0.14$，$p = 0.71 > 0.05$。

E. 支付金额

以支付金额为因变量，对 2（服务类别：服务仪式 vs.控制组）×2（信息类别：品牌故事 vs.服务信息）进行双因素方差分析，发现交互作用不显著，$F(1, 205) = 0.029$，$p = 0.864 > 0.05$。进行主效应分析，发现服务类型（服务仪式 vs.控制组）对支付金额的主效应显著，$F(1, 205) = 6.658$，$p = 0.011 < 0.05$。具体而言，服务仪式组的被试支付金额（$M = 43.75$，SD = 3.51）显著高于控制组的被试支付金额（$M = 31.14$，SD = 3.40）。但是，品牌信息类型（品牌故事 vs.服务信息）对支付意愿的主效应不显著，$F(1, 205) = 1.138$，$p = 0.287 > 0.05$。具体而言，品牌故事组的被试支付金额（$M = 34.84$，SD = 3.40）与服务信息组的被试支付金额（$M = 40.05$，SD = 3.52）并没有显著性差异。

实验 8-2 采用了操纵服务仪式的方式，验证假设。实验 8-2 通过让被试阅读不同类型的信息类别（品牌故事 vs.服务信息），再接受不同的服务类别（服务仪式 vs.控制组），以检验服务仪式对品牌福祉的作用效果，消费意义感知的中介作用，以及信息类别的调节作用。结果发现：①信息类别（品牌故事 vs.服务信息）调节服务类别（服务仪式 vs.控制组）对品牌福祉的影响。相比于服务信息，品牌故事可以增强服务仪式对品牌福祉的正向作用，假设 8-3 得到验证；②消费意义感中介服务仪式对品牌福祉的正向作用，假设 8-2 和假设 8-1 再次得到验证；③信息类别和服务类别的交互作用对于品牌态度的效果同样显著，表明服务仪式对品牌态度同样也有正向作用，并且受到品牌故事的调节；④然而，信息类别和服务类别的交互作用对于支付金额并不显著，只有服务类别对支付金额有主效应，即无论消费者接受怎样的信息（品牌故事或服务信息），接受了服务仪式的消费者总是愿意比接受正常服务的消费者付出更多的金钱。

3. 实验 8-3：排除信息多寡度的混淆作用

1）实验设计

实验 8-3 主要包括两个研究目的：①更换服务仪式的设计材料，继续验证服务仪式对品牌福祉的正向作用，消费意义感的中介作用和品牌故事的调节作用；②排除信息多寡度带来的混淆作用。

首先，由于实验 8-2 所采用的生日仪式是中西方社会普遍都认可和接受的社会仪式，被试能较为接受和理解此服务仪式的内涵，实验 8-3 探索自行设计的饮茶仪式是否也有同样的效果。并且，此次实验的被试所在地为美国，被试对中国的饮茶仪式不太熟悉，因此品牌故事（vs.服务信息）应更能解释和阐述为什么品牌要采用饮茶仪式的原因，从而强化服务仪式对品牌福祉的正向作用。

其次，虽然实验 8-2 证明了服务仪式（vs.控制组）对品牌福祉有更高的提升作用，但是服务仪式的信息量要多于控制组，而更多样的服务动作可能会提升消费者的情绪反应和认知反应（Etkin and Mogilner，2016），产生混淆作用。因此，本实验增加一个控制组，该组的文字材料与服务仪式组类似，但是这些动作被描述为一般性的服务步骤。

本实验为 3（服务类别：服务仪式 vs.服务步骤 vs.控制组）×2（信息类别：品牌故事 vs.服务信息）的组间因子设计。实验在 M-turk 网络问卷平台上发放问卷，将被试地点限制为美国，一共有 309 人参加实验，删除未通过注意力检测项目的 15 名被试后，剩余 294 个有效数据。所有被试被随机分配到 6 个实验组中。

在服务仪式的设计方面，本实验以中国已有的饮茶仪式为蓝本，设计了某虚拟茶饮品牌的饮茶仪式，原因如下：①中国的饮茶仪式具有一定的文化渊源，美国被试能初步认可这是中国文化的一部分，而不至于觉得完全的突兀；②美国被试对中国的饮茶仪式熟悉度不高，因此更加能检验新创的服务仪式对品牌福祉的作用效果，以及品牌故事（vs.服务信息）作为解释此新颖服务仪式所发挥的调节作用。

在品牌故事方面，本实验继续围绕着品牌创始人的成长经历阐述了举行服务仪式的初心等内容，原因已经在实验 8-2 中解释，在此不再赘述。

2）实验流程

所有被试随机分配到品牌故事组或服务信息组，被试分别阅读相应文字材料。

品牌故事组阅读以下文字材料：

熊猫茶（Panda tea）是一家中国茶饮店，店主陈先生出生于中国，随家人移居美国。陈先生的家族已经有好几代人专注于茶叶行业，所以陈先生对如何泡茶非常熟悉。但是陈先生认为泡茶只是一个基本的步骤，他想把茶和一些古老的传统结合起来，用茶来传达中国文化的精神，比如在喝茶的时候，传递一种宁静的生活方式、一种当下的专注和一种平和的心态。

服务信息组阅读以下文字材料：

熊猫茶（Panda tea）是一家中国茶饮店，店主是陈先生，他的家族已经有好几代人专注于茶饮行业。熊猫茶有很多种茶，比如红茶、绿茶、乌龙茶、花茶等。每一种茶都有不同的功能，你总是可以在熊猫茶店买到适合的一种。熊猫茶店的营业时间是早上 9 点到晚上 7 点，如果你需要，他们可以给你送茶。熊猫茶欢迎消费者在店内喝茶，享受茶点时光。

接着，所有被试想象自己要去买一些茶，并且决定去这家店尝试一些中国茶饮。被试分别阅读服务仪式组或服务步骤组或控制组的文字材料。

服务仪式组阅读以下文字材料：

当你走进熊猫茶馆时，一位服务员向你走来。你点了一杯乌龙茶，一种传统的半氧化的中国茶。服务员给你送茶饮时说："当你喝这杯茶的时候，请跟随我一起履行中国传统的茶道仪式"。

仪式的第一步：闭上眼睛，深吸气，然后深呼气 3 次。

仪式的第二步：慢慢睁开眼睛，轻轻拿起这杯茶，仔细观察它的颜色。

仪式的第三步：用鼻子闻它的香味，用你的心感受它的温暖。

仪式的第四步：用舌尖慢慢品尝，喝完后静坐 3 秒钟。

服务步骤组阅读以下文字材料：

当你走进熊猫茶馆时，一位服务员向你走来。你点了一杯乌龙茶，一种传统的半氧化的中国茶。服务员给你送茶，说："当你喝这杯茶的时候，请跟随我一起做以下动作"。

第一步：闭上眼睛，深吸气，然后深呼气 3 次。

第二步：慢慢睁开眼睛，轻轻拿起这杯茶，仔细观察它的颜色。

第三步：用鼻子闻它的香味，用你的心感受它的温暖。

第四步：用舌尖慢慢品尝，喝完后静坐 3 秒钟。

控制组阅读以下文字材料：

当你走进熊猫茶馆时，一位服务员向你走来。你点了一杯乌龙茶，一种传统的半氧化的中国茶。服务员给你送来了你要的茶。

最后被试依次填写问卷测项，分别回答品牌福祉、品牌态度、愿意支付金额、消费意义感知、仪式检验测项、品牌故事检验测项。同时回答了人口统计学问题。

相比于实验 8-2，实验 8-3 增加了品牌故事检验测项，一共两条，分别为"我知道了陈先生很多个人的经历和愿望"和"我认为熊猫茶店是有品牌故事的"。实验 8-3 还增测了当下情绪测项，一共 3 条，1 代表非常悲伤/负面/沮丧，9 代表非常开心/积极/有活力。实验概况如表 8-8 所示。

表 8-8　实验 8-3 概况

实验情境	实验设计	实验操纵		实验流程	被试情况
茶饮企业	服务类别×信息类别	服务仪式组：被试在店铺内接受饮茶仪式 服务步骤组：被试在店铺内履行饮茶步骤 服务控制组：被试在店铺内接受正常的服务	品牌故事组：品牌创始人的家庭经历，设计饮茶仪式的初衷 服务信息组：品牌的服务时间、可供挑选的茶种类等内容	①被试阅读品牌故事或服务信息 ②被试想象自己需要购买茶，去品牌店内挑选尝试 ③被试接受饮茶仪式/饮茶步骤/正常上茶 ④被试填写品牌福祉、品牌态度、意义感知等测项	共招募了 309 名被试，经过注意力检验和数据完整性分析，最终共获得有效数据为 294 组。其中，女性占比 41.2%；平均年龄为 38.07，SD＝13.28

3）实验结果

为了确定样本数量的可靠性，实验 8-3 选择 G*Power 软件进行事后检验力检测，选择 F 检验，效应量 f 为 0.15，显著性水平 α 为 0.05，总样本数为 294，预测变量数为 2，G*Power 的结果显示检验力为 0.99，大于 0.80，因此统计检验力通过。

A. 服务仪式操纵检验

因为实验 8-3 有 3 个组（服务仪式组 vs.服务步骤组 vs.控制组），因此采用单因素方差分析方法。实验 8-3 有 2 个服务仪式操纵检验测项，将其加总平均，作为服务仪式操纵检测的因变量。结果显示，服务仪式的操纵成功（$F(2, 291) = 61.48$，$p = 0.000 < 0.05$）。组间对比显示，相比于控制组（$M = 5.45$，SD = 2.30），服务仪式组的服务仪式测项得分更高，存在显著差异（$M = 8.09$，SD = 1.11，$p = 0.000 < 0.05$）；相比于服务步骤组（$M = 7.49$，SD = 1.61），服务仪式组的服务仪式检验测项得分也更高（$p = 0.02 < 0.05$）。因此，服务仪式操纵成功，如表 8-9 所示。

表 8-9　实验 8-3 的服务仪式操纵检验

操纵变量	F 值	df	p 值	均值	SD 值	操纵结果
服务仪式	61.48	291	0.000	8.09	1.11	服务仪式操纵通过
服务步骤				7.49	1.61	
控制组				5.45	2.30	

B. 品牌故事操纵检验

实验 8-3 一共有 2 个服务仪式操纵检验测项，将其加总平均作为品牌故事检测项。相比于服务信息组（$M = 5.87$，SD = 1.97），品牌故事组的品牌故事检测项得分更高，存在显著差异[$M = 6.59$，SD = 1.85，$F(1, 293) = 10.31$，$p = 0.001 < 0.05$]。因此，品牌故事操纵成功，如表 8-10 所示。

表 8-10　实验 8-3 的品牌故事操纵检验

操纵变量	F 值	df	p 值	均值	SD 值	操纵结果
品牌故事	10.31	293	0.001	6.59	1.85	品牌故事操纵通过
服务信息				5.87	1.97	

C. 品牌福祉

将品牌福祉作为因变量，服务类别转为虚拟变量（服务仪式 = 2，服务步

骤 = 1，控制组 = 0)，品牌信息类别也转为虚拟变量（品牌故事 = 1，服务信息 = 0)，进行双因素回归分析。结果表明，服务类别对品牌福祉的主效应显著[$F(2, 288) = 7.01$，$p = 0.001 < 0.05$]，即相对于控制组，服务仪式组的品牌福祉程度更高（服务仪式组 vs.控制组，$p = 0.000 < 0.05$）；相对于服务步骤组，服务仪式组的品牌福祉也更高（服务仪式组 vs.服务步骤组，$p = 0.007 < 0.05$）。信息类别对品牌福祉的主效应显著[$F(1, 288) = 5.25$，$p = 0.023 < 0.05$]，即相对于服务信息组，品牌故事组的品牌福祉程度更高。

服务类别和信息类别的交互作用显著[$F(2, 288) = 3.67$，$p = 0.042 < 0.05$]。进一步的简单效应分析，发现在品牌故事情境下，服务仪式（$M = 7.31$，SD = 1.11）比服务步骤（$M = 6.28$，SD = 2.00）更能提升被试的品牌福祉感知（$p = 0.002 <$ 0.05)；服务仪式比控制组（$M = 6.14$，SD = 1.26）也更能提升被试的品牌福祉感知（$p = 0.000 < 0.05$）。在服务信息情境下，服务仪式（$M = 6.33$，SD = 1.42）、服务步骤（$M = 6.24$，SD = 1.49）和控制组（$M = 6.01$，SD = 1.03）均无显著性差异（$p > 0.05$）。详情可见图 8-9。

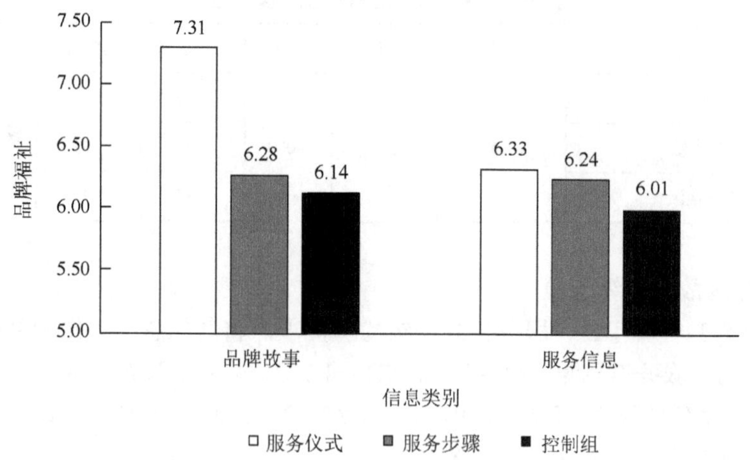

图 8-9　实验 8-3 服务仪式和信息类别对品牌福祉的交互作用

D. 品牌态度

将品牌态度作为因变量，服务类别转为虚拟变量（服务仪式 = 2，服务步骤 = 1，控制组 = 0)，品牌信息类别也转为虚拟变量（品牌故事 = 1，服务信息 = 0)，进行双因素回归分析。结果表明，服务类别对品牌态度的主效应不显著[$F(2, 288) = 1.64$，$p = 0.19 > 0.05$]，信息类别对品牌态度的主效应也不显著[$F(1, 288) = 0.85$，$p = 0.35 > 0.05$]。

服务类别和信息类别的交互作用达到边缘显著[$F(2, 288) = 2.76$，$p = 0.065 < 0.10$]。简单效应分析发现，在品牌故事情境下，服务仪式（$M = 7.65$，SD = 1.42）比服务步骤（$M = 6.69$，SD = 2.31）更能提升被试的品牌态度感知（$p = 0.01 < 0.05$）；服务仪式比控制组（$M = 6.98$，SD = 1.57）也更能提升被试的品牌态度感知（$p = 0.01 < 0.05$），服务步骤组与控制组之间无显著性差异。在服务信息情境下，服务仪式（$M = 6.76$，SD = 2.02）、服务步骤（$M = 6.83$，SD = 1.73）和控制组（$M = 7.15$，SD = 1.29）均无显著性差异（$p > 0.05$），可见图 8-10。

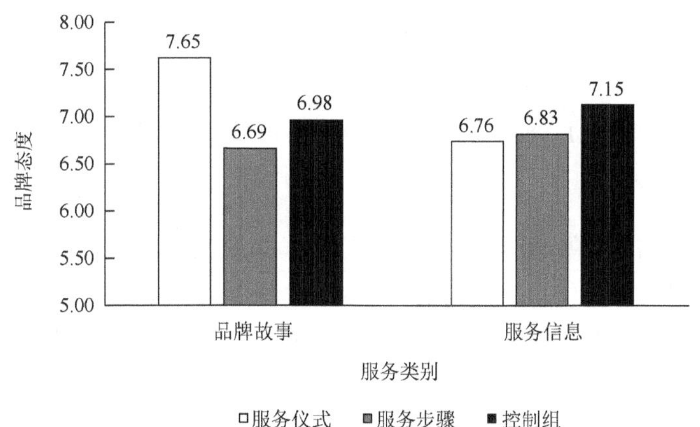

图 8-10　实验 8-3 服务仪式和信息类别对品牌态度的交互作用

E. 消费意义感的中介作用

实验 8-3 以 3（服务类别：服务仪式 vs.服务步骤 vs.控制组）×2（信息类别：品牌故事 vs.服务信息）为自变量，消费意义感为因变量进行双因素方差分析。结果显示，3（服务类别：服务仪式 vs.服务步骤 vs.控制组）×2（信息类别：品牌故事 vs.服务信息）对消费意义感的交互作用显著，$F(2, 288) = 7.24$，$p = 0.015 < 0.05$。简单效应分析发现，在品牌故事情境下，服务仪式（$M = 7.67$，SD = 1.23）比服务步骤（$M = 6.33$，SD = 2.25）更能提升被试的消费意义感（$p = 0.000 < 0.05$）；服务仪式比控制组（$M = 6.46$，SD = 1.58）也更能提升被试的消费意义感（$p = 0.001 < 0.05$），服务步骤组与控制组之间无显著性差异。在服务信息情境下，服务仪式（$M = 6.45$，SD = 2.00）、服务步骤（$M = 6.35$，SD = 1.88）和控制组（$M = 6.58$，SD = 1.46）均无显著性差异（$p > 0.05$）。

实验采用了 Hayes（2013）的 Bootstrap 方法对中介效应进行分析。样本量选择 5000，采用模型 7，在 95%的置信区间下，结果表明，服务类型（服务仪式 vs.服务步骤 vs.控制组）通过意义感知影响品牌福祉的间接效应显著（LLCI = 0.1120，ULCI = 0.6798，不包含 0），说明意义感知的中介效应存在。具体而言，当在品牌故事情境下，服务类型通过消费意义感影响品牌福祉间接效应显著（LLCI = 0.1804，ULCI = 0.5337，不包含 0），说明当在品牌故事情境下，消费意义感知的中介效应显著。在控制了中介效应后，自变量对因变量的直接效应显著（LLCI = 0.2787，ULCI = 1.1044，不包含 0），说明在品牌故事的情景下，意义感知部分中介了服务类型对品牌福祉的影响，如图 8-11 所示。

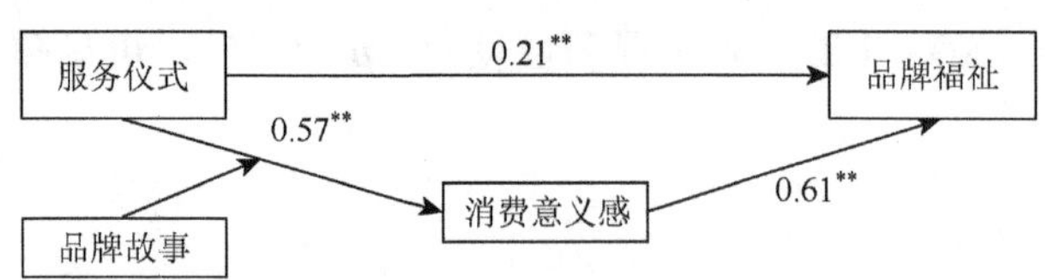

图 8-11　实验 8-3 品牌故事背景下的 Bootstrap 中介分析

**表示在 0.01 水平上显著

当在服务信息的情境下，感知意义的中介效应不存在（LLCI = –0.2655，ULCI = 0.1822，包含 0），说明当在服务信息的情境下，消费意义感不能中介服务类型（服务仪式 vs.服务步骤 vs.控制组）对品牌福祉的影响，如图 8-12 所示。

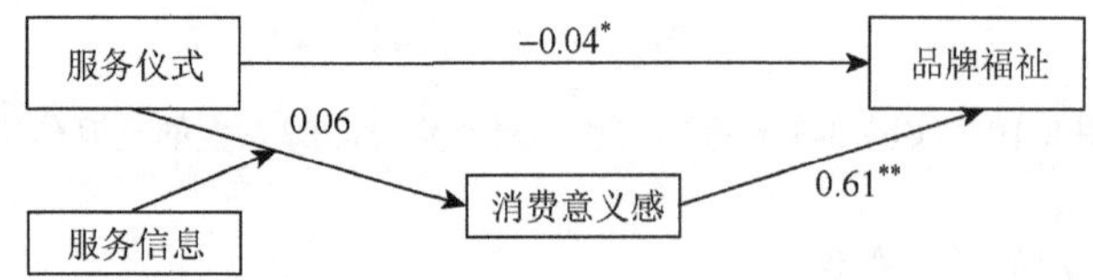

图 8-12　实验 8-3 服务信息背景下的 Bootstrap 中介分析

*表示在 0.05 水平上显著，**表示在 0.01 水平上显著

F. 支付金额

以支付金额为因变量，对 3（服务仪式 vs.服务步骤 vs.控制组）×2（品牌故事 vs.服务信息）进行双因素方差分析，发现交互作用不显著，$F(2, 288) = 1.26$，$p = 0.284 > 0.05$。进行主效应分析，发现服务类型（服务仪式 vs.服务步骤 vs.控制组）对支付金额的主效应不显著，$F(2, 205) = 1.062$，$p = 0.30 > 0.05$。品牌信息类型（品牌故事 vs.服务信息）对支付金额的主效应也不显著，$F(1, 288) = 1.587$，$p = 0.21 > 0.05$。但是从趋势上看，在品牌故事情境下，服务仪式组的支付金额最高（$M = 13.84$，SD = 58.40），远高于服务步骤组（$M = 4.00$，SD = 4.18）和控制组（$M = 4.15$，SD = 2.48）。在服务信息情境下，服务仪式组（$M = 4.88$，SD = 4.00）、服务步骤组（$M = 4.58$，SD = 3.33）和控制组（$M = 4.02$，SD = 4.37）之间没有显著性差异。

实验 8-3 在实验 8-2 的基础上，将实验刺激材料换成了中国的饮茶仪式，并且增加了服务步骤组，用于控制随机动作中的动作和语言的多寡对于品牌福祉的影响。本实验首先让被试阅读不同类型的品牌信息，再接受不同类型的服务类型，以检验服务仪式对品牌福祉的作用效果，消费意义感知的中介作用，以及信息类别的调节作用。结果发现：①信息类别（品牌故事 vs.服务信息）调节服务类别（服务仪式 vs.服务步骤）对品牌福祉的影响。相比于服务信息，品牌故事可以显著提升服务仪式对品牌福祉的正向作用。②消费意义感中介服务仪式和信息类别的交互作用对品牌福祉的影响，即信息类别通过调节服务仪式对消费意义感的影响，进而影响品牌福祉。③信息类别和服务类别的交互作用对于品牌态度的作用效果为边缘显著。④信息类别和服务类别的交互作用对于支付金额并不显著，但是从数据趋势来看，在品牌故事情境下的服务仪式的支付金额最高。

8.1.4　小结讨论

在定量研究的情境下，从情感路径入手，服务仪式是否能正向作用于品牌福祉？消费意义感是否能解释其中的作用机制？存在的作用边界是什么？为了探讨这三个问题，本章研究进行了三个递进式研究，通过问卷调研和实验操纵的方式，探讨服务仪式对品牌福祉的作用机制。本节研究主要发现：①相比于控制组和服务步骤组，服务仪式组能显著提升消费者的品牌福祉感知；②消费意义感是解释服务仪式提升消费者品牌福祉感知重要机制，即服务仪式（vs.服务步骤 vs.控制组）能更多地引发消费者的消费意义感知，进而提升品牌福祉感知；③品牌故事（vs.服务信息）能调节服务仪式对品牌福祉的影响。在品牌故事的情境下，服务仪式（vs.服务步骤 vs.控制组）对品牌福祉的作用更强；而在服务信息的情境下，服务仪式（vs.服务步骤 vs.控制组）对品牌福祉的作用无显著差异。本章研究表明，消费者在提前理解和知晓品牌故事背景、举行服务仪式的初衷等信息后，消费者在接受服务仪式时会感受到更大的消费意义感，进而提升品牌福祉感知。本节实验还通过设置与服务仪式动作相一致的服务步骤组，排除单纯由于增多动作和接触所引起的品牌福祉变化。

8.2　服务仪式对品牌福祉的认知量化分析

8.2.1　研究目的

8.1 节依据服务仪式对品牌福祉的作用框架，从情感路径入手，提出了服务仪式提升消费意义感，进而正向作用于品牌福祉的影响机制，并识别了品牌信息类型的调节作用。8.1 节主要探究情感类的中介路径和品牌方面的调节作用。然而，一个成功的服务仪式，不仅能积极唤起消费者的深刻情感，更能在消费者认知方面有所触动，促使顾客积极地参与到服务仪式中。并且，依据互动仪式链理论视角，服务仪式所体现的互动属性对于服务仪式增进品牌福祉具有重要作用。同时，在第 3 章的访谈中，识别了服务仪式可通过认知更新的路径作用于品牌福祉。因此，本节拟进一步依据第 3 章中服务仪式影响品牌福祉的理论框架，从认知更新路径入手，分析服务仪式对品牌福祉的认知作用机制并识别其中的调节因素。

具体而言，本节拟研究以下问题：第一，从认知的角度，探讨个体卷入度的中介作用，诠释服务仪式与品牌福祉之间的认知作用机制；第二，探讨消费者内在动机（享乐型 vs.功能型）的调节作用，探究消费者的内在动机是如何影响服务仪式对品牌福祉的作用效果。本节拟进一步完善服务仪式对品牌福祉的认知作用机制，并识别顾客方面的调节因素。

8.2.2　理论推演与研究框架

依据互动仪式链理论，在仪式互动中，仪式参与者拥有共同关注的焦点和共享的情感状态，在节奏连带的反馈强化中，形成了更高程度的集体兴奋，最终形成对社会关系符号的崇拜和群体的团结（Collins，2004）。互动仪式中的集体的兴奋状态意味着参与者高度的自我卷入，是一种注意力高度集中、积极参与的状态。通过身体在场、相互的关注和做出仪式动作，参与者之间有效的互动行为增多，提升自我卷入度。例如，在早安仪式中，双方身体上相互接近，注意到彼此后，引发早安仪式行为，通过点头、微笑和相互致意，双方的认知资源被短暂地用于完成早安仪式，共同卷入到此刻的仪式互动之中。

本节认为，服务仪式是在服务场景下履行的仪式行为，既应符合仪式的一般性定义，又应契合服务场所要求的表演性和互动性，能有效促进消费者的个体卷入度。在仪式领域，已有研究发现仪式能有效提升个体的参与度，如 Vohs 等（2013）证实仪式能有效提升消费者所感知的乐趣，如消费者在对巧克力棒进行一系列仪式化动作后，乐趣度提升。感知乐趣是高度自我卷入的重要特征。在服务场合下的仪式行为，往往采用较为引人注目的歌曲弹奏和艺术表演，并且强调与观众的互动，如海底捞的拉面舞主动与顾客进行甩面和逗趣的行为，叫花鸡上菜仪式主动邀请顾客进行三福临门的敲木槌动作。带有民俗特色的服务仪式，一方面具有高度的特异性，与寻常的上菜流程有所不同，与消费者的预期不一致，极易引起消费者额外的注意，另一方面服务本身的互动性要求服务仪式是面向消费者的仪式，主动向消费者表达互动意愿和互动行为。基于社会交换理论，消费者在感知到服务者高情感和高互动表达时，也会相应地回应互动行为和情感支持。因此，相比于无服务仪式，服务仪式应能促使消费者投入更多的注意力与服务者积极互动，有效提升消费者的卷入度。

以往的研究表明，消费者的卷入度越高，则消费者的注意力和唤起度越高，对品牌的情感表达越强烈。例如，相比于非秘密型消费，秘密型消费会促使消费者持续地关注此产品，引发更加强烈的自我卷入，从而提升产品评价和增加购买。更高的个体卷入度，也会促使消费者在后期的购买中更快地检索到相关的品牌信息（Park et al.，2013），更加积极地参与品牌相关的活动，形成更好的品牌关系。更深的个体卷入度，也会将更加厌恶损失。相反，当个体的卷入度低时，消费者的自我与事件相互分离，消费者的情绪强烈程度也有所降低（Su et al.，2016）。

因此，本书推断更高程度的个体卷入，将会带来更高程度的品牌福祉感知。品牌福祉是品牌带给消费者积极、持久和崇高的幸福与价值体验，包含情感上的积极情绪、关系层面的相互友好和国家层面的文化感触（舒丽芳等，2018）。消费者在与服务者良好的仪式互动中，更深的自我卷入意味着更积极的互动参与和更专注地融入与体会，从而更能领会到品牌对消费者的福祉本意和精神内涵。由此，本节得到了假设 8-4。

假设 8-4：消费者卷入度中介服务仪式对品牌福祉的正向影响。

并且，本书认为，消费者动机（享乐型 vs.功能型）会调节服务仪式和品牌福祉之间的关系。以享乐型动机驱动的消费者，主要寻求感官上的体验和快乐（Dhar and Wertenbroch，2000），而以功能型动机驱动的消费者，则主要寻求的是满足实际需求或完成任务（Botti and McGill，2011）。以往的研究发现，相比于功能型动机，享乐型动机促使消费者更加依赖自身的主观感受，认为自身的产品偏好更加的独特（Whitley et al.，2018），更加乐意听从自己而非他人的产品购买意见（Botti and McGill，2011）。可见，相比于功能型动机，享乐型动机会提升消费者对于消费过程的重视程度，更加注重个人主观感受和感官刺激（Lowry et al.，2012）。因此，当消费者持有享乐型动机时，消费者会对服务仪式中充满情感能量的互动和蕴含着高水平的符号资本持有更加积极的态度，更愿意欣赏和参与其中，进而提升品牌福祉感知。然而，当消费者持有功能型动机时，其主要目的是完成消费目的本身，例如快速解渴、消除饥饿或达到某种目的性功效，而服务仪式本身并不具备明显的功能性的特点，与消费者的功能型动机并不契合，并不能显著地提升消费者的个体卷入度，进而无法提升品牌福祉感知。由此，本节得到了假设 8-5。

假设 8-5：消费者动机调节服务仪式与品牌福祉的关系，相比于功能型动机，享乐型动机更能提升服务仪式对品牌福祉正向作用。

本节的理论框架如图 8-13 所示。

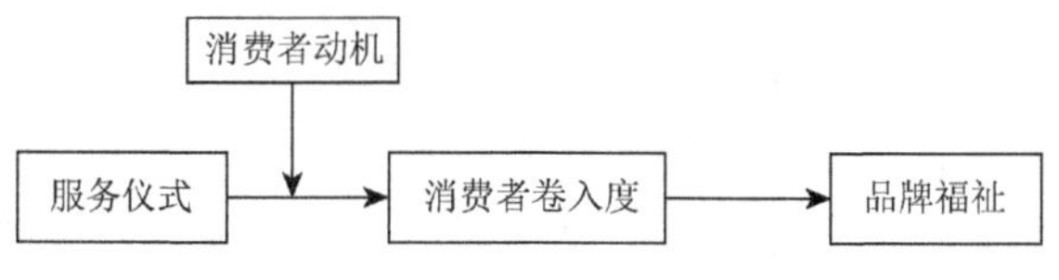

图 8-13　“服务仪式—品牌福祉”认知影响的理论框架

8.2.3　研究设计与数据结果

本节拟实施两个行为学实验，探索消费者卷入度的中介效应和消费者动机的调节作用。具体的实验安排如表 8-11 所示。

表 8-11　实验设计安排

序号	实验目的	实验设计
实验 8-4	检验假设 8-4 和假设 8-5	服务仪式（有 vs.无）×动机类别（享乐型 vs.功能型）
实验 8-5	1. 排除品牌故事中信息量的干扰 2. 验证结论的稳健性	服务类别（服务仪式 vs.服务活动 vs.控制组）×动机类别（享乐型 vs.功能型）

本节研究具有如下特点：①采用量化研究的范式，从认知更新的途径，验证服务仪式影响品牌福祉的具体路径；②采用层层递进式、逐步稳固的验证方式，实验 8-4 验证中介和调节作用，实验 8-5 换情景继续验证结论的稳健性，并排除信息量和接触度的混淆作用。

1. 实验 8-4：消费者卷入度的中介及消费动机的调节因素验证

1）实验设计

实验 8-4 主要包括两个研究目的：①验证消费者卷入度的中介作用；②验证消费者动机的调节作用。实验 8-4 为 2（服务仪式：有 vs.无）×2（消费动机：享乐型 vs.功能型）的组间因子设计。本实验在 M-turk 网络问卷平台上发放问卷，一共有 400 人参加了此实验，在剔除了未通过注意力检测项目的 48 名被试后，取得 352 个有效数据。所有被试被随机分配到 4 个实验组。

在服务仪式的设计方面，本实验选择中国餐饮企业所实施的叫花鸡上菜作为服务仪式的基本材料，原因如下：①根据前文访谈可知，餐饮业较为普遍地实施了服务仪式，采用具有当地民俗特色的上菜仪式是服务仪式的常见形式；②消费者普遍能接受具有异国风情、带有民俗文化的服务仪式，并且能理解仪式中的祝福祝祷等仪式语言。

在消费者动机方面，本实验根据 Botti 和 McGill（2011）对享乐型和功能型动机的文字材料进行改编，享乐型动机主要强调消费者是与朋友一起就餐，并看重美味的食物和寻求快乐的体验，功能型动机主要强调消费者是与客户一起就餐，希望在就餐的同时与客户商讨一些业务上的事情。此设计受到本书第 4 章的消费者质性访谈的内容启发，部分消费者是带着朋友一起专门去观赏某品牌所举行的服务仪式，而部分消费者则是不愿意自己与朋友在谈论事情时被额外的服务仪式所打扰，因此消费者在同一服务场所中会出现两种不同的消费动机。

2）实验流程

所有被试首先被告知如下背景信息：你附近开了一家新的中餐馆，今天你决定去那里吃饭。然后随机分配到享乐型动机组或功能型动机组。享乐型动机组阅读以下文字材料：

你喜欢吃东西，你认为和朋友一起去一家好餐馆就餐是你生活中最愉快的事情之一。你相信吃顿好饭、享受放松和快乐的时光是非常愉快的，也是一种自我奖励的休闲方式。这一次，你也试着在这家餐厅寻找快乐时光。

功能型动机组阅读以下文字材料：

你邀请你的客户在这家餐厅共进晚餐，并试着和他讨论一些商业问题。你听说这家餐厅的食物很好，你希望和客户有一个良好的交谈环境。你更喜欢服务员在你点餐后很迅速地上菜，然后把你和你的客户留在一个私人空间里。

所有被试分别阅读服务仪式组或控制组的文字材料。

服务仪式组：

你点了一道中国传统菜叫花鸡，叫花鸡是用泥土和荷叶将鸡包裹，然后用小火慢慢烘烤。通过特殊的外壳，鸡肉的原味被完美地保留下来并被留在鸡体内。过了一段时间，你听到服务员高声招呼你“吃叫花鸡啦！”。服务员将叫花鸡端到您的桌上，微笑着对你说：“尊敬的客人，感谢您光临我们的餐厅，在您吃这只鸡之前，请跟我一起做叫花鸡仪式！”他递给你一个小木槌，请你第一次敲叫花鸡的外壳。你敲后，他说：“祝您身体健康！”然后他让你敲第二次，你敲后，他说，“祝您财运亨通！”最后一次敲后，他说，“祝您永远快乐！”上完菜后，他离开了。

控制组：

你点了一道中国传统菜叫花鸡，叫花鸡是用泥土和荷叶将鸡包裹，然后用小火慢慢烘烤。通过特殊的外壳，鸡肉的原味被完美地保留下来并被留在鸡体内。过了一段时间，你听到服务员向你打招呼，送上了这道菜。送完叫花鸡后，他对你笑着说：“祝您愉快！”然后离开。

变量测量：①品牌福祉。此部分采用研究团队开发的品牌福祉问卷测项，一共 11 条，包含个体福祉、社交福祉和国家福祉三个维度，根据服务场景进行改编，如“此品牌能满足我的功能需要”“接受此品牌服务时，我能更好地与服务者进行互动”“此品牌提高了本国品牌的国际形象”等测项。问项均采用 7 分利克特量表，1 分表示完全不同意，7 分表示完全同意，一致性 Cronbach’s α 系数是 0.93。②品牌态度评价。根据 Aggarwal（2012）的研究进行改编，一共 3 个测项，例如，“您多大程度上喜欢这个品牌”“您多大程度上满意这个品牌”“您多大程度上认为这个品牌是不错的”。一致性 Cronbach’s α 系数是 0.94。③支付金额。问卷询问“您为此次消费支付了多少钱？”。④消费卷入度测项。根据 Karmarkar 和 Tormala

（2010）的研究进行改编，包括 3 个测项，如“你多大程度上认为此次消费是有趣的”“你多大程度上愿意积极地与服务员互动”“你多大程度上参与了与服务员的互动”。一致性 Cronbach's α 系数是 0.84。⑤服务仪式操纵检验。包括 2 条测项，分别是“多大程度上你认为此服务过程包含了仪式？”和“多大程度上你认为你经历了一种服务仪式？”两条问项的相关系数 r 是 0.86。⑥消费动机操纵检验。询问被试此次的消费目的是“享受食物和寻找乐趣”还是“与客户讨论商务”，其中前者分数设为 1，后者分数设为 2。⑦性别：本调研将男性设置为 1，女性设置为 2。⑧教育程度：共设置 5 个教育程度分级，1 为高中程度，2 为大专程度，3 为本科程度，4 为硕士程度，5 为博士程度。

实验 8-4 的流程概括如表 8-12 所示。

表 8-12　实验 8-4 概况

实验情境	实验设计	实验操纵		实验流程	被试情况
餐饮企业	服务仪式（有 vs.无）×动机类别（享乐型 vs.功能型）	服务仪式组：被试在餐厅接受叫花鸡上菜仪式 控制组：被试在餐厅接受正常的服务	享乐型动机组：被试与朋友一起就餐，喜欢美食并寻求消费终端快乐 功能型动机组：被试与客户一起就餐，主要是吃饭和用餐中讨论商务事宜	①被试品牌背景信息介绍 ②被试分配到享乐型动机组或功能型动机组 ③被试接受服务仪式或正常就餐 ④被试填写品牌福祉、品牌态度、消费者卷入度等测项	共招募了 400 名被试，剔除未通过注意力检验的被试，最终共获得 352 组有效数据。其中，男性 173 名，占比 49.1%；样本平均年龄为 38 岁，SD = 13.23。51.1%的人拥有本科学历，70%的种族是白人

3）实验结果

为了确定样本数量的可靠性，实验 8-4 选择 G*Power 软件进行事后检验力检测，选择 F 检验，效应量 f 为 0.15，显著性水平 Cronbach's α 为 0.05，总样本数为 352，预测变量数为 2，G*Power 的结果显示检验力为 0.99，大于 0.80，因此统计检验力通过。

实验 8-4 各变量的描述性及其相关性如表 8-13 所示。其中，消费者卷入度与品牌福祉正相关（$r = 0.81$，$p < 0.01$），也与品牌态度正相关（$r = 0.73$，$p < 0.01$）。

表 8-13　实验 8-4 的描述性统计分析

变量	均值（标准差）	品牌福祉	品牌态度
品牌福祉	5.23（1.59）		
品牌态度	5.62（1.22）	0.79**	
消费者卷入度	5.36（1.30）	0.81**	0.73**

**表示在 0.01 水平上显著

A. 服务仪式操纵检验

一共有两个服务仪式操纵检验测项，实验 8-4 将其加总平均记为服务仪式检测项。相比于无服务仪式组（$M = 4.41$，SD = 1.78），服务仪式组的测项得分更高，两者存在显著差异[$M = 5.85$，SD = 1.20，$F(1, 350) = 77.33$，$p = 0.000 < 0.05$]。因此，实验 8-4 的服务仪式操纵成功，如表 8-14 所示。

表 8-14　实验 8-4 服务仪式操纵检验结果

操纵变量	F 值	df	p 值	均值	SD 值	操纵结果
有服务仪式	77.33	350	0.000	5.85	1.20	服务仪式操纵通过
无服务仪式				4.41	1.78	

B. 消费动机操纵检验

实验 8-4 询问被试此次的消费目的，将回答为“享受食物和寻求乐趣”记为 1，将“与客户讨论商务”记为 2。相比于享乐组（$M = 1.01$，SD = 0.10），功能组的得分更高，存在显著差异[$M = 1.84$，SD = 0.36，$F(1, 350) = 861.18$，$p = 0.000 < 0.05$]。因此，消费动机操纵成功。

C. 品牌福祉

以品牌福祉为因变量，对 2（服务类别：服务仪式 vs.控制组）×2（动机类别：功能型动机 vs.享乐型动机）进行双因素方差分析，发现交互作用显著，$F(1, 348) = 6.31$，$p = 0.02$。主效应分析发现，服务类别的主效应显著。相比于无服务仪式（$M = 5.00$，SD = 1.12），有服务仪式（$M = 5.48$，SD = 1.15）能显著提升品牌福祉水平[$F(1, 348) = 16.31$，$p = 0.000 < 0.05$]。动机类型的主效应显著。相比于功能型动机（$M = 5.12$，SD = 1.15），享乐型动机（$M = 5.33$，SD = 1.15）能显著提升品牌福祉水平[$F(1, 348) = 4.06$，$p = 0.045 < 0.05$]。进一步的简单效应分析表明，如图 8-14 所示，在享乐型动机情景下，服务仪式组的品牌福祉程度

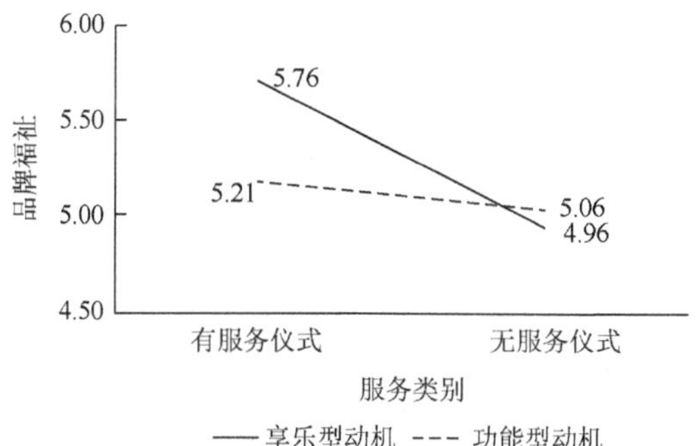

图 8-14　实验 8-4 服务仪式和消费动机对品牌福祉的交互作用

（$M = 5.76$，$SD = 1.04$）显著高于控制组（$M =4.96$，$SD = 1.19$），$F(1, 344) = 22.26$，$p = 0.000 < 0.05$。在功能型动机情景下，服务仪式组的品牌福祉程度（$M = 5.21$，$SD = 0.12$）与控制组（$M = 5.06$，$SD = 0.12$）没有显著差异，$F(1, 344) = 0.80$，$p = 0.37 > 0.05$。

D. 消费者卷入度的中介效应分析

实验以 2（服务类别：服务仪式 vs.控制组）×2（动机类别：享乐型动机 vs.功能型动机）为自变量，消费者卷入度为因变量进行双因素方差分析。结果显示，2（服务仪式 vs.控制组）×2（享乐型动机 vs.功能型动机）对消费者卷入度的交互作用显著，$F(1, 344) = 4.36$，$p = 0.04 < 0.05$。进一步简单效应分析，在享乐型动机情境下，服务仪式组的消费者卷入度（$M = 5.99$，$SD = 1.34$）要显著高于控制组（$M = 5.07$，$SD = 1.13$），$F(1, 344) = 24.24$，$p = 0.000 < 0.05$。在功能型动机情境下，服务仪式组的消费者卷入度（$M = 5.39$，$SD = 1.13$）与无服务仪式组的消费者卷入度（$M = 5.03$，$SD = 1.14$）无显著差异，$F(1, 344) = 3.56$，$p = 0.06 > 0.05$。

为了进一步分析消费卷入度的中介作用，实验采用了 Hayes（2013）的 Bootstrap 方法对中介效应进行分析。样本量选择 5000，采用模型 7，控制被试的性别、年龄、教育程度和种族，在 95%的置信区间下，结果表明，服务仪式（有 vs.无）通过消费者卷入度影响品牌福祉的中介效应显著（非直接路径效应 = 0.4030，SE = 0.1954，95%CI：LLCI = 0.0298，ULCI = 0.7834，不包含 0），说明消费者卷入度的中介效应存在。具体而言，当在享乐型动机情境下，消费者卷入度的中介效应显著（非直接路径效应 = −0.6625，SE = 0.1207，95%CI：LLCI = −0.8977，ULCI = −0.4211，不包含 0）；而在功能型动机情景下，消费者卷入的中介效应不显著，（非直接路径效应 = −0.2595，SE = 0.1493，95%CI：LLCI = −0.554377，ULCI = 0.0380，包含 0）。具体如图 8-15 所示。

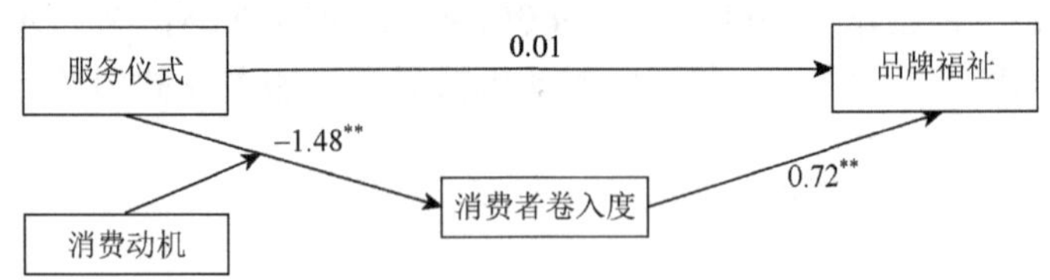

图 8-15　实验 8-4 服务仪式和消费动机对品牌福祉的 Bootstrap 分析

**表示在 0.01 水平上显著

E. 品牌态度

以品牌态度为因变量，对 2（服务类别：服务仪式 vs.控制组）×2（消费动机：享乐型 vs.功能型）进行双因素方差分析，发现交互作用显著，$F(1, 348) = 9.83$，$p = 0.002$。主效应分析发现，服务类别的主效应不显著，有服务仪式（$M = 5.70$，

SD = 1.26）和无服务仪式（M = 5.54，SD = 1.18）对品牌态度的提升作用并不大[$F(1, 348) = 2.05$，$p = 0.15 > 0.05$]。动机类型的主效应也不显著，相比于功能型动机（M = 5.54，SD = 1.32），享乐型动机（M = 5.70，SD = 1.10）并不能显著提升品牌福祉水平[$F(1, 348) = 2.05$，$p = 0.15 > 0.05$]。进一步简单效应分析表明，如图 8-16 所示，在享乐型动机情境下，服务仪式组的品牌态度（M = 6.01，SD = 1.01）显著高于控制组（M = 5.44，SD = 1.25），$F(1, 348) = 10.11$，$p = 0.002 < 0.05$。在功能型动机情境下，服务仪式组的品牌态度（M = 5.42，SD = 1.39）与控制组（M = 5.66，SD = 1.12）没有显著差异，$F(1, 348) = 1.62$，$p = 0.204 > 0.05$。

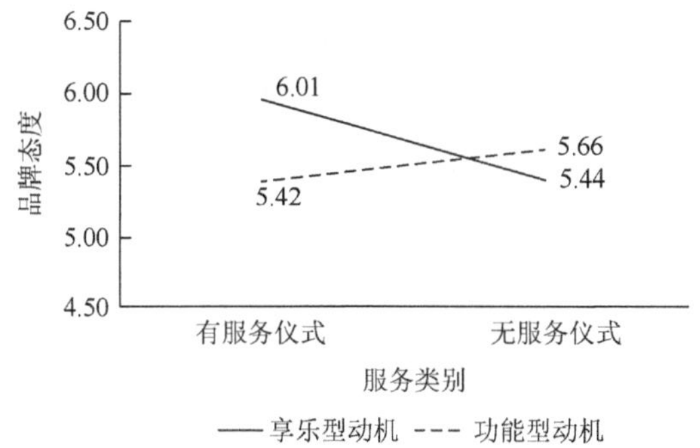

图 8-16　实验 8-4 服务仪式和消费动机对品牌态度的交互作用

F. 支付金额

以支付金额为因变量，对 2（服务类型：服务仪式 vs.控制组）×2（消费动机：享乐型 vs.功能型）进行双因素方差分析，发现交互作用不显著，$F(1, 344) = 0.373$，$p = 0.542 > 0.05$。进行主效应分析，发现服务类型（服务仪式 vs.控制组）对意愿支付金额的主效应不显著，$F(1, 344) = 0.675$，$p = 0.412 > 0.05$。消费动机类型（享乐型 vs.功能型）对意愿支付金额的主效应不显著，$F(1, 344) = 0.096$，$p = 0.757 > 0.05$。

实验 8-4 采用了操纵服务仪式和消费动机的方式，验证本章研究的假设。实验 8-4 通过让被试阅读不同类型的动机类别（享乐型 vs.功能型），再接受不同的服务类别（有服务仪式 vs.无服务仪式），以检验服务仪式对品牌福祉的作用效果，消费者卷入度感知的中介作用，以及消费动机的调节作用。结果发现：①消费动机（享乐型 vs.功能型）调节服务仪式（有 vs.无）对品牌福祉的影响。相比于功能型动机，享乐型动机可以增强服务仪式对品牌福祉的正向作用，假设 8-5 得到验证。②消费者卷入度中介服务仪式对品牌福祉的正向作用，假设 8-4 得到验证。③消费动机类别和服务类别的交互作用对于品牌态度的效果同样显著，表明服务仪式对品牌态度同样也有正向作用，并且受到消费动机类型的调节。④然而，消费动机类别和服务类别的交互作用对于支付金额并不显著。

2. 实验 8-5：增加服务活动作为对照组

1）实验设计

实验 8-5 主要包括三个研究目的：①更换服务仪式的设计材料，继续验证服务仪式对品牌福祉的正向作用，消费者卷入度的中介作用和消费动机的调节作用；②排除仅仅由服务员接触顾客或者是被试阅读的信息量的差异所引起的消费者卷入度提升；③将服务仪式的类型拓展至较为平和的、更贴近被试文化背景的服务仪式，如咖啡仪式。

首先，继续验证服务仪式与品牌福祉在不同种类的服务仪式背景下的作用效果。由于实验 8-4 所采用的叫花鸡上菜仪式是中国具有一定民俗传统的服务仪式，并且叫花鸡仪式较为热闹、喜庆，具有高唤起度的情感能量。实验 8-5 探索自行设计的、贴近美国被试咖啡文化背景的、具有低唤起度的情感能量的咖啡仪式是否也有同样的效果。并且，此次的实验的被试所在地为美国，被试的咖啡文化浓厚，对于咖啡的享乐性和功能性动机均有较好的理解。

其次，排除信息量和接触量的混淆作用。虽然实验 8-1 证明了服务仪式（vs.控制）对品牌福祉有更高的提升作用，但是服务仪式的动作量和信息量要多于服务控制组，而更多样的服务动作和服务接触可能会提升消费者的情绪反应和认知反应（Etkin and Mogilner，2016），产生混淆作用。因此，实验 8-5 增加服务活动组，该组的文字量与服务仪式组类似，服务员向顾客介绍下周即将举行的一个活动，并涉及三个步骤，保持与服务仪式时顾客的参与步骤一致。

实验 8-5 为 3（服务类别：服务仪式 vs.服务活动 vs.控制组）×2（动机类别：享乐型动机 vs.功能型动机）的组间因子设计。实验在 M-turk 网络问卷平台上发放问卷，将被试地点限制为美国，一共有 601 人参加实验，删除未通过注意力检测项目的 78 名被试后，剩余 523 个有效数据。所有被试被随机分配到 6 个实验组中。

在服务仪式的设计方面，实验 8-5 以已有的冥想仪式元素和饮用咖啡的习惯为蓝本，设计了某咖啡店的咖啡仪式，原因如下：①根据已有的用户习惯调研，发现美国被试比较愿意将饮用咖啡视为生活的一部分，愿意按照步骤进行冲泡咖啡，细心品尝咖啡滋味；②冥想仪式中的深呼吸等元素，适用度较为广泛，美国被试能理解深呼吸所代表的放松的内在含义。

在消费动机方面，实验 8-5 将享乐型动机描述为被试较为注重咖啡的口感，喜欢细品咖啡的滋味，享受惬意的咖啡时光，功能型动机描述为被试较为注重咖啡的提神功效，喜欢高咖啡因的咖啡，希望更有活力地工作。

2）实验流程

所有被试首先被告知如下背景信息：想象这是你平常的一天，你起床并准备去一家新开的咖啡店吃早餐。新开的咖啡店是一家当地的美国品牌。你扫视了菜单，发现店铺推荐的咖啡，于是你点了它，并等待服务员送上咖啡。被试随机分配到享乐型动机组或功能型动机组，分别阅读相关材料。

享乐型动机组阅读以下文字材料：

你喜欢喝咖啡，并且认为细细地品味咖啡、享受咖啡是非常棒的感受。饮用一杯高质量的咖啡是一种开启新一天的好方式，它能很好地梳理你自己，并且以一个好心情来开启新一天。相比于咖啡的功能，你更加强调咖啡的口味，并且喜欢寻求不同的咖啡饮用过程，作为你日常生活中的奇特咖啡之旅。

功能型动机组阅读以下文字材料：

你喜欢喝咖啡并认为它能很好地帮助你保持一天的好精神。饮用高咖啡因的咖啡能很好地帮你提振精神、聚焦你的工作、增强你的能量以应付大量的任务。相比于口味，你更加强调咖啡的功能，并且希望它能很好地帮助你保持一整天高昂的精神。

所有被试分别阅读服务仪式组、服务活动组和控制组的文字材料。

服务仪式组阅读以下文字材料：

经过一段时间，服务员递上你的咖啡并说："嗨，感谢你点了这个特别的咖啡，它是由我们店特别制作的，并且使用了一些特殊的原料。为了充分地享受这杯咖啡，请跟随我一起，在你喝咖啡时，做一个特殊的咖啡仪式。"（请想象自己在做如下动作）

仪式步骤一：轻轻地闭上眼睛，深深地吸气，再深深地呼气。

仪式步骤二：慢慢地睁开你的眼睛，拿起这杯咖啡，观察它美丽的色泽，闻闻它的香气，并用手心感受它的温暖。

仪式步骤三：小口地啜饮这杯咖啡，喝完后，深深地吸气，再深深地呼气。

服务活动组阅读以下文字材料：

经过一些时间，服务员端来你的咖啡并说："嗨，这是你的咖啡。"同时，她递给你店铺的宣传页并微笑着说："下周，我们咖啡店将会有周年庆祝活动，到时我们会推出一些咖啡新品，邀请一些顾客品尝。如果你有兴趣参加，请遵循以下步骤。"（请想象自己在做如下步骤）

步骤一：写下你的名字和电话号码。

步骤二：回忆你与咖啡的一个小故事，可以是任何与咖啡有关的事情。请写下来，我们准备在庆祝活动上展示这些小故事。

步骤三：如果你想参与下周的活动，请带上宣传页，到时候现场会有抽奖活动。

控制组阅读以下文字材料：

经过一些时间，服务员递上了你的咖啡并说："嗨，谢谢你点这杯特别的咖啡，祝你有愉快的一天！"

最后，被试依次填写问卷，分别回答品牌福祉、品牌态度、愿意支付的金额、消费者卷入度、仪式检验测项、消费动机检验测项、人口统计信息等。

实验概况如表 8-15 所示。

表 8-15　实验 8-5 概况

实验情境	实验设计	实验操纵		实验流程	被试情况
虚拟咖啡店	3（服务仪式 vs.服务活动 vs.控制组）×2（享乐型动机 vs.功能型动机）	服务仪式组：被试在店铺内接受服务员讲解咖啡的饮用仪式 服务活动组：被试在店铺内接受服务员讲解下周活动的参与步骤 控制组：被试在店铺内接受正常的服务	享乐型动机：喜欢喝咖啡，注重它的口感，享受美好的咖啡时光 功能型动机：喜欢喝咖啡，注重咖啡的提神功效，用于更好地工作	①被试阅读品牌的背景信息 ②被试阅读不同类型的消费动机 ③被试接受服务仪式/服务活动/正常的接触 ④被试填写品牌福祉、品牌态度、消费者卷入度等测项	共招募了 601 名被试，经过注意力检验和数据完整性分析，最终共获得有效数据为 523 组。其中，女性占比 49.5%；平均年龄为 38.25，SD = 13.08。50.7%的被试拥有本科学历

3）实验结果

为了确定样本数量的可靠性，实验 8-5 选择 G*Power 软件进行事后检验力检测，选择 F 检验，效应量 f 为 0.15，显著性水平 α 为 0.05，总样本数为 523，预测变量数为 2，G*Power 的结果显示检验力为 0.99，大于 0.80，因此统计检验力通过。

A. 服务仪式操纵检验

因为实验 8-5 有 3 个组（服务类别：服务仪式组 vs.服务活动组 vs.控制组），因此采用单因素方差分析方法。本实验有 2 个服务仪式操纵检验测项，将其加总平均，作为服务仪式操纵检测的因变量。结果显示，服务仪式的操纵成功 [$F(2, 520) = 25.03$，$p = 0.000 < 0.05$]。组间对比显示，相比于控制组（$M = 4.91$，SD = 1.65）服务仪式组的测项得分更高，存在显著差异（$M = 5.72$，SD = 1.29，$p = 0.000 < 0.05$）；相比于服务活动组（$M = 4.63$，SD = 1.56），服务仪式组的检验测项得分也更高（$p = 0.000 < 0.05$）。因此，实验 8-5 的服务仪式操纵成功，如表 8-16 所示。

表 8-16　实验 8-5 服务仪式操纵检验结果

操纵变量	F 值	df	p 值	均值	SD 值	操纵结果
服务仪式组	25.03	520	0.000	5.72	1.29	服务仪式操纵通过
服务活动组				4.63	1.56	
控制组				4.91	1.65	

B. 消费动机操纵检验

实验 8-5 一共有 1 个消费动机操纵检验测项，采用 7 分利克特量表，分数越高表示越接近功能型动机，如 1 分代表"享受味道和寻求乐趣"，7 分代表"保持精神和帮助工作"。相比于享乐型动机组（$M = 3.46$，$SD = 2.27$），功能型动机组的检测项得分更高，存在显著差异（$M = 5.90$，$SD = 1.70$，$F(1, 521) = 193.59$，$p = 0.000 < 0.05$）。因此，实验 8-5 的消费动机操纵成功，如表 8-17 所示。

表 8-17　实验 8-5 消费动机操纵检验结果

操纵变量	*F* 值	df	*p* 值	均值	SD 值	操纵结果
享乐型动机	193.59	521	0.000	3.46	2.27	消费动机操纵通过
功能型动机				5.90	1.70	

C. 品牌福祉

将品牌福祉作为因变量，服务类别转为虚拟变量（服务仪式 = 1，服务活动 = 2，控制组 = 3），动机类别也转为虚拟变量（享乐型动机 = 1，功能型动机 = 2），进行双因素回归分析。主效应分析发现，服务类别对品牌福祉的主效应不显著[$F(2, 513) = 1.55$，$p = 0.212 > 0.05$]。消费动机类别对品牌福祉的主效应显著[$F(1, 513) = 17.85$，$p = 0.00 < 0.05$]，即相对于功能型动机（$M = 5.17$，$SD = 0.06$），享乐型动机（$M = 5.56$，$SD = 0.06$）的品牌福祉程度更高。

服务类别和消费动机类别的交互作用显著[$F(2, 513) = 3.40$，$p = 0.03 < 0.05$]。进一步的简单效应分析，发现在享乐型动机情景下，服务仪式（$M = 5.81$，$SD = 1.10$）比服务活动（$M = 5.44$，$SD = 1.12$）更能提升被试的品牌福祉感知（$p = 0.05$）；服务仪式比控制组（$M = 5.43$，$SD = 0.11$）也更能提升被试的品牌福祉感知（$p = 0.04 < 0.05$），服务活动组与控制组之间无差异。在功能型动机情境下，服务仪式（$M = 5.12$，$SD = 0.12$）、服务活动（$M = 5.09$，$SD = 0.11$）和控制组（$M = 5.30$，$SD = 0.11$）均无显著性差异（$p > 0.05$）。详情可见图 8-17。

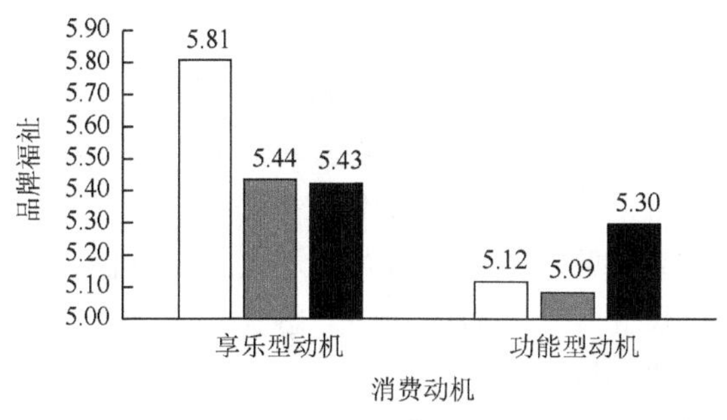

图 8-17　实验 8-5 服务仪式和动机类别对品牌福祉的交互作用

D. 品牌态度

将品牌态度作为因变量，服务类别转为虚拟变量（服务仪式 = 1，服务活动 = 2，控制组 = 3），消费动机类别也转为虚拟变量（享乐型动机 = 1，功能型动机 = 2），进行双因素回归分析。结果表明，服务类别和动机类别的交互作用显著 [$F(2, 513) = 6.66$，$p = 0.001 < 0.05$]。进行主效应分析，发现动机类型主效应显著，相比于功能型动机（$M = 5.60$，SD = 1.28），享乐型动机（$M = 6.14$，SD = 0.82）能显著地提升品牌态度。服务类别的主效应不显著[$F(2, 513) = 2.31$，$p = 0.10 > 0.05$]。进一步的简单效应分析，发现在享乐型动机情境下，服务仪式（$M = 6.33$，SD = 0.71）比服务活动（$M = 5.90$，SD = 0.90）更能提升被试的品牌态度（$p = 0.02 < 0.05$）；服务仪式与控制组（$M = 6.16$，SD = 0.81）之间无显著性差异（$p = 0.62 > 0.05$），服务活动组与控制组之间无显著性差异（$p = 0.29 > 0.05$）。而在功能型动机情境下，控制组（$M = 5.80$，SD = 1.20）比服务仪式组更能提升品牌态度（$p = 0.01 < 0.05$），服务仪式（$M = 5.32$，SD = 1.47）与服务活动（$M = 5.65$，SD = 1.15）之间无显著性差异（$p = 0.13$），服务活动组与控制组之间也无显著性差异（$p = 0.73$），详情可见图 8-18。

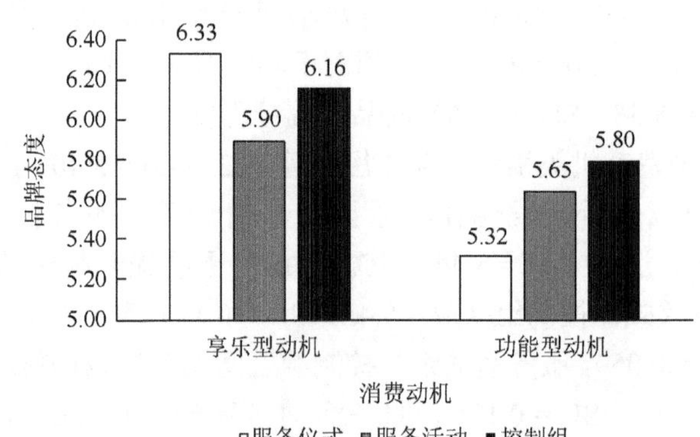

图 8-18 实验 8-5 服务仪式和动机类别对品牌态度的交互作用

值得注意的是，在享乐型动机下，消费者在服务仪式组（vs.服务活动组 vs.控制组）的品牌态度得分最高；而在功能型动机下，消费者在服务仪式组（vs.服务活动组 vs.控制组）的品牌态度得分最低。本书推测，可能是因为在功能型动机下，消费者更多地注重咖啡本身的功效，对于履行咖啡仪式中额外花费的时间和精力感到不满，因此反而降低了对品牌的好感度。

E. 消费者卷入度的中介作用

实验 8-5 以 3（服务类别：服务仪式 vs.服务活动 vs.控制组）×2（动机类别：享乐型动机 vs.功能型动机）为自变量，消费者卷入度为因变量进行双因素方差分析。结果显示，3（服务类别：服务仪式 vs.服务活动 vs.控制组）×2（动机类别：享乐型动机 vs.功能型动机）对消费者卷入度的交互作用显著，$F(2, 513) = 4.70$，$p = 0.009 < 0.05$。进行简单效应分析，发现在享乐型动机下，服务仪式（$M = 5.95$，SD = 0.86）比服务活动（$M = 5.55$，SD = 1.07）更能提升被试的消费者卷入度，达到边缘显著（$p = 0.09 < 0.10$）；服务仪式比控制组（$M = 5.41$，SD = 1.23）也更能提升被试的消费意义感（$p = 0.009 < 0.05$），服务活动组与控制组之间无显著性差异。而在功能型动机情境下，服务仪式（$M = 5.23$，SD = 1.65）、服务活动（$M = 5.23$，SD = 1.15）和控制组（$M = 5.49$，SD = 1.21）均无显著性差异（$p > 0.05$）。

为了进一步分析消费者卷入度的中介作用，实验 8-5 采用了 Hayes（2013）的 Bootstrap 方法对中介效应进行分析。样本量选择 5000，采用模型 7，控制被试的性别、年龄、教育程度和种族，在 95%的置信区间下，结果表明，服务类型（服务仪式 vs.服务活动 vs.控制组）通过消费者卷入度影响品牌福祉的中介效应显著（非直接路径效应 = 0.2730，SE = 0.0925[①]，95%CI：LLCI = 0.0892，ULCI = 0.4557，不包含 0），说明消费者卷入度的中介效应存在。具体而言，当在享乐型动机情境下，消费者卷入度的中介效应显著（非直接路径效应 = –0.1853，SE = 0.0544，95%CI：LLCI = –0.2939，ULCI = –0.0799，不包含 0）；而在功能型动机情境下，消费者卷入的中介效应不显著，（非直接路径效应 = –0.0877，SE = 0.0749，95%CI：LLCI = –0.0564，ULCI = 0.2360，包含 0）。具体如图 8-19 所示。

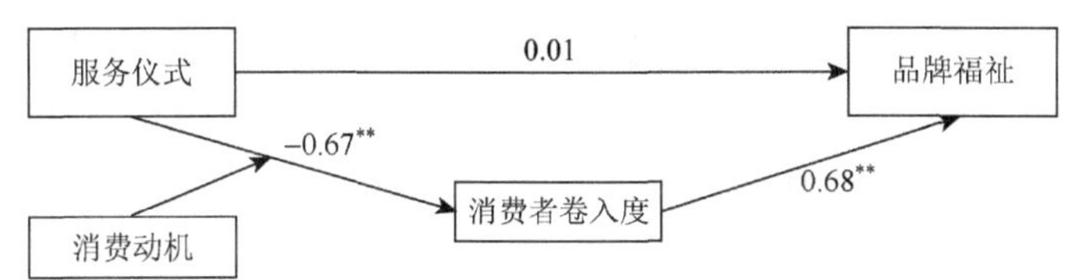

图 8-19　实验 8-5 中服务仪式和消费动机对品牌福祉的 Bootstrap 分析

**表示在 0.01 水平上显著

F. 支付金额

以支付金额为因变量，对 3（服务类别：服务仪式 vs.服务活动 vs.控制组）×2（动机类别：享乐型动机 vs.功能型动机）进行双因素方差分析，发现交互作用不显著，$F(2, 513) = 1.56$，$p = 0.21 > 0.05$。进行主效应分析，发现服务类型（服务仪式 vs.服务活动 vs.控制组）对支付金额的主效应不显著，$F(2, 513) = 1.16$，$p = 0.86 > 0.05$。消费动机类型（享乐型动机 vs.功能型动机）对支付金额的主效应也不显著，$F(1, 288) = 1.587$，$p = 0.21 > 0.05$。

① 标准误差，standard error。

实验 8-5 在实验 8-4 的基础上，将实验刺激材料换成了咖啡饮用仪式，并且增加了服务活动组，用于控制服务接触中服务员对消费者的接触时间和文字信息量对于品牌福祉的影响。实验 8-5 首先刺激被试不同类型的消费动机，再接受不同类型的服务，以检验服务仪式对品牌福祉的作用效果，消费者卷入度的中介作用，以及消费者动机的调节作用。结果发现：①消费动机类别（享乐型动机 vs. 功能型动机）调节服务类别（服务仪式 vs.服务活动 vs.控制组）对品牌福祉的影响。相比于功能型动机，享乐型动机可以显著提升服务仪式对品牌福祉的正向作用；②消费者卷入度中介服务仪式对品牌福祉的影响，即消费动机类别通过调节服务仪式对消费者卷入度的影响，进而影响品牌福祉；③消费动机类别和服务仪式类别的交互作用对于品牌态度的作用效果显著；④消费动机类别和服务类别的交互作用对于支付金额并不显著。

8.2.4　小结讨论

本节研究主要发现：①相比于控制组和服务活动组，服务仪式组能显著提升消费者的品牌福祉感知；②消费者卷入度是解释此效应的重要机制，即服务仪式（vs.服务活动 vs.控制组）能更多地提升消费者卷入度，进而提升品牌福祉感知；③享乐型动机（vs.功能型动机）能调节服务仪式对品牌福祉的影响。在享乐型动机的情境下，服务仪式（vs.服务活动 vs.控制组）对品牌福祉的作用更强；而在功能型动机的情境下，服务仪式（vs.服务活动 vs.控制组）对品牌福祉的作用无显著差异，甚至服务仪式还有减弱品牌福祉的负面效果。本章研究表明，消费者在以享受服务过程、注重消费体验、寻求消费快乐的前提下，消费者在接受服务仪式时会更加积极地参与到服务仪式之中，产生更大的消费卷入度，进而提升品牌福祉感知。本章也通过设置与服务仪式所要求的步骤数量一致、所阅读的信息量相似的服务活动组，排除单纯由于增多动作和接触所引起的品牌福祉变化。

8.3　结论与战略指引

服务仪式可通过增加消费者的情感触动和认知卷入提升品牌福祉，并受到品牌信息类型和消费动机类型的调节。在情感路径上，消费意义感中介了服务仪式对品牌福祉的影响，并且受到品牌故事的调节。相比于普通的服务流程，服务仪式能有效地促使消费者感受到更大程度的意义感，从而提升品牌福祉的感知。并且，品牌通过故事阐述的方式，将履行服务仪式的原因与目的向消费者阐明，将有效促进消费者更加深刻地理解服务仪式的内涵和意义，提升服务仪式对品牌福祉的正向效果。在认知路径上，消费者卷入度中介了服务仪式对品牌福祉的影响，并受到消费动机类别的调节。相比于普通的服务活动，服务仪式能有效地提升消费者的卷入度，从而提升品牌福祉。享乐型动机能正向调节服务仪式与品牌福祉的关系，而功能型动机则无提升效果。

本章研究有利于管理者和营销者从实践的角度更好地领会品牌对消费者的福祉效应，有利于管理者高效地运用服务仪式以提升品牌福祉，为企业尤其是中国企业在提升消费者福祉感受、改善服务质量和品牌管理建设等关键问题上提供实践启示和方法指导。

首先，企业应该树立建设高水平品牌福祉的坚定理念。企业的核心在于品牌，如何建设一个令消费者满意、喜爱乃至推崇的品牌一直是众多品牌管理者重点思考的问题。以往的研究也分别确立了品牌资产（Keller，1993）、品牌认同（Kim et al.，2001）、品牌依恋（Park et al.，2013）和品牌至爱（Batra et al.，2012）等众多理论构念及相关研究。然而，在中国快速发展的经济形势和消费者对福祉的强烈诉求下，品牌更应该在思想上将提升消费者福祉水平、满足人民日益增长的美好生活需要放在首位，更深入地思考如何在品牌建设中提升消费者个体、消费者社交生活和消费者民族国家意识方面的福祉效应，强化品牌价值建设中的内在源泉——品牌的社会、民族和国家价值。具体而言，企业可以通过以下三个方面提升品牌福祉：①铸就优异的产品/服务质量，提升顾客的消费愉悦度和生活满意感；②打造基于品牌的真实社交，强化消费者感知的社交融入感；③贯彻产业报国的决心和责任感，激发品牌带来的民族自豪和国家荣誉感。并且，企业可以运用本书开发的品牌福祉量表，进一步有效测评品牌福祉程度，针对性地提高相关领域的福祉内涵。

其次，企业应该高度重视服务仪式在品牌建设中的重要作用，从增强情感能量强度和提升符号资本内涵两方面设计服务仪式。服务仪式并非简单地将已有仪式迁移到服务场所中，而是将仪式进行筛选、改造，以适应本品牌的服务环境和品牌特点。依据对服务者和消费者的深入访谈，本书发现目前的服务仪式大多采用当地社会所认可的仪式，如生日仪式和节日仪式，或者采用具备文化象征或隐喻含义的仪式，如民族歌舞仪式和冥想仪式，运用已有的仪式有利于消费者快速理解服务仪式中的符号资本内涵。然而，并非所有的仪式都能改造为服务仪式，例如服务场所更为强调互动性和表演性，更多地要求服务者和消费者之间的互动关注和情感输出。例如，海底捞中的拉面舞蹈仪式添加了服务者向消费者特意甩拉面、与服务者眼神和动作交流等步骤；外婆家中的叫花鸡上菜仪式也增添了主动邀请消费者使用木槌击打叫花鸡的步骤，并且对消费者进行“金玉满堂、福寿双全”等仪式祝福。可见，符号资本的内涵决定消费者是否能接受和理解服务仪式，而情感能量的高低决定消费者从中感受到的真诚和关怀水平；低水平的符号资本会导致消费者接受服务仪式时不明就里、满脸疑惑或否认服务仪式，而低水平的情感能量会导致消费者接受服务仪式时认为服务者草草应付、不真诚和勉强为之，从而减弱服务仪式的积极效果。

最后，企业应该充分认识到服务仪式对品牌福祉的积极作用，针对性地强化情感印刻和认知更新两大途径，并周全考虑品牌因素、服务者因素、消费者因素和行业因素的调节影响。针对情感印刻路径，企业应考虑服务仪式所带来的短期情绪唤起和中长期的情感共享，不仅应在服务仪式中设计一些情绪的爆发点，更应注重在平时的节日仪式、活动仪式中维系与消费者的中长期关系，采用消费者能普遍认可的仪式元素，如鲜花、月饼、福字、祝福语等进行情感强化。针对认知更新路径，企业应考虑服务仪式在个体层面、关系层面和群体层面发挥的作用。在个体层面，品牌应利用服务仪式向消费者表达尊敬、喜爱、亲切等情感，促使消费者感知到较高的自我社会价值，并且着重向消费者展示品牌的独特性、专业度和温暖度，从而更新消费者对品牌的印象。例如，云朵山歌的服务仪式采用了云南的服饰、云南的酒水、云南的歌谣和敬酒仪式，这些仪式元素共同加深了云朵山歌作为云南餐饮品牌的代表性和特殊性，令消费者印象深刻。在关系层面，通过履行服务仪式的契机，消费者和服务者进行了更多的接触，在仪式互动中进一步增进顾客与员工的关系、顾客与品牌的关系。在群体层面，企业也应充分认识到自身品牌的民族、国家代表性，以宣扬中华传统文化、提升民族自尊自强、展现独特的风土人情为己任，从而赋予服务仪式以更高层次的崇高精神，提升消费者的福祉感受。并且，品牌也应针对性地考察本品牌的消费者对特定仪式的诉求、仪式–品牌的契合度、行业中服务仪式的履行情况等一系列因素，及时调整和更新服务仪式的运用和实践，以更好地传递品牌福祉的相关感知。例如，从情感路径入手，企业可以通过将服务仪式和品牌故事相结合的方式，更好地向消费者阐明服务仪式的设计理念，提升消费者的消费意义感；也可以从认知路径入手，更多地激发消费者的享乐型消费动机，在仪式中设计与消费者互动往来的仪式步骤，提升消费者的卷入度，从而提升品牌福祉程度。

参考文献

白描. 2015. 微观视角下的农民福祉现状分析——基于主客观福祉的研究[J]. 农业经济问题，36（12）：25-31，110.

边雅静，毛炳寰，张振兴. 2012. 品牌体验对品牌忠诚的影响机制分析——基于餐饮品牌的实证研究[J]. 数理统计与管理，31（4）：670-679.

卜庆娟，金永生，李朝辉. 2016. 互动一定创造价值吗？——顾客价值共创互动行为对顾客价值的影响[J]. 外国经济与管理，38（9）：21-37，50.

狄蓉，徐明. 2015. 服务主导逻辑下服务创新价值共创机理及对策研究[J]. 科技进步与对策，32（7）：33-38.

樊帅，田志龙，张丽君. 2019. 虚拟企业社会责任共创心理需要对消费者态度的影响研究[J]. 管理学报，16（6）：883-895，948.

费显政，黄雅静. 2018. 消费仪式感的量表开发与构成维度研究[J].营销科学学报，14（Z1）：69-96.

高良，郑雪，严标宾. 2010. 幸福感的中西差异：自我建构的视角[J]. 心理科学进展，18（7）：1041-1045.

郭淼，马威. 2020. 互动仪式链视域下的“慢直播”分析[J]. 新闻与写作，（6）：97-100.

韩心瑜，张向达. 2018. 在线品牌与消费者在线体验互动关系研究——基于在线品牌体验综合评价模型的分析[J]. 价格理论与实践，（7）：123-126.

何佳讯，吴漪. 2015. 品牌价值观：中国国家品牌与企业品牌的联系及战略含义[J]. 华东师范大学学报（哲学社会科学版），（5）：150-166，223.

侯建荣，刘益，郑嘉昊. 2016. 音乐情感特征与品牌个性的一致性对品牌体验的影响研究[J]. 中国管理科学，24(S1)：852-859.

黄静，刘洪亮，郭昱琅. 2016. 在线促销限制对消费者购买决策的影响研究——基于精细加工可能性视角[J]. 商业经济与管理，（5）：76-85.

黄韵榛，蒋婧琪，姚泥沙，等. 2016. 自我聚焦注意与社交焦虑：控制感的中介作用[J]. 中国临床心理学杂志，2019，27（6）：1232-1236.

简兆权，令狐克睿，李雷. 2016. 价值共创研究的演进与展望——从“顾客体验”到“服务生态系统”视角[J]. 外国经济与管理，38（9）：3-20.

蒋廉雄，冯睿，滕海波，等. 2015. 不同品牌化情境下的新产品采用：消费者创新性和品牌依恋的影响[J]. 南开管理评论，18（6）：71-80，153.

李钧鹏，茹文俊. 2020. 论虚拟社区中的互动仪式链[J]. 广东社会科学，（4）：201-211.

李堃，李艳军，李婷婷. 2018. 消费者仪式行为研究综述与展望[J]. 外国经济与管理，40（5）：43-55.

李铁萌，侯文军，陈冬庆. 2014. 对移动互联网产品交互设计中控制感的研究[J]. 北京邮电大学学报（社会科学版），16（4）：7-11.

廖俊云，黄敏学，彭捷. 2016. 虚拟品牌社区成员社会化策略及其影响[J]. 南开管理评论，19（5）：171-181，192.

刘江鹏. 2015. 企业成长的双元模型：平台增长及其内在机理[J]. 中国工业经济，（6）：148-160.

刘少杰. 2012. 网络化时代的社会结构变迁[J]. 学术月刊，44（10）：14-23.

刘婷. 2018. 在线社交中的身体悖论[J]. 新闻界，（10）：65-74.

刘新，杨伟文. 2012. 虚拟品牌社群认同对品牌忠诚的影响[J]. 管理评论，24（8）：96-106.

吕兴洋，李春晓，李惠璠. 2019. 感官印象：旅游者忠诚的增益解[J]. 旅游学刊，34（10）：47-59.

马颖杰，杨德锋. 2014. 服务中的人际互动对体验价值形成的影响——品牌价值观的调节作用[J]. 经济管理，36（6）：86-98.

毛立静，卫海英. 2022. 服务“礼”化：服务仪式对品牌体验的影响[J]. 暨南学报（哲学社会科学版），3：49-62.

齐永智. 2019. 品牌体验研究进展——内涵、维度与影响机制[J]. 中国流通经济，33（11）：65-74.

冉雅璇，卫海英. 2015. 互动仪式链视角下的品牌危机修复机制研究[J]. 营销科学学报，（2）：18-33.

冉雅璇，卫海英. 2016. 互动仪式链视角下品牌危机应对的多案例研究[J]. 管理学报，13（5）：647-656.

冉雅璇，卫海英. 2017. 品牌仪式如何形成？——基于扎根理论的探索性研究[J]. 经济管理，39（12）：108-121.

冉雅璇，卫海英，李清，等. 2018. 心理学视角下的人类仪式：一种意义深远的重复动作[J]. 心理科学进展，26（1）：169-179.

饶婷婷，喻丰，周爱钦，等. 2019. 宗教启动会使人更加道德吗？[J]. 心理科学进展，27（5）：926-936.

石贵成，王永贵，邢金刚，等. 2005. 对服务销售中关系强度的研究——概念界定、量表开发与效度检验[J]. 南开管理评论，8（3）：74-82.

舒丽芳，卫海英，冉雅璇. 2018. 品牌福泽百姓——品牌福祉的构念、维度及量表开发[J]. 营销科学学报，14（Z1）：115-135.

舒丽芳，卫海英，冉雅璇. 2019. 一线员工顾客导向：概念、机制和未来走向[J]. 华东经济管理，33（4）：156-165.

特纳 V. 2006. 仪式过程：结构与反结构[M]. 黄剑波，柳博赟 译. 北京：中国人民大学出版社.

汪涛，聂春艳，刘英为，等. 2017. 来源国文献计量分析[J]. 营销科学学报，（2）：71-94.

王海忠，于春玲，赵平. 2005. 消费者民族中心主义的两面性及其市场战略意义[J]. 管理世界，（2）：96-107.

王建明，王俊豪. 2011. 公众低碳消费模式的影响因素模型与政府管制政策——基于扎根理论的一个探索性研究[J]. 管理世界，（4）：58-68.

王新新，潘洪涛. 2011. 社会网络环境下的体验价值共创：消费体验研究最新动态[J]. 外国经济与管理，33（5）：17-24.

卫海英，骆紫薇. 2012. 社会互动中的品牌至爱生成机制——基于释义学的研究[J]. 中国工业经济，（11）：135-147.

卫海英，骆紫薇. 2014. 中国的服务企业如何与顾客建立长期关系？——企业互动导向、变革型领导和员工互动响应对中国式顾客关系的双驱动模型[J]. 管理世界，（1）：105-119.

卫海英，毛立静. 2019. 服务仪式对消费者幸福感的影响研究——基于互动仪式链视角[J]. 暨南学报（哲学社会科学版），41（12）：79-90.

卫海英，王颖，冉雅璇，等. 2018. 小事情、大幸福：互动仪式链理论视角下服务仪式对品牌福祉的影响[J]. 心理科学进展，26（7）：1141-1151.

卫海英，熊继伟，毛立静. 2020. 品牌仪式的“见”之效应：品牌仪式如何影响消费者信任[J]. 商业经济与管理，（12）：50-60.

卫海英，余小敏，刘潜. 2023. “独乐”还是“众乐”：仪式人数对消费者产品偏好的影响研究[J]. 外国经济与管理，44（4）：95-105.

韦庆旺，李木子，陈晓晨. 2018. 社会阶层与社会知觉：热情和能力哪个更重要？[J]. 心理学报，50（2）：243-252.

吴瑶，肖静华，谢康，等. 2017. 从价值提供到价值共创的营销转型——企业与消费者协同演化视角的双案例研究[J]. 管理世界，（4）：138-157.

肖静华，吴瑶，刘意，等. 2018. 消费者数据化参与的研发创新——企业与消费者协同演化视角的双案例研究[J]. 管理世界，34（8）：154-173.

肖静华，谢康，吴瑶，等. 2014. 企业与消费者协同演化动态能力构建：B2C 电商梦芭莎案例研究[J]. 管理世界，（8）：

134-151，179.

薛海波. 2015. 品牌仪式：打造粉丝忠诚的利器[J]. 清华管理评论，（S1）：56-62.

杨德锋，杨建华，卫海英. 2010. 品牌体验、自我展示与品牌至爱——通过非凡体验创建品牌至爱[J]. 商业经济与管理，（10）：69-77.

杨爽，郭昭宇. 2018. 品牌幸福感对顾客忠诚行为的影响研究[J]. 消费经济，34（6）：68-74.

于洪彦，刘容，郑道武. 2017. 基于价值共创理论的互动导向量表开发[J]. 营销科学学报，（3）：1-24.

于萍. 2019. 移动互联环境下的场景营销：研究述评与展望[J]. 外国经济与管理，41（5）：3-16.

尹可丽，兰淼森，李慧，等. 2022. 仪式动作、象征意义和积极情绪增强控制感：双路径机制[J].心理学报，54（1）：54-65.

张跃先，马钦海，杨勇. 2017. 基于服务消费情境的消费者幸福感构念开发和驱动因素研究[J]. 管理学报，14（4）：568-579.

肇丹丹. 2013. 多渠道零售视角下的互动解析[J]. 现代营销（下），（5）：100-102.

钟科，王海忠，杨晨. 2016. 感官营销研究综述与展望[J]. 外国经济与管理，38（5）：69-85.

钟振东，唐守廉，Pierre Vialle. 2014. 基于服务主导逻辑的价值共创研究[J]. 软科学，28（1）：31-35.

周志民，陈瑞霞，简予繁. 2020. 品牌幸福感的维度、形成及作用机理——一项基于扎根理论的研究[J]. 现代财经（天津财经大学学报），40（3）：19-34.

Abele A E，Wojciszke B. 2014. Communal and agentic content in social cognition：a dual perspective model[J]. Advances in Experimental Social Psychology，50：195-255.

Adams-Quackenbush N M，Horselenberg R，Hubert J，et al. 2019. Interview expectancies：awareness of potential biases influences behaviour in interviewees[J]. Psychiatry，Psychology and Law，26（1）：150-166.

Aggarwal P，McGill A L. 2012. When brands seem human，do humans act like brands？Automatic behavioral priming effects of brand anthropomorphism[J]. Journal of Consumer Research，39（2）：307-323.

Ai A L，Tice T N，Peterson C，et al. 2005. Prayers，spiritual support，and positive attitudes in coping with the September 11 national crisis[J]. Journal of Personality，73（3）：763-792.

Allan B A，Batz-Barbarich C，Sterling H M，et al. 2019. Outcomes of meaningful work：a meta-analysis[J]. Journal of Management Studies，56（3）：500-528.

Alves H，Fernandes C，Raposo M. 2016. Value co-creation：concept and contexts of application and study[J]. Journal of Business Research，69（5）：1626-1633.

Anderson L，Spanjol J，Jefferies J G，et al. 2016. Responsibility and well-being：resource integration under responsibilization in expert services[J]. Journal of Public Policy & Marketing，35（2）：262-279.

Arnould E J. 2001. Special session summary rituals three gifts and why consumer researchers should care[J]. Advances in Consumer Research，28：384-386.

Arnould E J，Price L L. 1993. River magic：extraordinary experience and the extended service encounter[J]. Journal of Consumer Research，20（1）：24-45.

Baek E，Choo H J，Lee S H. 2018. Using warmth as the visual design of a store：intimacy，relational needs，and approach intentions[J]. Journal of Business Research，88（3）：91-101.

Bagozzi R P，Yi Y. 1988. On the evaluation of structural equation models[J]. Journal of the Academy of Marketing Science，16（1）：74-94.

Basov O O，Struev D A，Ronzhin A L. 2015. Synthesis of multiservice info-communication systems with multimodal interfaces[J]. SPIIRAS Proceedings，39：128-139.

Bastos W, Brucks M. 2017. How and why conversational value leads to happiness for experiential and material purchases[J]. Journal of Consumer Research, 44（3）：598-612.

Batra R, Ahuvia A, Bagozzi R P. 2012. Brand love[J]. Journal of Marketing, 76（2）：1-16.

Bennett R, Härtel E J, Mc Coll-Kennedy J R. 2005. Experience as a moderator of involvement and satisfaction on brand loyalty in a business-to-business setting 02-314R [J]. Industrial Marketing Management, 34（1）：97-107.

Bettencourt L A, Lusch R F, Vargo S L. 2014. A service lens on value creation：marketing's role in achieving strategic advantage[J]. California Management Review, 57（1）：44-66.

Bettingen J, Luedicke M K. 2009. Can brands make us happy? A research framework for the study of brands and their effects on happiness[J]. Advances in Consumer Research, 36（1）：308-315.

Beverland M, Lim E, Morrison M. 2006. In store music and consumer-brand relationships：relational transformation following experiences of（mis）fit[J]. Journal of Business Research, 59（9）：982-989.

Bharti K, Agrawal R, Sharma V. 2015.Value co-creation：literature review and proposed conceptual framework[J]. International Journal of Market Research, 57（4）：571-603.

Bitner M J. 1990. Evaluating service encounters：the effects of physical surroundings and employee responses[J]. Journal of Marketing, 54（2）：69.

Botti S, McGill A L. 2011. The locus of choice：personal causality and satisfaction with hedonic and utilitarian decisions[J]. Journal of Consumer Research, 37（6）：1065-1078.

Boyer P, Liénard P. 2006. Why ritualized behavior? Precaution systems and action parsing in developmental, pathological and cultural rituals[J]. Behavioral and Brain Sciences, 29（6）：595-613.

Brakus J J, Schmitt B H, Zrantongllo L. 2009. Brand experience：what is it? How is it measured? Does it affect loyalty? [J]. Journal of Marketing, 73（3）：52-68.

Chandler J D, Lusch R F. 2015. Service systems：a broadened framework and research agenda on value propositions, engagement, and service experience[J]. Journal of Service Research, 18（1）：6-22.

Chang P L, Chieng M H. 2006. Building consumer–brand relationship：a cross-cultural experiential view[J]. Psychology and Marketing, 23（11）：927-959.

Chen C Y, Mathur P, Maheswaran D. 2014. The effects of country-related affect on product evaluations[J]. Journal of Consumer research, 41（4）：1033-1046.

Choi J, CataPano R, Choi I. 2017. Taking stock of happiness and meaning in everyday life：an experience sampling approach[J]. Social Psychological and Personality Science, 8（6）：641-651.

Churchill Jr G A. 1979. A paradigm for developing better measures of marketing constructs[J]. Journal of Marketing Research, 16（1）：64-73.

Collins R. 2004. Interaction Ritual Chains [M]. Princeton：Princeton University Press.

Cross S E, Hardin E E, Gercek-Swing B. 2011. The what, how, why, and where of self-construal[J]. Personality and Social Psychology Review, 15（2）：142-179.

Damisch L, Stoberock B, Mussweiler T. 2010. Keep your fingers crossed! How superstition improves performance[J]. Psychological Science, 21（7）：1014-1020.

Deci E L, Ryan R M. 2000. The "what" and "why" of goal pursuits：human needs and the self-determination of behavior[J]. Psychological Inquiry, 11（4）：227-268.

Dhar R, Wertenbroch K. 2000. Consumer choice between hedonic and utilitarian goods[J]. Journal of Marketing Research, 37（1）：60-71.

Dinner I M，van Heerde H J，Neslin S A. 2014. Driving online and offline sales：the cross-channel effects of traditional，online display，and paid search advertising[J]. Journal of Marketing Research，51（5）：527-545.

D'Souza C，Taghian M. 2005. Green advertising effects on attitude and choice of advertising themes[J]. Asia Pacific Journal of Marketing and Logistics，17（3）：51-66.

Dube A，Helkkula A. 2015. Service experiences beyond the direct use：indirect customer use experiences of smartphone apps[J]. Journal of Service Management，26：224-248.

Durkheim E. 1965. The Elementary Forms of Religious Life[M]. New York：Free Press.

Eisenhardt K M. 1989. Building theories from case study research[J]. Academy of Management Review，14（4）：532-550.

Epp A M，Price L L. 2011. Designing solutions around customer network identity goals[J]. Journal of Marketing，75（2）：36-54.

Erhardt N，Martin-Rios C，Heckscher C. 2016. Am I doing the right thing？Unpacking workplace rituals as mechanisms for strong organizational culture[J]. International Journal of Hospitality Management，59：31-41.

Escalas J E. 2004. Narrative processing：building consumer connections to brands[J]. Journal of Consumer Psychology，14（1/2）：168-180.

Etkin J，Mogilner C. 2016. Does variety among activities increase happiness？[J]. Journal of Consumer Research，43（2）：210-229.

Fournier S. 1998. Consumers and their brands：developing relationship theory in consumer research[J]. Journal of Consumer Research，24（4）：343-373.

Fredrickson B L，Boulton A J，Firestine A M，et al. 2017. Positive emotion correlates of meditation practice：a comparison of mindfulness meditation and loving-kindness meditation[J]. Mindfulness，8：1623-1633.

Fritsche I，Barth M，Jugert P，et al. 2017. A social identity model of pro-environmental action（SIMPEA）[J]. Psychological Review，125（2）：245-269.

Gainer B. 1995. Ritual and relationships：interpersonal influences on shared consumption[J]. Journal of Business Research，32（3）：253-260.

Garvey A M，Germann F，Bolton L E. 2016. Performance brand placebos：how brands improve performance and consumers take the credit[J]. Journal of Consumer Research，42（6）：931-951.

Glaser B G，Holton J. 2007. Remodeling grounded theory[J]. Grounded Theory Review an International Journal，4（1）：47-68.

Gray R E，Fitch M I，Fergus K D，et al. 2002. Hegemonic masculinity and the experience of prostate cancer：a narrative approach[J]. Journal of Aging and Identity，7：43-45.

Grönroos C. 2011. Value co-creation in service logic：a critical analysis[J]. Marketing Theory，11（3）：279-301.

Grönroos C，Gummerus J. 2014. The service revolution and its marketing implications：service logic vs service-dominant logic[J]. Managing Service Quality，24（3）：206-229.

Grönroos C，Voima P. 2013. Critical service logic：making sense of value creation and co-creation[J]. Journal of the Academy of Marketing Science，41（2）：133-150.

Guielford J P. 1965. Fundamental Statistics in Psychology and Education [M]. 4th ed. New York：Mc Graw-Hill.

Hayes A F. 2013. Introduction to Mediation，Moderation，and Conditional Process Analysis：A Regression-based Approach [M]. New York：The Guilford Press.

Hayes A F，Precher K J，Myers T A. 2010. Mediation and the estimation of indirect effects in political communication research [C]//. Bucy E P，Holbert R. L. Sourcebook for Political Communication Research：Methods，Measures， and Analytical Techniques. New York：Routledge：434-465.

Helm J L，Sbarra D A，Ferrer E. 2014. Coregulation of respiratory sinus arrhythmia in adult romantic partners[J]. Emotion，14：522-531.

Hinkin T R. 1998. A brief tutorial on the development of measures for use in survey questionnaires[J]. Organizational Research Methods，1（1）：104-121.

Hobson N M，Gino F，Norton M I，et al. 2017. When novel rituals impact intergroup bias：evidence from economic games and neurophysiology[J]. Psychological Science，28（6）：733-750.

Homburg C，Jozic D，Kuehnl C. 2017. Customer experience management：toward implementing an evolving marketing concept[J]. Journal of the Academy of Marketing Science，45（3）：377-401.

Huang X I，Huang Z T，Wyer R S. 2017. The influence of social crowding on brand attachment[J]. Journal of Consumer Research，44（5）：1068-1084.

Jaakkola E，Helkkula A，Aarikka-Stenroos L. 2015. Service experience co-creation：conceptualization，implications，and future research directions[J]. Journal of Service Management，26（2）：182-205.

Kapitány R，Nielsen M. 2015. Adopting the ritual stance：the role of opacity and context in ritual and everyday ctions[J]. Cognition，145：13-29.

Karmarkar U R，Tormala Z L. 2010. Believe me，I have no idea what I'm talking about：the effects of source certainty on consumer involvement and persuasion[J]. Journal of Consumer Research，36（6）：1033-1049.

Kaushik M R，Michelle C，Reiss R. 1993. An examination of perceived risk，information search and behavioral intentions in search，experience and credence services[J]. Journal of Service Marketing，13（3）：208-288.

Keller K L. 1993. Conceptualizing，measuring，and managing customer-based brand equity[J]. Journal of Marketing，57（1）：1-22.

Khan I，Rahman Z. 2015. Brand experience anatomy in retailing：an interpretive structural modeling approach[J]. Journal of Retailing and Consumer Services，24（3）：60-69.

Kim C K，Han D，Park S. 2001. The effect of brand personality and brand identification on brand loyalty：applying the theory of social identification[J]. Japanese Psychological Research，43（4）：195-206.

Kumar R S，Dash S，Puwar P C. 2013. The nature and antecedents of brand equity and its dimensions[J]. Marketing Intelligence & Planning，31（2）：141-159.

Landau M J，Kay A C，Whitson J A. 2015. Compensatory control and the appeal of a structured world[J]. Psychological Bulletin，141（3）：694-722.

Lang M，Krátký J，Shaver J H，et al. 2015. Effects of anxiety on spontaneous ritualized behavior[J]. Current Biology，25：1892-1897.

Lee S，Bolton L E，Winterich K P. 2017. To profit or not to profit？The role of greed perceptions in consumer support for social ventures[J]. Journal of Consumer Research，44（4）：853-876.

Legare C H，Souza A L. 2012. Evaluating ritual efficacy：evidence from the supernatural[J]. Cognition，124（1）：1-15.

Li J，Krishnan R K. 2008. Knowledge management and innovation strategy：the challenge for latecomers in emerging economies[J]. Asia Pacific Journal of Management，25（3）：429-450.

Lowry P B，Gaskin J，Twyman N，et al. 2012. Taking "Fun and Games" seriously：proposing the hedonic-motivation system adoption m-model（HMSAM）[J]. Journal of the Association for Information Systems，14（11）：617-671.

Lundqvist A，Liljander V，Gummerus J，et al. 2013. The impact of storytelling on the consumer brand experience：the case of a firm-originated story[J]. Journal of Brand Management，20（4）：283-297.

Lusch R F，Vargo S L. 2010. From repeat patronage to value co-creation in service ecosystems：a transcending conceptualization of relationship[J]. Journal of Business Market Management，4（4）：169-179.

Major B C，Le Nguyen K D，Lundberg K B，et al. 2018. Well-being correlates of perceived positivity resonance：evidence from trait and episode-level assessments[J]. Personality & Social Psychology Bulletin，44（12）：1631-1647.

Maloney P. 2013. Online networks and emotional energy：how pro-anorexic websites use interaction ritual chains to（re）form identity. Information[J]. Communication & Society，16（1）：105-124.

McCracken G. 1986. Culture and consumption：a theoretical account of the structure and movement of the cultural meaning of consumer goods[J]. Journal of Consumer Research，13（1）：71-84.

McKechnie S，Tynan C. 2006. Social meanings in Christmas consumption：an exploratory study of UK celebrants' consumption rituals[J]. Journal of Consumer Behavior，5（2）：130-144.

Mitkidis P，Ayal S，Shalvi S，et al. 2017. The effects of extreme rituals on moral behavior：the performers-observers gap hypothesis[J]. Journal of Economic Psychology，59：1-7

Munuera-Aleman J L，Delgado-Ballester E，Yague-Guillen M J. 2003. Development and validation of a brand trust scale[J]. International Journal of Market Research，45（1）：1-18.

Murmann J P. 2013. The coevolution of industries and important features of their environments[J]. Organization Science，24（1）：58-78.

Norton M I，Gino F. 2014. Rituals alleviate grieving for loved ones，lovers，and lotteries[J]. Journal of Experimental Psychology：General，143（1）：266-272.

Nysveen H，Pedersen P E. 2014. Influences of co-creation on brand experience：the role of brand engagement[J]. International Journal of Market Research，56（6）：807-832.

Ong C H，Lee H W，Ramayah T. 2018. Impact of brand experience on loyalty[J]. Journal of Hospitality Marketing & Management，25（7）：755-774.

Otnes C C，Ilhan B E，Kulkarni A. 2012. The language of marketplace rituals：implications for customer experience management[J]. Journal of Retailing，88（3）：367-383.

Otnes C C，Lowrey T M. 2004. Contemporary Consumption Rituals：A Research Anthology[M]. New York：Taylor and Francis.

Park C W，Eisingerich A B，Park J W. 2013. Attachment-aversion model of customer-brand relationships[J]. Journal of Consumer Psychology，23（2）：229-248.

Park C W，MacInnis D J，Priester J，et al. 2010. Brand attachment and brand attitude strength：conceptual and empirical differentiation of two critical brand equity drivers[J]. Journal of Marketing，74（6）：1-17.

Plester B. 2015. Ingesting the organization：the embodiment of organizational food rituals[J]. Culture and Organization，21：251-268.

Prahalad C K，Ramaswamy V. 2013. Co-creating unique value with customers[J]. Strategy & Leadership，32（3）：4-9.

Prexl K M，Kenning P. 2011. An empirical analysis of the antecedents and consequences of brand rituals[J]. European Advances in Consumer Research，9：1-2.

Raj Z. 2012. Brand Rituals：How Successful Brands Bond with Customers for Life[M]. Mill Valley：Spyglass Pub. Group Inc.

Ramani G，Kumar V. 2008. Interaction orientation and firm performance[J]. Journal of Marketing，72（1）：27-45.

Ramaswamy V. 2008. Co-creating value through customers' experiences：the Nike case[J]. Strategy and Leadership，36（5）：9-14.

Richins M L. 1997. Measuring emotions in the consumption experience[J]. Journal of Consumer Research，24（2）：127-146.

Rook D W. 1985. The ritual dimension of consumer behavior[J]. Journal of Consumer Research，12（3）：251-264.

Rudd M，CataPano R，Aaker J. 2019. Making time matter：a review of research on time and meaning[J]. Journal of Consumer Psychology，29（4）：680-702.

Ryan R M，Conncll J P. 1989. Perceived locus of causality and internalization：examining reasons for acting in two domains[J]. Journal of Personality and Social Psychology，57（5）：749-761.

Schmitt B H. 1999. Experiential Marketing：How to Get Customers to Sense，Feel，Think，Act and Relate to Your Company and Brand[M]. New York：The Free Press.

Schnebelen S，Bruhn M. 2016. Brands can make consumers happy！Development of a scale to measure brand happiness[M]//Obal M W，Krey N，Bushardt C. Let's Get Engaged！Crossing the Threshold of Marketing's Engagement Era. Cham：Springer International Publishing：341-342.

Schwarz N. 1990. Feelings as information：informational and motivational functions of affective states[M]//Higgins E T，Sorrentino R M. Hand book of Motivation and Cognition：Foundations of Social Behaviour. New York：The Guilford Press：527-561.

Sicilia M，Palazón M. 2008. Brand communities on the internet：a case study of Coca-cola's Spanish virtual community [J]. Corporate Communications：An International Journal，3（13）：255-270.

Sirgy M J，Lee D. 2008. Well-being marketing：an ethical business philosophy for consumer goods firms[J]. Journal of Business Ethics，77（4）：377-403.

Song W，Zhao T，Huang E，et al.. 2022. How positive and negative emotions promote ritualistic consumption through different mechanisms [J]. Frontiers in Psychology，13：572-578.

Sorensen J，Lienard P，Feeny C. 2006. Agent and instrument in judgements of ritual efficacy[J]. Journal of Cognition and Culture，6（3）：463-482.

Steger M F，Oishi S，Kesebir S. 2011. Is a life without meaning satisfying？The moderating role of the search for meaning in satisfaction with life judgments[J]. The Journal of Positive Psychology，6（3）：173-180.

Su L，Jiang Y，Chen Z，et al. 2016. Social exclusion and consumer switching behavior：a control restoration mechanism[J]. Journal of Consumer Research，44（1）：99-117.

Sueldo M，Streimikiene D. 2016. Organizational rituals as tools of organizational culture creation and transformation：a communicative approach[J]. Transformation in Business & Economics，15：89-110.

Terblanche，N. S.，Boshoff，C. 2006. The relationship between a satisfactory in-store shopping experience and retailer loyalty[J]. South African Journal of Business Management，37（2）：33-43.

Tian A D，Schroeder J，Häubl G，et al. 2018. Enacting rituals to improve self-control[J]. Journal of Personality and Social Psychology，114（6）：851-876.

Turner V，Turner V W. 1970. The Forest of Symbols：Aspects of Ndembu Ritual[M]. Ithaca：Cornell University Press.

Vargo S L，Lusch R F. 2011. It's all B2B and beyond：toward a systems perspective of the market[J]. Industrial Marketing Management，40（2）：181-187.

Vohs K，Wang Y，Gino F，et al. 2013. Rituals enhance consumption[J]. Psychological Science，24（9）：1714-1721.

Wagner J，Benoit S. 2015. Creating value in retail buyer-vendor relationships：a service-centered model[J]. Industrial Marketing Management，44：166-179.

Wallendorf M，Arnould E J. 1991. We gather together：consumption rituals of Thanksgiving Day[J]. Journal of Consumer

Research，18（1）：13-31.

Wang X H，Sun Y X，Kramer T. 2021. Ritualistic consumption decreases loneliness by increasing meaning[J]. Journal of Marketing Research，58（2）：282-298.

Weinberger M F. 2015. Dominant consumption rituals and intragroup boundary work：how non-celebrants manage conflicting relational and identity goals[J]. Journal of Consumer Research，42（3）：378-400.

Whelan S，Wohlfeil M. 2006. Communicating brands through engagement with “lived” experiences [J]. Journal of Brand Management，13（4）：313-329.

Whitley S C，Trudel R，Kurt D. 2018. The influence of purchase motivation on perceived preference uniqueness and assortment size choice[J]. Journal of Consumer Research，45（4）：710-724.

Xie K，Wu Y，Xiao J H，et al. 2016. Value co-creation between firms and customers：the role of big data-based cooperative assets[J]. Information & Management，53（8）：1034-1048.

Yin R K. 2010. Case study research：design and methods[J]. Journal of Advanced Nursing，44（1）：108.

Yngfalk A F. 2013. It's not us，it's them！Rethinking value co-creation among multiple actors[J]. Journal of Marketing Management，29（9）：1163-1181.

Zhang X，Chen R. 2008. Examining the mechanism of the value co-creation with customers[J]. International Journal of Production Economics，116（2）：242-250.

Zumwalt R. 1982. Arnold van gennep：the hermit of bourg-la-reine[J]. American Anthropologist，84（2）：299-313.

附　录

附录 1　服务仪式量表问卷

尊敬的先生/女士：

您好！我是暨南大学的学生。非常感谢您能帮忙完成这份调研！本次调研主要想了解您在日常生活中关于服务及仪式消费的想法和体验，接下来请您根据在日常生活中的切身体验和真实感受对问卷的题项进行作答，您的经历和想法将为本研究团队的研究问题带来极大的帮助！另外本问卷无须记录您的姓名信息，您的其他个人材料仅用作数据分析研究并进行严格的保密，请您放心作答！非常感谢您的合作！

正如《小王子》所说，仪式，就是使某一天与其他日子不同，使某一时刻与其他时刻不同。仪式让平淡无奇的日子变得特别，同样，服务仪式把看似简单重复的服务变得丰富多彩。如微笑面对每一位顾客、餐厅中精彩的表演、茶馆师傅的长嘴壶差异、租赁汽车时的小型派对……品牌在服务互动中，通过服务人员与顾客互动的一系列仪式行为，让顾客持续地产生良好的感受构成情感能量。

请回忆最近一次给你留下深刻印象、觉得是“服务仪式”的消费经历，并认真回想一下当时的细节，完成下面的问题。

我体验的服务是________________品牌/店铺，发生在 ___________（时间，如 2019 年 8 月 6 日/三天前）______________（地点，如广州天河城）。当时消费的是_____________（服务，如餐饮，spa 等）。其中，让您觉得是服务仪式的内容是________________________

____

____

您当时的感受是____（心情/感受）。

初始问卷

以下是一些描述您体验“服务仪式”的语句，请根据您的真实感受打分。1＝完全不同意；2＝比较不同意；3＝既不同意也不反对；4＝比较同意；5＝完全同意。

题号	语句	完全不同意—完全同意
1	通过此活动，让我更加投入体验	1　2　3　4　5
2	通过此活动，提升了我的情绪	1　2　3　4　5
3	通过此活动，我感受到了礼仪文化	1　2　3　4　5
4	服务互动内容给我留下独特的印象	1　2　3　4　5
5	服务环境布置与众不同	1　2　3　4　5
6	服务人员穿着很有特色	1　2　3　4　5
7	服务使用独特的物品，很新奇有趣	1　2　3　4　5
8	服务使用的语言很有意义	1　2　3　4　5
9	通过体验该服务活动，我学到了新知识	1　2　3　4　5
10	通过体验该服务活动，我感觉受到尊重	1　2　3　4　5
11	通过体验该服务活动，服务人员的热情感染了我	1　2　3　4　5
12	通过体验该服务活动，我体会到了该品牌的服务理念	1　2　3　4　5
13	通过体验该服务活动，我感悟到了该品牌传达的价值观	1　2　3　4　5
14	通过体验该服务活动，我获得了别样的体验	1　2　3　4　5
15	通过体验该服务活动，让我觉得此刻与众不同	1　2　3　4　5
16	通过体验该服务活动，我与服务人员的情绪相互感染	1　2　3　4　5
17	通过体验该服务活动，让我感受到服务人员的温暖	1　2　3　4　5
18	该服务活动是有序进行的	1　2　3　4　5
19	该服务活动过程充满仪式感	1　2　3　4　5
20	服务活动过程中，我与服务人员一起创造了价值	1　2　3　4　5
21	服务活动过程中，传承了精神	1　2　3　4　5
22	该服务活动是按照特定的流程开展的	1　2　3　4　5

二次问卷

以下是一些描述您体验“服务仪式”的语句，请根据您的真实感受打分。1＝完全不同意；2＝不同意；3＝比较不同意；4＝既不同意也不反对；5＝比较同意；6＝同意；7＝完全同意。

题号	语句	完全不同意—完全同意
1	该服务活动是有序进行的	1　2　3　4　5　6　7
2	该服务活动是按照特定的流程开展的	1　2　3　4　5　6　7
3	该服务活动是比较正式的	1　2　3　4　5　6　7
4	该服务活动是可以被其他品牌或企业模仿的	1　2　3　4　5　6　7
5	该服务活动的环境和形式很独特	1　2　3　4　5　6　7
6	该服务活动具有典型的特色	1　2　3　4　5　6　7
7	通过体验该服务活动，我感受到了独特的体验	1　2　3　4　5　6　7
8	通过体验该服务活动，我感受到该品牌的独特魅力	1　2　3　4　5　6　7
9	通过体验该服务活动，我留下了深刻的记忆	1　2　3　4　5　6　7
10	通过体验该服务活动，我体会到了该品牌的服务理念	1　2　3　4　5　6　7
11	通过体验该服务活动，我感悟到了该品牌传达的价值观	1　2　3　4　5　6　7
12	通过体验该服务活动，我感受到了礼仪文化	1　2　3　4　5　6　7
13	通过体验该服务活动，我对该品牌有了新的认识	1　2　3　4　5　6　7
14	通过体验该服务活动，我感受到了新的文化熏陶	1　2　3　4　5　6　7
15	通过体验该服务活动，我感觉与服务人员之间的情绪相互感染	1　2　3　4　5　6　7
16	通过体验该服务活动，我更加投入到消费体验中	1　2　3　4　5　6　7
17	通过体验该服务活动，我感觉提升了自我认知	1　2　3　4　5　6　7
18	通过体验该服务活动，我学到了新的知识	1　2　3　4　5　6　7

三次问卷

以下是一些描述您体验“服务仪式”的语句，请根据您的真实感受打分。

题号	语句	完全不同意—完全同意
1	该服务活动是有序进行的	1　2　3　4　5　6　7
2	该服务活动是按照特定的流程开展的	1　2　3　4　5　6　7
3	该服务活动是比较正式的	1　2　3　4　5　6　7
4	该服务活动的环境和形式很独特	1　2　3　4　5　6　7
5	该服务活动具有典型的特色	1　2　3　4　5　6　7
6	通过体验该服务活动，我感受到了独特的体验	1　2　3　4　5　6　7
7	通过体验该服务活动，我留下了深刻的记忆	1　2　3　4　5　6　7
8	通过体验该服务活动，我体会到了该品牌的服务理念	1　2　3　4　5　6　7
9	通过体验该服务活动，我感悟到了该品牌传达的价值观	1　2　3　4　5　6　7
10	通过体验该服务活动，我感受到了礼仪文化	1　2　3　4　5　6　7
11	通过体验该服务活动，我感觉与服务人员之间的情绪相互感染	1　2　3　4　5　6　7

续表

题号	语句	完全不同意—完全同意
12	通过体验该服务活动，我更加投入到消费体验中	1　2　3　4　5　6　7
13	通过体验该服务活动，我学到了新的知识	1　2　3　4　5　6　7
14	我对这次服务感到满意	1　2　3　4　5　6　7
15	我对这次互动情况感到满意	1　2　3　4　5　6　7
16	这次消费让我感到超值	1　2　3　4　5　6　7
17	这次消费为我的生活带来了幸福感受	1　2　3　4　5　6　7
18	这次消费让我感到非常享受	1　2　3　4　5　6　7

请您回答以下问题

题号	语句	完全不同意—完全同意
1	我对服务环境问题很关注	1　2　3　4　5　6　7
2	我对服务场景相关活动很关注	1　2　3　4　5　6　7
3	我对服务中互动很关注	1　2　3　4　5　6　7
4	接触服务前，我非常愉快	1　2　3　4　5　6　7
5	接触服务前，我非常兴奋	1　2　3　4　5　6　7
6	接触服务前，我非常生气	1　2　3　4　5　6　7
7	接触服务前，我非常郁闷	1　2　3　4　5　6　7
8	我对这次服务感到满意	1　2　3　4　5　6　7

最后，请填写您的个人信息：（请在所选答案前打√）

1.性别：　□男　　□女

2.年龄：　□18 岁以下　□18～22 岁　□23～26 岁　□27～30 岁　□30 岁以上

3.受教育程度：　□高中及以下　□专科　□本科　□硕士　□博士

附录 2　品牌福祉量表问卷

访谈大纲

一、解释访谈目的

您好，我是暨南大学的一名研究者。我对您在生活中使用品牌的一些体验、感受很感兴趣，想要了解您对品牌、对幸福感、对福祉的一些看法。您的回答没有对错之分，只需要真实详细地描述出您的感受体验和看法即可。

本次访谈会被录音，您的所有资料，包括姓名、性别等相关文字、录音资料，都会严格保密，仅作为学术研究使用，即使用作后续的研究中，也不会出现任何您的真实信息。

二、受访者的个人信息

姓名、性别、出生年份、年龄、教育背景、职业。

三、正式访谈提问

1 通过询问被试的品牌体验，切入到对品牌的回忆中，并关注被试回忆中的情绪反应，考察品牌是否能够带来积极情绪，以及对品牌的品质满意度。

（1）请问您是否有特别钟爱、持续使用的品牌？使用它时什么感受？为什么会喜欢这个品牌？

（2）您有没有在使用品牌/产品的过程中，感受到强烈的开心、兴奋、积极情感的感受经历？请分享事件发生的前、中、后。（如果被试认为自己没有特别偏爱的品牌，或者使用中感受到很开心，就可以从询问被试平时用的手机、电脑、服装等日常用品入手，作为启发式的品类例子。）

2 询问品牌与被试之间的社交互动，考察品牌能否具有社交意义感。

（1）您认为您是某一个品牌的粉丝吗？您在使用品牌的过程中，这个品牌曾经与您有过互动吗？互动过程中，您的感受是怎样的？

（2）您是某一品牌的虚拟社群成员吗？您是否通过品牌虚拟社区，认识了其他的朋友？有哪些故事可以分享吗？

（3）您是否有经历过因为同一个品牌的使用，而拉近了你和他人关系？请分享经历。

3 询问被试是否认为品牌代表了某种价值观，他是否喜爱，考察品牌与理想自我的重合性，品牌是否带来了美德提升感。

（1）您曾经强烈地想要得到某一个品牌吗？或您现在有没有很想要哪个品牌的产品？为什么？考察被试的渴求程度以及原因，预备采取的后续行动。

（2）是否有某个品牌，激励、契合了您的价值观？甚至是改变了您的人生观、道德观？请分享经历。

（3）如果让您选一个品牌代表自己，您会选择哪个？为什么？

（4）如果让您选一个品牌来代表理想中的自己，您会选哪个？为什么？

（5）您觉得有哪些品牌能够令您觉得尊敬或钦佩的？为什么？它体现了更为高尚、美好的品质？您有过效仿它的经历吗？

4 询问被试认为品牌是否能够带来民族自豪感，挖掘品牌的崇高意义。

（1）您曾经有支持国货的行为吗？请分享经历。

（2）您觉得哪些品牌算是国货？哪些行为能算是支持国货？您曾经支持国货吗？感受是什么？

（3）您关注品牌的时候，会想到背后的国家特征吗？您觉得品牌能够成为国家、民族精神的代表吗？举例说明（如果被试均认为自己购买本土品牌，并不是出于民族自豪感等意图，可以询问被试对于华为这个品牌的看法）。

5 询问被试对于幸福的理解，考量品牌在幸福中扮演的角色。

（1）您觉得幸福是什么？是快乐吗？请描述您所经历过的幸福/快乐时刻，您的情绪感受、事件原因和后续感受。

（2）您觉得哪些品牌能够给您带来幸福/快乐的感觉？有哪些回忆？请分别举例（如果被试觉得幸福和快乐的感受是一致的，品牌带来的就是幸福和快乐，那就只举一个例子也行）。

（3）您有没有用过什么品牌，让您觉得非常好用，显著地改善了您的生活，提升了您的生活质量？使用时什么感觉？（考察被试是否提及幸福）

6 进一步询问被试对于福祉的理解。

（1）您曾经听过“福祉”这个词语吗？在什么场合下听过的？您觉得福祉这个词语，代表什么意思？（如果被试回答不出，福祉是什么意思，就按照字典里面的解释，祉，福也，禄也，即幸福与利益）

（2）您认为品牌能够带来福祉吗？如果能，请举例说明一下。如果不能，也请说明理由。（如果被试觉得难以回答，那么可以启发他，之前所谈的，品牌所带给被试的一些积极情绪、感受、价值观触动、社交、国家意识等，问他这些能算是品牌带给他的福祉吗？）

（3）举例子，您认为华为这个品牌能否带来品牌福祉？可口可乐？小米？茅台？格力？

7 结束访谈，表示感谢，提供酬金和听取建议。

探索性因子分析问卷

请想象您现在正在使用此品牌，并根据您的实际感受评分，1 = 非常不同意，2 = 不同意，3 = 中立，4 = 同意，5 = 非常同意。

题目\选项	非常 不同意	不同意	中立	同意	非常同意
此品牌能满足我的功能需要					
使用此品牌时，我觉得开心					
此品牌能代表积极的本国形象					
此品牌对社会的贡献程度，令我觉得赞赏					
通过使用此品牌，我提升了我的生活满意度					
此品牌给我带来了便利					
此品牌让我有民族自豪感					
此品牌促进当地社会的经济发展					
通过谈论此品牌，我拉近了和别人的关系					

续表

题目\选项	非常不同意	不同意	中立	同意	非常同意
此品牌的性价比高					
此品牌精神是我所推崇和追求的					
此品牌是国家财富的一部分					
此品牌所表现的社会担当程度，令我觉得钦佩					
此品牌提供好的服务质量					
此品牌精神激励我成为更好的自己					
此品牌让我觉得我与祖国紧密相连					
此品牌促进行业的进步					
通过使用此品牌，我能更好地融入朋友之中					
此品牌的功能卓越					
此品牌提高了本国品牌的国际形象					
此品牌提供好的产品质量					
此品牌资助那些能增进社会福利的项目					
此品牌让我有国家荣誉感					
通过使用此品牌，我的生活/工作质量得到了提升					
此品牌是有社会责任感、有担当的					

验证性因子分析问卷

请根据您的实际情况选择最符合的项：

题目\选项	非常不同意	不同意	中立	同意	非常同意
此品牌能满足我的功能需要					
此品牌给我带来了便利					
使用此品牌时，我觉得开心					
通过使用此品牌，我提升了我的生活满意度					
通过使用此品牌，我能更好地融入朋友之中					
通过讨论此品牌，我拉近了和别人的关系					
此品牌提高了本国品牌的国际形象					
此品牌是有社会责任感、有担当的					
此品牌让我有民族自豪感					

请根据您的实际情况选择最符合的项：

题目\选项	非常不同意	不同意	中立	同意	非常同意
我认为此品牌的成功也是我的成功					
我对其他人对此品牌的看法很感兴趣					
有人表扬此品牌时，我也感到荣耀					
谈论此品牌时，我会说“我们”的品牌，而不是“他们”的品牌					
有人批评此品牌时，我感到受到伤害					

请根据您的实际情况选择最符合的项：

题目\选项	非常不同意	不同意	中立	同意	非常同意
我能在此品牌买到喜欢的产品/服务					
接受此品牌服务时，我感受到受到尊重和重视					
使用此品牌，让我感到知足					
使用此品牌，让我感到超值					
我对此品牌感到满意					
使用此品牌时，我感到满足					

请根据您的实际情况选择最符合的项：

题目\选项	非常不同意	不同意	中立	同意	非常同意
使用此品牌时，我感到愉快					
使用此品牌时，我感到惊喜					
使用此品牌时，我感到轻松					
使用此品牌时，我感到开心					
使用此品牌时，我感到享受					

请根据您的实际情况选择最符合的项：

题目\选项	非常不同意	不同意	中立	同意	非常同意
在多大程度上，此品牌代表了您自我的一部分？					
在多大程度上，您感觉此品牌和您自身有联系？					
在多大程度上，您会不自觉地想到此品牌？					
在多大程度上，您会自然、快速地想到您对此品牌想法和感受？					

请根据您的实际情况选择最符合的项：

题目\选项	非常不同意	不同意	中立	同意	非常同意
我鼓励我的朋友、亲人使用此品牌					
他人向我寻求建议时，我愿意推荐此品牌					
我愿意向他人夸奖此品牌					

请根据您的实际情况选择最符合的项：

题目\选项	非常不同意	不同意	中立	同意	非常同意
我愿意继续使用此品牌					
我愿意使用此品牌，而不考虑竞争品牌					
我愿意购买此品牌的其他产品和服务					
相对于其他品牌，我更倾向于此品牌					

请根据您的实际情况选择最符合的项：

题目\选项	非常不同意	不同意	中立	同意	非常同意
在大多数方面，我的生活接近于我的理想状态					
我的生活状态是非常好的					
我对我的生活很满意					
迄今为止，我已经得到了生活中我想要的重要东西					
如果我能再活一遍，我也不会再改变什么					

请根据您的实际情况选择最符合的项：

题目\选项	非常不幸福	不幸福	中立	幸福	非常幸福
总体而言，您对您所过的生活的感觉是怎样的呢？					

后　记

迈入服务经济时代，服务成为竞争力的真正来源。而现阶段，我国处于服务经济转型初期，相比发达国家，品牌的服务建设任重而道远。一方面，消费者期望品牌不仅仅满足自身功能需求，更看重服务互动过程中如仪式化场景等带来的精神和情感的慰藉；另一方面，我国品牌的服务尚存在如理念传递、价值共创等诸多问题亟待解决。因此，企业如何与消费者在服务互动中实现价值和理念的传递，已成为时代的挑战。而品牌和服务建设在很大程度上有赖于企业与消费者的良性互动，作为规范性、表演性和文化性的互动形式之一——服务仪式可能会成为促使价值共创、加强品牌建设的一种有效方式。基于此，本书在互动仪式链、价值共创理论的视角下，聚焦于“服务仪式—品牌福祉”开展研究：首先，围绕服务仪式与品牌福祉二者之间的关系进行探索性研究，分析服务仪式影响品牌福祉的作用过程及其影响因素，并开发二者的测量量表；其次，探析服务仪式价值形成路径，识别服务仪式促使价值共创形成的核心过程；最后，定量验证服务仪式提升品牌福祉的情感与认知路径。

通过对服务仪式影响品牌福祉的内在机理进行分析，本书得出如下结论。

第一，服务仪式是在服务接触中，由服务者发起的一系列正式的、可重复的、具有非直接功能的行为或活动，由情感能量与符号资本构成。服务仪式可通过情感印刻和认知更新两条路径作用于品牌福祉，受到外部不可控因素（消费者因素和行业因素）和内部可控因素（服务者因素和品牌因素）的调节影响。其中，服务仪式作为服务人员与消费者在服务接触中进行的可重复的、寓意化的互动行为，是价值共创理念的战略实施，包含流程性、独特性、寓意性和共鸣性四个维度。品牌福祉是品牌带给消费者的积极、持久和崇高的幸福与价值体验，包含个体福祉、社交福祉和国家福祉三个维度。

第二，服务仪式分为全面和自我服务仪式两种。服务仪式的价值实现分为两个演化路径（情感和认知）、三个阶段（准备阶段—互动阶段—结果阶段）影响消费者品牌体验，进而生成结果价值，但受到消费者因素、情境因素和仪式因素的影响。全面服务仪式通过增强消费者的感官印记，激发消费者沟通意愿，进而提升消费者的品牌体验。但对于不同的服务类型和消费者角色，服务仪式对消费者品牌体验的影响效果有所不同：对于享乐型服务，相比观察者，消费者作为参与者，服务仪式程度与消费者的品牌体验正相关；但对于功能型服务，相比参与者，消费者作为观察者，服务仪式程度与消费者的品牌体验正相关。自我服务仪式的流程性可弥补消费者在与品牌互动时看不见摸不着的控制感，排除对虚拟服务不确定性的负面想法。但受到消费者自主性的调节影响，当消费者自主性低时，服务仪式提升品牌体验；相反，当消费者自主性高时，服务仪式的流程性和规范性等反而加剧消费者感知被控制的感觉，促使消费者远离品牌、降低品牌体验。

第三，服务仪式是品牌福祉的重要前因，通过情感印刻和认知更新两条路径提升品牌福祉。从消费者的情感印刻路径切入，发现服务仪式可提升消费意义感，从而增强品牌福祉感知，并受到品牌信息类型（品牌故事 vs.服务信息）的调节影响。对于品牌故事组，服务仪式能有效提升消费者的品牌福祉感知；对于服务信息组，服务仪式不能显著提升品牌福祉感知。消费者所感受到的消费意义感中介了服务仪式与品牌福祉之间的关系；从消费者的认知更新路径切入，发现服务仪式可提升消费者卷入度，从而增强品牌福祉感知，并受到消费动机类型（享乐型 vs.功能型）的调节影响。对于享乐型动机组，服务仪式能有效提升消费者的品牌福祉感知；对于功能型动机组，服务仪式不能显著提升品牌福祉感知。消费者的卷入度中介了服务仪式与品牌福祉之间的关系。

本书的研究结果具有重要的理论创新和实践价值。理论上，第一，突破品牌研究原有的消费功能视角和关系视角的局限，首次提出并构建中国背景下品牌福祉的内涵与结构维度，赋予品牌更加深厚的社会意义；第二，首次基于价值共创理论的视角，构建服务仪式的结构框架，明晰服务仪式的类型要素和分类标准；第三，基于互动仪式链理论，提出并验证服务仪式与品牌福祉之间的关系，深入揭示服务仪式对品牌福祉的影响效应，促进服务管理理论、积极心理学、品牌管理理论三个领域的融合与发展。

实践上，后现代社会，消费者需求不断升级，更期待精神满足和幸福追求。在该背景下，本书研究结果具有重要现实意义。第一，指导服务企业从福祉的高度审视品牌的意义与建设，推进企业对品牌管理绩效的认识；第二，促进企业采用有效的科学方法管理服务流程，增进服务仪式中消费者从品牌而感知到的福祉，从而构建品牌核心能力和企业可持续竞争优势。

本书基于价值共创、互动仪式链理论探讨了服务仪式与品牌福祉的关系，但研究结果仍有待完善。本书希望一方面与专家学者分享相关领域研究成果，另一方面恳请各位专家同行批评指正，不断提升科研水平，为品牌发展贡献绵薄之力。